进出口商品归类系列丛书

WOOD AND ARTICLES OF WOOD
CLASSIFICATION GUIDE

木及木制品
归类指南

《木及木制品归类指南》编委会·编著

中国海关出版社有限公司

中国·北京

图书在版编目（CIP）数据

木及木制品归类指南/《木及木制品归类指南》编委会编著．—北京：中国海关出版社有限公司，2020.12
ISBN 978-7-5175-0495-5

Ⅰ.①木… Ⅱ.①木… Ⅲ.①木材—分类—指南 ②木制品—分类—指南 Ⅳ.①F762.402-62

中国版本图书馆 CIP 数据核字（2020）第 265512 号

木及木制品归类指南

MU JI MUZHIPIN GUILEI ZHINAN

编　　者：《木及木制品归类指南》编委会	
策划编辑：史　娜	
责任编辑：史　娜	
助理编辑：衣尚书	
出版发行：中国海关出版社有限公司	
社　　址：北京市朝阳区东四环南路甲 1 号	邮政编码：100023
网　　址：www.hgcbs.com.cn	
编 辑 部：01065194242-7538（电话）	01065194231（传真）
发 行 部：01065194221/4227/4238/4246（电话）	01065194233（传真）
社办书店：01065195616（电话）	01065195127（传真）
www.customskb.com/book（网址）	
印　　刷：北京圣艺佳彩色印刷有限责任公司	经　　销：新华书店
开　　本：889mm×1194mm　1/16	
印　　张：20.25	字　　数：369 千字
版　　次：2020 年 12 月第 1 版	
印　　次：2020 年 12 月第 1 次印刷	
书　　号：ISBN 978-7-5175-0495-5	
定　　价：240.00 元	

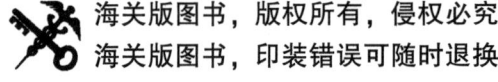

海关版图书，版权所有，侵权必究
海关版图书，印装错误可随时退换

编写组　邝杰炜　王小康　谭朝勤　徐　恬　李德朴　徐　可
　　　　刘红栋　刘　川　韩　洁
统审组　宋彦魁　黎晓壮　蔡京力　盛　凯

前言 PREFACE

　　木材是人类重要的可再生资源，木材产业涵盖范围广、产业链条长、产品种类多，是国民经济的重要组成部分。我国不仅是木材产业大国，也是木材消费大国。随着国民经济的迅速发展与人民生活水平的不断提高，人们对木材及木制品的需求越来越大，尤其是对珍贵木材产品越发偏爱。目前，我国已成为最大的木材及其制品贸易国，木材的进口量和进口范围不断扩大。

　　一方面，木材种类繁多、分类复杂，在进出口贸易过程中需要相关人员具备较高的专业水平；另一方面，各国海关出于保护生态资源之目的，对木材流通商品的归类、贸易管制等愈发严格，在木材的国际贸易过程中，木材的树种识别和商品归类逐渐成为热点和难点问题。为使海关、企业和相关人员能够系统地了解较常见木材的商品知识，并准确、快速地进行商品归类与规范申报，本书编委会组织相关专家编写了《木及木制品归类指南》。本书主要分为三章，第一章系统介绍木材的定义、应用、分类、识别要素等基础知识；第二章详细讲述原木、粗加工木材、板材、木制品等商品的归类方法；第三章收录了目前我国木材市场中常见的百余种木材，按照针叶木、红木、热带木、其他阔叶木的顺序编排，以图文结合的方式，分别介绍了每种木材的学名、科属、主产地、进出口税号、木材特性、相关知识、用途及濒危信息等内容。本书同时收录了热带木清单、北美硬阔叶木清单、2019年版CITES附录（节选）等信息，可对海关监管、企业报关起到很好的参考作用。

本书的编写得到了广东省木材行业协会的支持，在此表示感谢。

书中内容仅供实际工作参考使用，有关商品归类应以相关法律法规为准。由于编者水平有限，书中难免存在不足和疏漏之处，欢迎广大读者批评指正。

编委会

2020 年 12 月

目 录

第一章　木材基础知识

第一节　木材概述 …………………………………………………………… 3
　一　木材的定义 ……………………………………………………………… 3
　二　木材的化学性质与成分 ………………………………………………… 3
　三　木材的缺陷 ……………………………………………………………… 4

第二节　木材的优缺点及其应用 …………………………………………… 4
　一　木材的优缺点 …………………………………………………………… 4
　二　木材的应用 ……………………………………………………………… 5

第三节　木材的分类与识别要素 …………………………………………… 7
　一　木材的分类 ……………………………………………………………… 7
　二　木材的识别要素 ………………………………………………………… 7

第四节　木材的切面、材积、密度、干缩和湿胀 ………………………… 8
　一　木材切面 ………………………………………………………………… 8
　二　木材材积 ………………………………………………………………… 8
　三　木材密度 ………………………………………………………………… 9
　四　木材干缩和湿胀 ………………………………………………………… 9

第五节　木材的接合方式 …………………………………………………… 10
　一　端接 ……………………………………………………………………… 10
　二　拼接 ……………………………………………………………………… 11

第六节　树种命名法 … 15
　　一　双名命名法 … 15
　　二　国际植物命名法及应用 … 15
　　三　汉译原则 … 16

第二章　木及木制品归类

第一节　商品归类的基础知识 … 19
　　一　商品归类 … 19
　　二　《协调制度》 … 19
　　三　税则号列 … 19
　　四　归类总规则 … 20

第二节　木材归类概述 … 22

第三节　原木和粗加工木材的归类 … 24
　　一　原木的归类 … 26
　　二　粗加工木材的归类 … 27
　　三　被判定为固体废物的木料 … 29

第四节　板材的归类 … 30
　　一　实木板材的归类 … 32
　　二　人造板材的归类 … 34
　　三　地板的归类 … 40

第五节　木制品的归类 … 43

第六节　木制家具的归类 … 46
　　一　《税则》中的家具 … 48
　　二　家具的归类原则 … 49

第三章 木材树种介绍

第一节 针叶木 53
第二节 红　木 75
第三节 热带木 123
第四节 其他阔叶木 185

附　录

附录一　2021年版《税则》（节选） 209
附录二　热带木清单 243
附录三　北美硬阔叶木清单 303
附录四　2019年版CITES附录（节选） 306
附录五　CITES允许进出口证明书 312
附录六　中华人民共和国野生动植物允许进出口证明书 313
附录七　非《进出口野生动植物种商品目录》物种证明 314

第一章 木材基础知识

第一节 木材概述

一、木材的定义

木材是一种可再生资源，既是人类生活的必需品，又是国民经济建设的重要物资。其用途广泛，为许多行业所需。

通常情况下，高等植物按植物纤维构成和形态差异分为草本、禾本、木本和藤本植物。其中，木本植物又分为灌木和乔木（大乔木和小乔木）。木材主要源于乔本植物，主要是大乔木的主干和大的树枝，以及少量小乔木的主干。树干由外至内由树皮、形成层、木质部和髓四部分组成。树皮是运输养分的渠道，同时也是贮存养分的地方。形成层位于木质部和树皮之间，是由活的细胞组成的薄层。木质部是树干的主要部分，位于髓与形成层之间，分为初生木质部和次生木质部。初生木质部只占很小的一部分，位于髓的周围；次生木质部则占绝大部分。木材由树干的木质部构成，因此一般所讲的木材构造和性质均指次生木质部的构造和性质。髓位于树干的中心，其力学性质低，又易开裂，加工时需去掉。

许多文献和书籍对木材做了很多定义，归纳起来可分为两种：一种是木材由初生木质部和次生木质部构成；一种是木材由次生木质部构成。但从加工利用的角度来看，木材可被定义为：由形成层产生的次生木质部细胞遗骸大量蓄积而成的集合体。

二、木材的化学性质与成分

木材为复杂的有机体，其化学元素中碳约占44%、氧约占42.5%、氢约占6%，另含0.5%以下的氮和1%以下的其他元素，如矿物质灰分（主要是钙、钾、钠、镁、铁及锰）。木材中也含有少量的硫、氯、硅、磷等元素。

干燥木材的主成分为纤维素、半纤维素及木质素。其中，纤维素是由葡萄糖衍生的结晶聚合物，约占木材质量的41%~43%；半纤维素在阔叶木中约占20%，在针叶木中占30%，主要由五碳糖以不规则方式聚合而成；木质素因为其苯环而带有疏水性，在阔叶木中占27%，在针叶木中占23%。

三　木材的缺陷

木材的缺陷也称疵病，可分为以下三大类：

（1）天然缺陷。如木节、斜纹理及因生长应力或自然损伤而形成的缺陷。包含在树干或主枝木材中产枝条的部分称为木节，按照连生程度可以分为死节和活节；按照材质可以分为健全节和腐朽节。原木的斜纹理常称为扭纹，对锯材则称为斜纹。

（2）生物为害的缺陷。主要有腐朽、变色和虫蛀等。腐朽是指木材受到木腐菌侵蚀后物理力学性能发生改变，导致木材变得松软易碎，呈筛孔状或粉末状等形态。变色分为化学变色和变色菌变色。化学变色是指由于化学和生物化学的反应过程而引起褐色或橙黄色等不正常的变色；变色菌变色是指在变色菌作用下产生的变色，最常见的是青变和霉变，其次是色斑。

（3）干燥及机械加工引起的缺陷。如干裂、翘曲、锯口伤等。

缺陷会降低木材的利用价值，为了合理使用木材，通常按不同用途的要求，限制木材允许缺陷的种类、大小和数量，将木材划分等级使用。腐朽和虫蛀的木材不允许用于结构；木节、斜纹和裂纹等缺陷是影响结构强度的主要缺陷。

第二节　木材的优缺点及其应用

一　木材的优缺点

木材应用范围广，与其他材料相比，具有以下几方面优点：

（1）木材具有天然色泽和美丽花纹，容易着色和上漆，且各种木材的结构粗细不同、性能不同，上漆后的效果也不同，可选性多样；

(2) 木材具有较高的强重比，其强度和重量的比值较高，大于一般的钢铁材料；

(3) 木材具有绝缘性，对电、热的传导性极小；

(4) 木材兼具硬度及可塑性；

(5) 木材易于连接，用胶、钉、螺丝或榫便能简易且牢固地相互连接；

(6) 树木可通过人工培植抚育不断生长，取之不尽、用之不竭。

然而，木材的一些缺点也限制了它的应用，具体体现在以下几方面：

(1) 木材具有吸湿性，在大气中受周围空气温度和湿度的影响，形体和性能不稳定，常常出现变形和开裂；

(2) 木材具有各向异性和变异性、组织不均匀性；

(3) 木材易燃烧、变色和腐朽；

(4) 树木生长较慢，直径有限且大小不一，并有节疤、弯曲、形状不规则等缺陷。

二 木材的应用

木材可用于建筑、包装、家具制造、工艺雕刻、船舶制造、造纸、纺织等，在不同应用中对木材的要求也不相同，即使在同一应用中，由于使用部位及使用条件等不同，对木材的要求也有很大差别。换言之，没有任何一种树种的木材适合于所有应用，同样也没有完全无用的树种的木材，只是各有各的最适应用。但是各树种之间也确实存在着材质的优劣、用途的大小差别。所以选用木材时，应该根据木材的构造和性质，合理利用森林资源，做到适材适用，节约木材。不同应用下如何选用木材，可从以下几个典型例子中获知一二。

(1) 建筑用材的选用。结构用材对于木材强度首先考虑横纹抗压、弹性模量与抗弯强度，其次应为抗冲击、抗剪、顺纹抗拉与硬度。要求木材有一定韧性，不发脆、干缩小、易打钉。

窗用材要求木材不翘曲、不开裂、不变形，还要求木材耐腐朽与耐风化，重量中等，容易加工。具有美丽花纹或材色鲜艳的木材尤佳。

地板用材要求木材有抵抗表面磨损与破坏的能力，耐腐、抗蛀，不翘曲变形，须有高度的装饰价值。强度方面主要考虑抗弯和抗剪，其次为横纹抗压与硬度。

施工用材中的模板要求木材轻、收缩小、不翘曲、不开裂、吸水性小、易打钉、板面光滑，可多次重复使用；脚手架用材要求木材强韧、抗弯强度大、耐磨损、不翘曲、材长纹理直。

（2）铁道枕木用材的选用。铁道枕木用材要求材质坚韧，有较高的横纹抗压比例极限，弯曲弹性模量及硬度大、冲击韧性高、握钉力强，耐腐朽、耐虫蛀，易于防腐处理，供应量大。

（3）包装用材的选用。凡是木材均可做包装箱，只是有些木材做某种包装箱的适应性强一些，而有些木材的适应性低一些。这种适应性的强弱主要取决于包装箱的技术要求，一般要求木材的冲击强度、抗劈裂强度比较高，其次是要有适当的硬度和弯曲强度，胀缩性小、不翘裂、酸度低，不腐蚀金属及物品，易打钉、握钉力强，无节或少节，缺陷少。

对于食品包装箱用材，一般还要求木材无气味等。尤其是茶叶包装箱，最忌用材有气味污染。

（4）造纸用材的选用。适用于造纸的木材很多，根据纸浆的质量可分为三类：第一类是纤维长、树脂含量较高的木材；第二类是纤维长、树脂含量低的木材；第三类是纤维短、单宁与色素含量高且不易除去的木材。其中，第三类质量较差，并非理想的造纸原料。造纸材树种要求生长快、材色浅，纤维素含量高，木质素、戊糖、树脂与灰分等含量低。

（5）机械用材的选用。机械用材要求强度高，可承受一定的冲击载荷，因此应选择硬度适当，耐磨损，胀缩性小，冲击韧性强，重量适中，并且能耐腐朽和虫蛀的树种。

（6）乐器用材的选用。共鸣部件要求选用结构细，材质轻软，含树脂量少，共振性能好，弹性模量与密度的比值高的木材，不能用应力木。其次是干燥性能良好，胀缩性小，易胶接，易涂饰和着色，纹理直、材色美观的木材。

非共鸣部件要求选用纹理通直，结构细致均匀，胀缩性小，不翘曲、不开裂、不变形的木材。其次是纹理和材色美观，切削面光滑，涂饰和着色性能良好的木材。

（7）家具用材的选用。家具用材要求有较大的顺纹抗压强度、弯曲强度及劈裂强度，胀缩性小，不翘曲、不开裂、不变形。其次要有适当的韧性和强度，纹理直。还要求木材结构细致均匀，色泽和花纹美观，切削面光洁，胶接和涂饰性能良好，无腐蚀和虫蛀。

第三节 木材的分类与识别要素

一 木材的分类

木材大致可分为针叶木和阔叶木，阔叶木又分为热带阔叶木和温带阔叶木。

植物学根据树木的干形、树冠形状、叶形、果实、树皮特征、花的特征，将树木分为针叶树和阔叶树。直观地说，针叶树的叶子细长，而阔叶树的叶子宽大。

木材学意义上的分类和植物学不同，它是根据木材纤维构成成分，将木材分为针叶木和阔叶木。针叶木没有导管，在横切面上看不见导管的管孔，又叫作无孔材；阔叶木具有细胞腔较大的导管，在横切面上看得见导管的管孔，又叫作有孔材。

二 木材的识别要素

木材的识别要素包括年轮、物理性质（主要是横向新切面的颜色）、气味（如香樟木有樟脑气味）、滋味（如黄连木有苦味）、油性感（有些木材刨光渗出树脂和油性物质）、密度、硬度、纹理（如直纹理、斜纹理、交错纹理）、结构、花纹（如波浪花纹、带状花纹、鸟眼花纹）、光泽（刨光面的反光程度）、管孔、轴向薄壁组织、木射线（分为同形单列和多列、异形单列和多列）。

第四节　木材的切面、材积、密度、干缩和湿胀

一　木材切面

从不同方向锯解木材，可以得到不同切面，但其中对木材研究具有价值的是横切面、径切面和弦切面（见图1-4-1）。

（1）横切面是指与树干主轴垂直方向的切面。横切面上能看到同心圆状的年轮和纵向细胞断面，是供人们了解木材特性的最重要的切面。

（2）径切面是指顺着树干轴向，通过髓与木射线平行或与年轮垂直的切面。

（3）弦切面是指没有通过髓心的树干纵切面。弦切面上的木射线呈细线状或纺锤形，年轮呈峰状的"V"形花纹。

在木材的纵切面上锯切，可得到两种切面板材，即径切板和弦切板。若在板材的端头做一条中心线，再沿交点做年轮的切线，两直线的夹角大于60°为径切板；夹角小于30°则为弦切板。

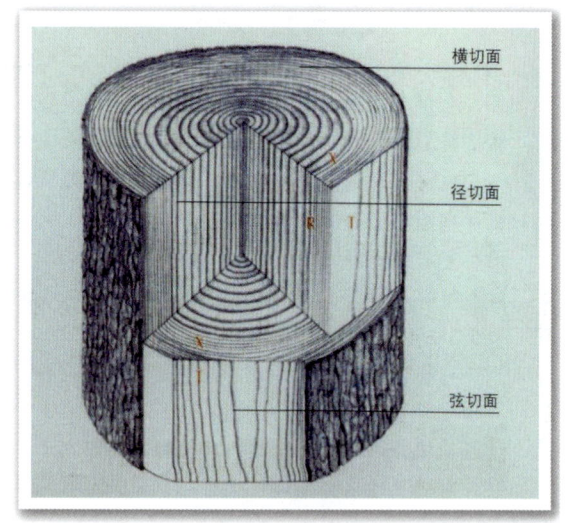

图 1-4-1

二　木材材积

在实际工作中，木材材积并不是通过精确测量求得的，而是对木材的长度、直径等进行检量后，通过材积公式计算得出的，所以它并不是木材的真实材积值，只能作为近似估计值。在检量过程中，对一些特殊缺陷情况（如断面倾斜、裂痕、节子、腐朽等）

引起的材积变化需要进行相应的扣除。

三 木材密度

木材密度是木材性质的一项重要指标,是指单位体积木材的质量,单位为"克/立方厘米"（g/cm³）或"千克/立方米"（kg/m³）。通过木材密度可以判断木材的工艺性质和物理力学性质（如硬度、强度和干缩等）。木材密度与木材含水率密切相关,通常分为以下四种:

(1) 生材密度:伐倒的新鲜材的密度。

(2) 基本密度:全木材质量除以饱和水分时木材体积的值。

(3) 气干密度:木材经自然干燥后的密度。

(4) 绝干密度:木材经人工干燥,含水率为零时的密度。

以上四种密度中基本密度和气干密度最常用。但基本密度仅在木材学研究中有意义;而在木材学研究中,也只有基本密度最准确。通常木材贸易、加工生产中所说的密度是指气干密度,这已约定俗成。气干密度有一定的数值范围,因各地区木材平衡含水率及气干程度的不同而有所不同,为了在树种间进行气干密度比较,我国现规定气干材含水率为12%,即把测定的气干密度均换算成含水率为12%时的值。

四 木材干缩和湿胀

木材干燥时引起木材尺寸、体积的缩小,叫干缩;相反地,木材吸收水分时引起木材尺寸、体积的膨大,叫湿胀。木材的干缩和湿胀并不是在任何时候都产生的,而是在纤维饱和点以下,水分逐渐减少,体积逐渐收缩,一直到木材中水分为零时不再收缩,体积最小。相反地,木材吸凝,水分增加,体积逐渐膨胀,当含水率达到纤维饱和点时才不再膨胀,体积最大;当含水率超过纤维饱和点时,即使水分增加,木材的尺寸、体积也不再变化,只能引起木材质量的增加。

其中,木材干缩分为以下四种:

(1) 弦向干缩:沿年轮方向的干缩称为弦向干缩。这种干缩的数值最大,当全部水分由木材内排出时，其干缩率为8%~12%。

（2）径向干缩：沿树干半径方向的干缩称为径向干缩。这种干缩比弦向干缩小，其干缩率为4.5%~8%。

（3）纵向干缩：沿树干长度方向顺纹干缩称为纵向干缩。当木材水分全部排出后，顺纹的纵向干缩仅为0.1%或0.1%以内，因此实际应用中可忽略不计。

（4）体积干缩：体积干缩为弦向干缩与径向干缩之和。由湿材状态干燥到全干状态时，干缩率为12.5%~20%。

第五节　木材的接合方式

木材的接合是将多个木材拼接在一起形成更加复杂的物品，可以使用紧固件或黏合剂，也可以仅使用木质素材。木材接合的特性（如强度、韧性、外观等）取决于所用材料的性质和用途，不同的接合方式可满足不同的要求。木材的接合方式主要分为端接和拼接，端接是在木材的端部进行接合，增加木材的长度；拼接是在木材的侧部进行接合，增加木材的宽度或厚度。

一　端接

端接主要包括平接、斜接和指接。

（1）平接

平接是将板材端部加工成平面，然后相互胶合的一种接长方法。平接的端部构成直角即可进行胶合，接合的面积最小，所以产生的应力最集中，强度也最低，一般用作集成材的内层板或非结构木材的贴面层。

（2）斜接

斜接（见图1-5-1）是将板材端部加工成斜面，然后相互胶合的一种接长方法。斜接具有胶合面积较大，应力集中小的特点。但是在板材加工时由于要切成斜角，强度越大对材料的损耗也就越大。

图 1-5-1

（3）指接

指接（见图 1-5-2）又称为指榫接合，是目前应用最广泛的木材接长方法。它既保证了一定的胶合面积，又减少了木材的损耗，实现了在较小的胶合长度下，达到较高的接合强度，同时也便于机械化生产。

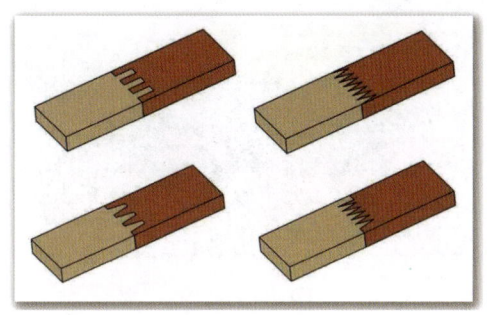

图 1-5-2

指接加工时，用刀具在工件端部先铣削出指榫，在指榫位置涂胶后将两个工件对接起来加压固定。指接又具体分为垂直型和水平型两种，垂直型的指榫是沿木纹理垂直方向进行铣削；水平型的指榫是沿木纹理水平方向进行铣削。一般来说，垂直型铣削余量小、变形小、精度高，强度也较水平型铣削略大一些。

二、拼接

拼接又称为拼板接合，常见的种类包括平拼、榫槽拼（舌槽边接）、搭口拼（半槽边接）、穿条拼、插入榫拼、明螺钉拼、暗螺钉拼、穿带拼等。

（1）平拼

接合面为平面，无榫槽，加工简便，节约木材。接合强度主要取决于所选用的胶粘剂。常用于面板和门芯板等（见图 1-5-3）。

图 1-5-3

（2）榫槽拼（舌槽边接）

接合面为榫槽，加工要求精度高，有一定的木材损耗。密封性好，接合强度高，常用于门板、地板、包装箱板等（见图 1-5-4）。

图 1-5-4

（3）搭口拼（半槽边接）

接合面为阶梯形，加工要求精度较高，有一定的木材损耗。密封性较好，接合强度较高，常用于门板、隔板、建筑构件等（见图 1-5-5）。

图 1-5-5

（4）穿条拼

接合面使用木条贯穿，木材损耗少，接合强度高。常用于面板和门芯板等(见图 1-5-6)。

图 1-5-6

（5）插入榫拼

用圆形榫或方形榫插入接合面，加工要求精度高，木材损耗小，接合强度较低。常用于旁板（见图 1-5-7）。

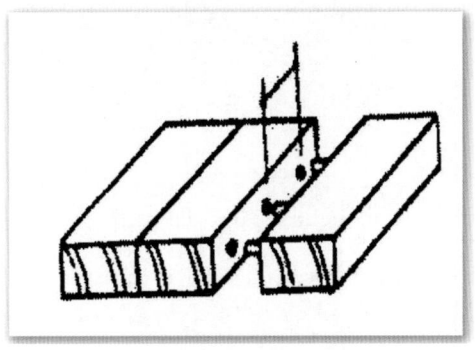

图 1-5-7

（6）明螺钉拼

表面用螺钉拼接，工艺简单，接合强度高。常用于对外观要求不高的工作台面等（见图 1-5-8）。

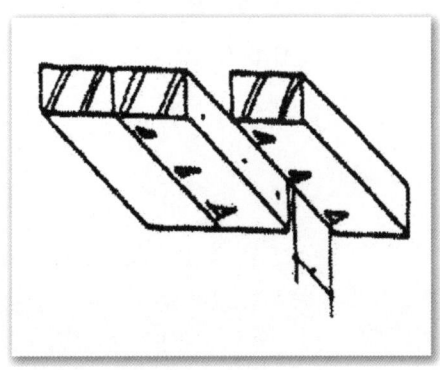

图 1-5-8

(7) 暗螺钉拼

表面隐藏螺钉拼接，加工要求精度高，接合强度高。常用于对外观要求较高的工作台面或家具等木制品（见图1-5-9）。

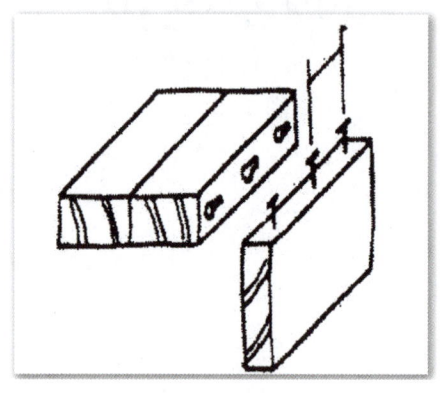

图 1-5-9

(8) 穿带拼

在拼板背面开槽，插入断面形状的木带。加工要求精度高，接合强度高，不易开裂、变形，节约木材。常用于大面积拼接的台面（见图1-5-10）。

图 1-5-10

第六节　树种命名法

一　双名命名法

瑞典生物学家卡尔·冯·林奈是动植物双名命名法的创立者，于1735年发表著作《自然系统》。该书是林奈人为分类体系的代表作。在此之前，由于没有一个统一的命名法则，各国学者都按照自己的一套工作方法命名植物，致使植物学研究困难重重，主要表现在以下三方面：一是命名上出现同物异名、异物同名的混乱现象；二是植物学名冗长；三是语言、文字上的隔阂。

林奈首创纲（Class）、目（Order）、属（Genus）、种（Species）的分类概念，依据雄蕊和雌蕊的类型、大小、数量及相互排列等要素，将植物分为24纲、116目、1000多个属和10000多个种。他采用双名命名法，即植物的常用名由两部分组成，前者为属名，要求用名词；后者为种名，要求用形容词。并规定学名必须简化，以12个字为限，这就使资料清楚、便于整理，有利于交流。

此后，生物学家才采用域（Domain）、界（Kingdom）、门（Phylum）、纲（Class）、目（Order）、科（Family）、属（Genus）、种（Species）进行分类。其中，种是最基本的分类单位，科是最常用的分类单位。

二　国际植物命名法及应用

根据《国际植物命名法规》（International Code of Botanical Nomenclature，ICBN），植物的学名即拉丁名。国际上任何一种植物只有一个拉丁名，以保证植物学名的唯一性和通用性，避免了同物异名或异物同名的现象。

拉丁名一般由三部分组成，其完整内容和书写格式为"属名（Genus）+种加词（Species）+种命名人名字"。在没有特别需要时，可以省略"种命名人名字"，如俗称的花梨木学名为"蝶形花科紫檀属刺猬紫檀",拉丁名表述为"*Pterocarpus erinaceus*"。此外,还有用"属名(Genus)+sp."表示该属下某个不确定的种,是单数,如"*Pterocarpus* sp.";用"属名(Genus)+spp."表示该属下某些不确定的种,是复数,如"*Pterocarpus* spp."。

三 汉译原则

一般情况下,进口木材的命名遵循以下三点:一是要简便通俗且避免混淆;二是种名、属名和科名为选用的主要参考依据;三是考虑生产、供销和利用部门的惯用名称。具体原则如下:

(1) 言简意赅,即含义明确、易懂易记。

(2) 依树种拉丁学名的字意汉译,应首先选用形态等特征,少用地名或人名。如"*Shorea argentifolia* Sym."译为银叶娑罗双木;"*Dipterocarpus philippinensis Foxw.*"英文名称为"hairy leaf panau",故译为毛叶龙脑香,不译作菲律宾龙脑香。

(3) 应重视材色。如 *Ocotea* 和 *Peltogyne* 分别译为"绿心樟属"和"紫心苏木属",是因其心材分别呈绿色和紫色。

(4) 从商品材英文名称中找差异。如拉丁学名为"*Guarea cedrata.*"和"*Guarea thomponii*",商品材英文名称分别为"white guarea"和"black guarea"的木材,中文名称分别译为白驼峰楝和黑驼峰楝。

(5) 套用国产属名。国产有该属则用该属名,如坡垒、榄仁、番龙眼、五桠果。

(6) 多个国家均产的同一属种而其商品材英文名称不同时,最好加上产地名。如龙脑香(克鲁因)Dipterocarpus(keruing)、龙脑香(古俊)Dipterocarpus(gurjun)、龙脑香(央木)Dipterocarpus(yang)、龙脑香(阿必通)Dipterocarpus(apiong)、龙脑香(刀木)Dipterocarpus(dau),分别表明该树种系产自马来西亚、缅甸、泰国、菲律宾和印度的龙脑香类木材。

(7) 进口木材无论使用何种译名,均要附上拉丁学名,因为树种的拉丁学名全球统一。

第二章 木及木制品归类

第一节 商品归类的基础知识

一、商品归类

商品归类是海关的业务基础。它贯穿于海关征税、海关监管、海关统计等诸多业务门类，是海关依法征税、实施贸易管制、开展贸易统计的基础，也为宏观贸易政策的制定提供支持。

在海关行政法规中，商品归类被定义为：在《商品名称及编码协调制度公约》（以下简称《协调制度》）的商品分类目录体系下，以《中华人民共和国进出口税则》（以下简称《税则》）为基础，按照《进出口税则商品及品目注释》（以下简称《品目注释》）、《中华人民共和国进出口税则本国子目注释》，以及海关总署发布的关于商品归类的行政裁定、商品归类决定的要求，确定进出口货物商品编码的活动。

二、《协调制度》

《协调制度》是国际上最为通用的进出口商品分类体系，被称为商品的通用经济语言，是国际贸易中不可或缺的工具。《协调制度》随着新产品的不断出现和国际贸易结构的变化而变化，通常每五年修订一次，现行的2017年版《协调制度》是第七个版本。

《协调制度》将商品分为21类、97章，由归类总规则、注释（包括类注释、章注释及子目注释）、四位品目和六位子目组成。商品归类就是根据商品的属性和归类的规则，将每一种商品归入《协调制度》中的恰当编码，即品目和子目。

三、税则号列

我国海关将《税则》中的八位编码称为"税则号列"（以下简称税号）。其中前六位与《协调制度》编码完全一致,第七、八两位是我国在《协调制度》二级子目的基础上细分的三级子目(又称"三杠子目")和四级子目(又称"四杠子目"),因此第七、八两位所对应的子目又称为"本国子目"。

此外,根据我国贸易管制政策等实际情况,八位编码已不能满足进出口管理的需要,因此在进出口报关时实际填写的是十位数字的商品编号。

以税号4403.4980为例,前两位"44"表示《税则》第四十四章;前四位"4403"表示税目(又称为品目),对应条文为"4403 原木,不论是否去皮、去边材或粗锯成方";第5位"4"为一级子目,对应条文为"其他,热带木";第6位"9"为二级子目,对应条文为"其他";第7位"8"为三级子目,对应条文为"红木";第8位"0"为四级子目,为"0"时无对应条文。

四 归类总规则

归类总规则是《协调制度》商品归类的总指导原则,是商品归类的法律依据,任何商品的归类都必须遵守归类总规则。

归类总规则共有六条:

规则一 类、章及分章的标题,仅为查找方便而设;具有法律效力的归类,应按品目条文和有关类注或章注确定,如品目、类注或章注无其他规定,则按以下规则确定。

规则二 (一)品目所列货品,应视为包括该项货品的不完整品或未制成品,只要在报验时该项不完整品或未制成品具有完整品或制成品的基本特征。还应视为包括该项货品的完整品或制成品(或按本款规则可作为完整品或制成品归类的货品)在报验时的未组装件或拆散件。

(二)品目中所列材料或物质,应视为包括该种材料或物质与其他材料或物质混合或组合的物品。品目所列某种材料或物质构成的货品,应视为包括全部或部分由该种材料或物质构成的货品。由一种以上材料或物质构成的货品,应按规则三归类。

规则三 当货品按规则二(二)或由于其他原因看起来可归入两个或两个以上品目时,应按以下规则归类:

(一)列名比较具体的品目,优先于列名一般的品目。但是,如果两个或两个以上品目都仅述及混合或组合货品所含的某部分材料或物质，或零售的成套货品中的部分货品，即使其中某个品目对该货品描述得更为全面、详细，这些货品在有关品目的列名应视为同样具体。

（二）混合物、不同材料构成或不同部件组成的组合物以及零售的成套货品，如果不能按照规则三（一）归类时，在本款可适用的条件下，应按构成货品基本特征的材料或部件归类。

（三）货品不能按照规则三（一）或（二）归类时，应按号列顺序归入其可归入的最末一个品目。

规则四 根据上述规则无法归类的货品，应归入与其最相类似的货品的品目。

规则五 除上述规则外，本规则适用于下列货品的归类：

（一）制成特殊形状或适用于盛装某一或某套物品并适合长期使用的照相机套、乐器盒、枪套、绘图仪器盒、项链盒及类似容器，如果与所装物品同时报验，并通常与所装物品一同出售的，应与所装物品一并归类。但本款不适用于本身构成整个货品基本特征的容器。

（二）除规则五（一）规定的以外，与所装货品同时报验的包装材料或包装容器，如果通常是用来包装这类货品的，应与所装货品一并归类。但明显可重复使用的包装材料和包装容器不受本款限制。

规则六 货品在某一品目项下各子目的法定归类，应按子目条文或有关的子目注释以及以上各条规则（在必要的地方稍加修改后）来确定，但子目的比较只能在同一数级上进行。除条文另有规定的以外，有关的类注、章注也适用于本规则。

这些规则中最重要的就是，归类时一定要看清条文，看懂类注、章注和子目注释，大部分的商品归类都是依据规则一来解决的。

规则二分两款，第一款是明确不完整品或未制成品，未组装件或拆散件的归类原则；第二款是明确不同材料或物质的混合品或组合品的归类。

规则三分三款，针对根据上述规则看起来可归入两个或两个以上品目的货品，规定了三种归类方法，且按优先次序排列为具体列名、基本特征、从后归类。

规则四是保险条款，一般仅在《协调制度》出现漏洞导致商品无法归类时使用，不轻易在实际归类中运用。

规则五分两款，涉及容器和包装材料的归类。

规则六明确了子目的归类原则。

第二节　木材归类概述

木及木制品主要分布在《税则》第四十四章，涉及21个税目，包括未加工的木材、半制成品及普通的木制品，也包括竹及其制品。这21个税目的具体内容如下：

44.01　薪柴（圆木段、块、枝、成捆或类似形状）；木片或木粒；锯末、木废料及碎片，不论是否粘结成圆木段、块、片或类似形状

44.02　木炭（包括果壳炭及果核炭），不论是否结块

44.03　原木，不论是否去皮、去边材或粗锯成方

44.04　箍木；木劈条；已削尖但未经纵锯的木桩；粗加修整但未经车圆、弯曲或其他方式加工的木棒，适合制手杖、伞柄、工具把柄及类似品；木片条及类似品

44.05　木丝；木粉

44.06　铁道及电车道枕木

44.07　经纵锯、纵切、刨切或旋切的木材，不论是否刨平、砂光或端部接合，厚度超过6毫米

44.08　饰面用单板（包括刨切积层木获得的单板）、制胶合板或类似多层板用单板以及其他经纵锯、刨切或旋切的木材，不论是否刨平、砂光、拼接或端部结合，厚度不超过6毫米

44.09　任何一边、端或面制成连续形状（舌榫、槽榫、半槽榫、斜角、V形接头、珠榫、缘饰、刨圆及类似形状）的木材（包括未装拼的拼花地板用板条及缘板），不论其任意一边或面是否刨平、砂光或端部接合

44.10 碎料板、定向刨花板（OSB）及类似板（例如，华夫板），木或其他木质材料制，不论是否用树脂或其他有机黏合剂黏合

44.11 木纤维板或其他木质材料纤维板，不论是否用树脂或其他有机黏合剂黏合

44.12 胶合板、单板饰面板及类似的多层板

44.13 强化木，成块、板、条或异型的

44.14 木制的画框、相框、镜框及类似品

44.15 包装木箱、木盒、板条箱、圆桶及类似的包装容器；木制电缆卷筒；木托板、箱形托盘及其他装载用木板；木制的托盘护框

44.16 木制大桶、琵琶桶、盆和其他木制箍桶及其零件，包括桶板

44.17 木制的工具、工具支架、工具柄、扫帚及刷子的身及柄；木制鞋靴楦及楦头

44.18 建筑用木工制品，包括蜂窝结构木镶板、已装拼的地板、木瓦及盖屋板

44.19 木制餐具及厨房用具

44.20 镶嵌木（包括细工镶嵌木）；装珠宝或刀具用的木制盒子和小匣子及类似品；木制小雕像及其他装饰品；第九十四章以外的木制家具

44.21 其他木制品

《税则》第四十四章的税目按产品的加工程度排列，从前到后分别对应原料、半制成品和制成品，税目结构可总结为：

44.01~44.06　原木、粗加工木材

44.07~44.09　实木板材

44.10~44.13　人造板材及强化木

44.14~44.21　木制品

需特别注意的是，并非所有的木制产品都归入第四十四章。例如，木制家具主要归入税目94.01和税目94.03；木制的活动房屋归入税目94.06；木制的玩具归入税目95.03；体育用品（如球棒等）归入税目95.06。此外，还有很多木制零件归入相应机器设备的零件税号中。

第三节　原木和粗加工木材的归类

本节包括税目44.01至税目44.06的原木和粗加工木材。其六位子目排列如下：

44.01　薪柴（圆木段、块、枝、成捆或类似形状）；木片或木粒；锯末、木废料及碎片，不论是否粘结成圆木段、块、片或类似形状：

　　－薪柴（圆木段、块、枝、成捆或类似形状）：

11--针叶木

12--非针叶木

　　－木片或木粒：

21--针叶木

22--非针叶木

　　－锯末、木废料及碎片，粘结成圆木段、块、片或类似形状：

31--木屑棒

39--其他

40-锯末、木废料及碎片，未粘结的

44.02　木炭（包括果壳炭及果核炭），不论是否结块：

10-竹的

90-其他

44.03　原木，不论是否去皮、去边材或粗锯成方：

　　－用油漆、着色剂、杂酚油或其他防腐剂处理：

11--针叶木

12--非针叶木

　　－其他，针叶木：

21--松木（松属），截面尺寸在15厘米及以上

22--其他松木（松属）

23--冷杉和云杉，截面尺寸在 15 厘米及以上

24--其他冷杉和云杉

25--其他，截面尺寸在 15 厘米及以上

26--其他

-其他，热带木：

41--深红色红柳桉木、浅红色红柳桉木及巴栲红柳桉木

49--其他

-其他：

91--栎木（橡木）

93--水青冈木（山毛榉木），截面尺寸在 15 厘米及以上

94--其他水青冈木（山毛榉木）

95--桦木，截面尺寸在 15 厘米及以上

96--其他桦木

97--杨木

98--桉木

99--其他

44.04 箍木；木劈条；已削尖但未经纵锯的木桩；粗加修整但未经车圆、弯曲或其他方式加工的木棒，适合制手杖、伞柄、工具把柄及类似品；木片条及类似品：

10-针叶木的

20-非针叶木的

44.05 木丝；木粉

44.06 铁道及电车道枕木：

-未浸渍：

11--针叶木

```
12--非针叶木
 -其他：
91--针叶木
92--非针叶木
```

一、原木的归类

原木是指砍伐后天然状态的木材，归入税目44.03。

原木（见图2-3-1）通常已被砍掉树枝，剥去树皮，并削去隆凸部分。还包括为了节省运输费用或防腐等除去了幼嫩的多余外层（边材）的木材。

图2-3-1

原木的主要产品包括：可锯木材；电线杆；未削尖及未劈开的木桩、尖桩、标桩、杆柱及支柱；圆矿柱；木段，不论是否劈成四块，用于制纸浆；圆木段，用于生产贴面薄板等；用于制造火柴梗、木器等的木段。

经进一步用刮刀修理或经机械削皮机削刮后表面光滑，可制作电报、电话或电力传输用的电线杆也归入本税目。这些木杆通常涂上油漆、着色剂或清漆，或者用杂酚油或其他物质浸渍。

特种树木的树桩及树根,以及用以制造贴面薄板或烟斗的某些木材也归入本税目。

二 粗加工木材的归类

税目44.03还包括由树干或树干段经粗劈成方的木材。其圆形表面用斧劈平或用粗锯锯平,成为截面为矩形(包括正方形)的木材。粗劈成方形的木材的特征是有斑斑的粗糙面和丝丝的树皮。粗劈成半方形的木材,即仅在两相对面按上述方法加工的木材也归入本税目。制成这类形状的木材主要用于锯木厂的生产活动中,也可直接使用,如用作房梁。

某些木材(如柚木)是用楔块劈开或顺木纹劈成方材(见图2-3-2),这些方材也归入税目44.03。

图 2-3-2

同样,税目44.03也包括横切的木段。只要表面加工程度未超过税目44.03的规定,将原木沿横截面切成便于运输和适合于后续利用的木段,仍归在这里。

除上述提及的木段外,其他粗加工的木材还包括以下商品:

(1)薪柴归入税目44.01,子目4401.11或4401.12。

(2)木片或木粒归入税目44.01,子目4401.21或4401.22。木片或木粒是用机械方法将木材制成小片(扁平刚硬且粗制成方形)或小粒(细小且有柔性),用于制纸浆、纤维板、碎料板。

(3)锯末(木屑棒除外)归入税目44.01,子目4401.39或4401.40。

(4)木废碎料(木屑棒除外)归入税目44.01,子目4401.39或4401.40。主要用于制纸浆、碎料板、纤维板及作柴火用。这些木废碎料包括锯木厂或刨削车间的废品；生产中的废料；破碎板；不能再作原物使用的旧板条箱；树皮及刨花（不论是否粘结成圆木段、块、片或类似形状）；木工及细木工的其他废碎料、废染料木及鞣料木或树皮；从建筑及拆建废料中分拣出来的不适于再作木材使用的木废碎料。但是，分拣出来能够重复使用的木制品除外（如梁、厚板、门）。木废碎料同木片或木粒的用途基本一致，区别在于来源不同。

（5）木屑棒归入税目44.01，子目4401.31。由木废碎料加工制成，是由刨花、锯末及碎木片直接压制而成或加入按重量计不超过3%的黏合剂黏聚而成的圆柱状产品，其直径不超过25毫米，长度不超过100毫米。

（6）木炭（包括果壳炭及果核炭）归入税目44.02。木炭是木材在隔绝空气的条件下经炭化而得，可以为块、条、粒或粉状，也可与焦油或其他物质黏聚成砖、片、球等形状。

（7）木丝归入税目44.05。木丝为卷成或缠成团状的细薄丝条，通常呈紧压大包状。这些丝条的尺寸及厚度规则并有一定的长度，因而不同于归入税目44.01的一般木刨花。

（8）木粉归入税目44.05。木粉是锯末、刨花或其他木废料经碾磨或锯末经筛滤所得的粉末，大多用于塑料工业用的填料，也用于制碎料板及油地毡。木粉不同于税目44.01的锯末，其微粒更为细小、规则。

（9）箍木、木劈条归入税目44.04。它们是纵向劈开的树干或树枝，无论是带皮的或粗削的，用于制造桶箍、栅栏，以及作为园艺或农业的支撑物等。箍木一般成捆或成卷。

（10）木片条归入税目44.04。木片条是柔软平整、又窄又薄的木片，可用作编结材料，也可用于制筛、片条盒、片条篮、药丸盒、火柴盒等，还可用于制火柴梗、鞋靴木钉等。

（11）已削尖的木桩（包括栅栏桩）归入税目44.04。它是经由圆木杆或劈开的木杆加工而得，其端部削尖但未经纵锯。

（12）木棒，粗加修整但未车圆、弯曲或经其他方式加工归入税目44.04。其长度及粗细明显适于制造手杖、鞭子柄、高尔夫球棍、伞具、工具把柄、染色木棒及类似品、扫帚柄等。但是，已刨平、车圆、弯曲或经其他进一步加工，明显用作伞柄、手杖、工具把柄等的物品除外。

（13）枕木归入税目44.06。枕木是指用于支撑铁轨或电车道轨的近似矩形截面的未刨木段。

三 被判定为固体废物的木料

木材是一种环保材料，树木的各部分都可被利用，而且回收及处理都较为容易。但要注意的是，按照《禁止进口固体废物目录》及《固体废物鉴别标准通则》（GB 34330—2017），部分属于废弃物或副产物的木料会被认定为固体废物禁止或限制进口。常见的固废木料主要有以下几种。

（1）废枕木

枕木是用于支撑铁轨或电车道轨的近似矩形截面的未刨木段，一般用松木等木材制成，有的会进行防腐处理。经过定期检查更换下来的不合格枕木的数量可观，但它们不能继续作为枕木使用，根据固体废物鉴别原则，这些废枕木（见图2-3-3）属于禁止进口的固体废物。

图 2-3-3

（2）木屑棒和其他锯末、木废料及碎片

根据《关于调整〈进口废物管理目录〉的公告》（生态环境部、商务部、国家发展和改革委员会、海关总署联合公告2018年第6号），自2019年12月31日起，木屑棒

（子目4401.31）和其他已粘结的锯末、木废料及碎片（子目4401.39）调入《禁止进口固体废物目录》。

第四节　板材的归类

本节包括税目44.07至税目44.12的实木板材和人造板材类商品。其六位子目排列如下：

44.07　经纵锯、纵切、刨切或旋切的木材，不论是否刨平、砂光或端部接合，厚度超过6毫米：

　　-针叶木：

11--松木（松属）

12--冷杉及云杉

19--其他

　　-热带木：

21--美洲桃花心木

22--苏里南肉豆蔻木、细孔绿心樟及美洲轻木

25--深红色红柳桉木、浅红色红柳桉木及巴栳红柳桉木

26--白柳桉木、白色红柳桉木、白色柳桉木、黄色红柳桉木及阿兰木

27--沙比利

28--伊罗科木

29--其他

　　-其他：

91--栎木（橡木）

92--水青冈木（山毛榉木）

93--槭木（枫木）

94--樱桃木

95--白蜡木

96--桦木

97--杨木

99--其他

44.08 饰面用单板（包括刨切积层木获得的单板）、制胶合板或类似多层板用单板以及其他经纵锯、刨切或旋切的木材，不论是否刨平、砂光、拼接或端部接合，厚度不超过6毫米：

10-针叶木

　-热带木：

31--深红色红柳桉木、浅红色红柳桉木及巴栳红柳桉木

39--其他

90-其他

44.09 任何一边、端或面制成连续形状（舌榫、槽榫、半槽榫、斜角、V形接头、珠榫、缘饰、刨圆及类似形状）的木材（包括未装拼的拼花地板用板条及缘板），不论其任意一边或面是否刨平、砂光或端部接合：

10-针叶木

　-非针叶木：

21--竹的

22--热带木的

29--其他

44.10 碎料板、定向刨花板（OSB）及类似板（例如，华夫板），木或其他木质材料制，不论是否用树脂或其他有机黏合剂黏合：

　-木制：

11--碎料板

12--定向刨花板（OSB）

19--其他

90-其他

44.11 木纤维板或其他木质材料纤维板，不论是否用树脂或其他有机黏合剂黏合：

　　-中密度纤维板（MDF）：

12--厚度不超过5毫米

13--厚度超过5毫米但未超过9毫米

14--厚度超过9毫米

　　-其他：

92--密度超过每立方厘米0.8克

93--密度超过每立方厘米0.5克，但未超过每立方厘米0.8克

94--密度未超过每立方厘米0.5克

44.12 胶合板、单板饰面板及类似的多层板：

10-竹制的

　　-其他仅由薄木板制的胶合板（竹制除外），每层厚度不超过6毫米：

31--至少有一表层是热带木

33--其他，至少有一表层是下列非针叶木：桤木、白蜡木、水青冈木（山毛榉木）、桦木、樱桃木、栗木、榆木、桉木、山核桃、七叶树、椴木、槭木、栎木（橡木）、悬铃木、杨木、刺槐木、鹅掌楸或核桃木

34--其他，至少有一表层为子目4412.33未具体列名的非针叶木

39--其他，上下表层均为针叶木

　　-其他：

94--木块芯胶合板、侧板条芯胶合板及板条芯胶合板

99--其他

一　实木板材的归类

实木板材是指用完整的木材制成的木板材，由原木经纵锯、纵切、刨切或旋切等加

工制得。其中，厚度超过6毫米的板材归入税目44.07；厚度不超过6毫米的板材归入税目44.08。

将木材加工成板材的方法主要有弦切、径切、刻切、旋切等。

弦切（见图2-4-1）又称平切，是指切片刀沿着原木中心的平行线切出木片。弦切效率最高，但原木出材率低，表面不光洁，较少单独使用。

径切（见图2-4-2）和刻切（见图2-4-3）是指切片刀垂直切向原木的年轮，生产出呈现直纹的木皮。

图 2-4-1

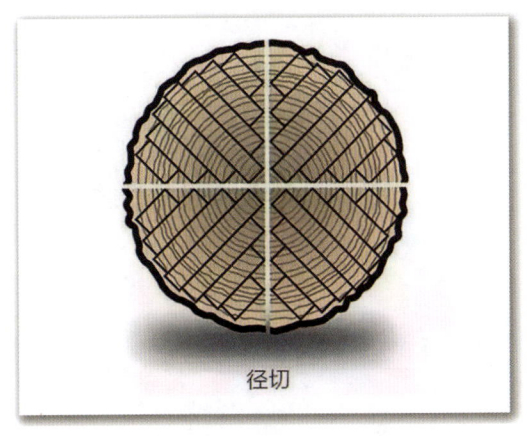

图 2-4-2

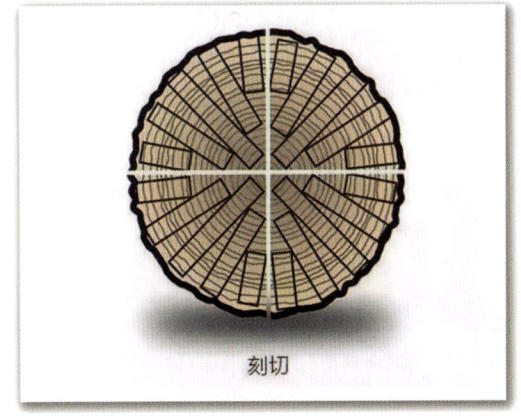

图 2-4-3

旋切通常是先将圆木蒸煮或用热水浸泡，然后将蒸煮软化的木段做定轴回转，刀刃平行于木段轴线，沿木材年轮方向切削出板片（见图2-4-4、图2-4-5）。施切法通常用于制作胶合板。

图 2-4-4

图 2-4-5

这些实木板材可通过端部接合接长，主要的端部接合方式是斜接和指榫接合。

但如果上述实木板材的任何一边、端或面加工成连续形状，则归入税目 44.09。连续形状的木材包括整个长度或宽度上截面均一致的产品，以及具有一种重复浮雕图案的产品。例如，一边或端有槽榫（槽沟）的木板，与另一边或端有舌榫（凸缘）的木板拼装时，舌榫正好与槽榫接合（见图 2-4-6）。

图 2-4-6

税目 44.09 还包括刨圆木（如拉制木）。它是一种截面通常呈圆形的细小条杆，用以制造某种火柴梗、鞋靴木钉、木制遮帘、牙签等。还包括制成一定长度的圆形木条或同样截面形状的木杆，其直径通常为 2 毫米~75 毫米，长度为 45 厘米~250 厘米，用于木制家具各部件的接合。

二　人造板材的归类

人造板材是以木材或其他植物纤维为原料，经一定机械加工分离成各种单元材料后，施加（或不施加）胶粘剂和其他添加剂胶合而成的板材或模压制品，主要包括刨花板、纤维板、胶合板等五大类产品。

(1) 刨花板

刨花板（见图2-4-7）又称为碎料板、实木颗粒板，它是将木材或其他植物纤维原料加工成刨花或碎料，施加胶粘剂和其他添加剂，组坯成型并经热压制成的板材。

图 2-4-7

生产刨花板是解决工业用材短缺，进行木材综合利用的重要途径之一，其原料来源丰富、工艺简单、成本低、污染小、用途广泛。

由于刨花板以木片、木粒为原料，通常在其边缘上肉眼可见所含木片、木粒或其他碎片，这也正是刨花板与纤维板的区别。

按照制造方法，刨花板可分为平压刨花板、辊压刨花板、挤压刨花板和模压刨花板；按照层数，又可分为单层、三层、多层（五层或以上）结构刨花板。

在《税则》中，碎料板归入税目44.10项下，具体条文内容为："44.10 碎料板、定向刨花板（OSB）及类似板（例如，华夫板），木或其他木质材料制，不论是否用树脂或其他有机黏合剂黏合"。其中提到了"定向刨花板"和"华夫板"两个概念。

定向刨花板（见图2-4-8）又称为定向结构板、OSB板、欧松板等，是由多层长度至少是宽度两倍的薄木片条制得。这些木片条与异氰酸树脂或酚醛树脂等黏合剂混合后，互相叠在一起，形成厚席片，木片条在表层通常按纵向取向，而在中间层则通常按横向取向或无定向，目的在于改善板材的机械弹性。席片经加热压制，成为尺寸一致、实心坚硬的结构板。定向刨花板既可用于制作家具、地板，也能用于制作外部建筑构件。

图 2-4-8

华夫板由多层长度小于宽度两倍的横削薄木片制得。这些薄木片与异氰酸树脂或酚醛树脂等黏合剂混合后，互相交错无定向叠在一起，形成厚席片。席片经加热压制，成为尺寸一致、实心坚硬、具有高强度和防水性能的结构板。华夫板的力学强度要高于刨花板，常用于替代胶合板做墙板和地板，还可做水泥模板。

需要注意的是，税目44.10项下的产品不论是否已经加工成税目44.09所列的形状，或经弯曲、穿孔、切割、制成瓦楞形或正方形或矩形以外的其他形状，也不论是否对表面、边缘或端头进行加工、涂层或包覆（例如，用织物、塑料、油漆、纸或金属涂层或包覆），或者进行其他加工，只要这些产品不具有其他税目所列货品的基本特征，仍应归入税目44.10。

（2）纤维板

纤维板（见图2-4-9）又称为密度板，通常是用机械纤维分离或汽爆处理的小木片或用其他已纤维分离的木质纤维素材料（如蔗渣或竹子）制得。木纤维板中的纤维通过黏合，以及由于所含木素纤维自身的黏着特性相互紧密黏聚在一起。另外，也可加入树脂或其他有机黏合物质将纤维加以黏聚。在纤维板制造过程中或制造之后，还可加入浸渍剂或用其他剂料增加木板的性能，如不透水性、抗腐性、抗蛀性、不易燃性或耐火性。

图 2-4-9

纤维板的纤维在显微镜下才可辨认出来。纤维板可以是单层板，也可以是几层板黏合在一起的多层板。

根据生产工艺的不同，纤维板分为干法纤维板和湿法纤维板。

干法纤维板是以空气为成型介质，纤维经施胶、干燥，成型制得含水率不超过20%的板坯，经热压制成。干法制板需添加合成树脂胶粘剂使纤维黏合。在未制成形的状态下，干法纤维板的两个表面都光滑。这种板具有许多用途，例如，用于制造家具、室内装饰材料及建筑部件等。

在《人造板及其表面装饰术语》（GB/T 18259—2018）中，根据产品密度，干法纤维板又分为高密度纤维板（密度大于800千克/立方米）、中密度纤维板（密度650千克/立方米~800千克/立方米）、低密度纤维板（密度550千克/立方米~650千克/立方米）和超低密度纤维板（密度小于550千克/立方米）。

《税则》中税目44.11的具体条文内容为"木纤维板或其他木质材料纤维板，不论是否用树脂或其他有机黏合剂黏合"。税目44.11的子目又分为"中密度纤维板"和"其他"，但《税则》与《人造板及其表面装饰术语》对于"中密度纤维板"的定义是不同的。《人造板及其表面装饰术语》中的"中密度纤维板"是指上述密度在650千克/立方米~800千克/立方米的干法纤维板；但根据《品目注释》中"中密度纤维板"的描述"密度一般为0.45克/立方厘米~1克/立方厘米"，《税则》中的"中密度纤维板"基本包括了所有贸易常见的干法纤维板。

与干法纤维板相对的是湿法纤维板，它是通过模仿造纸工艺，以水为板坯成型介质，成型后板坯含水率超过20%，可不施加胶粘剂而依靠纤维之间的交织及其自身固有粘结物质，将板坯经干燥或热压制成的。

湿法纤维板根据密度，也可分为硬质纤维板（密度大于900千克/立方米）、中质纤维板（密度400千克/立方米～900千克/立方米）和软质纤维板（密度小于400千克/立方米）。

《税则》中纤维板的归类主要是依据"干法"或"湿法"工艺来划分的，干法纤维板归入子目4411.1"中密度纤维板"下，湿法纤维板归入子目4411.9"其他"下。

纤维板不论是否已经加工成上述税目44.09所列的形状，或经弯曲、穿孔、切割、制成瓦楞形或正方形或矩形以外的其他形状，也不论是否对表面、边缘或端头进行加工、涂层或包覆（例如，用织物、塑料、油漆、纸或金属涂层或包覆），或者进行其他加工，只要这些产品不具有其他税目所列货品的基本特征，仍应归入税目44.11。

（3）胶合板

胶合板（见图2-4-10）是由单板构成的多层材料，通常按相邻单板的纹理方向垂直组坯胶合而成。这种上下层纹理垂直或成一定角度的组坯方式，能使木板具有更大强度，减小木材的收缩和翘曲造成的影响。胶合板通常由三层及以上奇数层的薄板压制而成，俗称"三合板""五合板"等，其中中间一层称为"芯板"。

图2-4-10

胶合板归入税目44.12，同样归入这个税目的还有单板饰面板。

单板饰面板，即由一层饰面用薄板在压力下胶粘于一块通常为较次木质的底板上组成的木板。在非木质底板（如塑料板）上贴上木质饰面板的产品，如果木质饰面板构成该产品的基本特征，也应归入税目44.12。

税目44.12的产品不论是否已经加工成税目44.09所列货品的形状，或经弯曲、穿孔、切割、制成瓦楞形或正方形或矩形以外的其他形状，也不论其是否对表面、边缘或端头进行加工、涂层或包覆（例如，用织物、塑料、油漆、纸或金属涂层或包覆），或者进行其他加工，只要这些产品不具有其他税目所列货品的基本特征，仍应归入本税目。

（4）单板层基材

单板层基材（见图2-4-11）是由多层整幅或拼接的单板，以顺纹方向为主，组坯胶合而成的板方材。

图 2-4-11

单板层基材与胶合板都是用木单板经热压胶合而成，但是单板的排列方向不同。单板层基材的所有单板都是同一方向，顺纹排列，邻层的木纤维方向是平行的；胶合板则是一纵一横交错排列而成，邻层的木纤维方向是垂直的。

单板层基材与胶合板的强度不同，单板层基材主要用于建筑、木结构中；胶合板则主要用于装修、家具制造及包装。此外，从环保角度来看，单板层基材工艺所用胶的甲醛释放量要低于胶合板。

单板层基材与胶合板一样，也归入税目44.12。

（5）细木工板

细木工板（见图2-4-12）是指在胶合板的生产基础上，以木板条拼接或空心板做芯板，两面覆盖两层或多层胶合板，经胶压制成的一种特殊人造板。

图 2-4-12

《税则》中细木工板按结构分为木块芯胶合板、侧板条芯胶合板和板条芯胶合板。

细木工板被广泛应用于家具、缝纫机台板、车厢、船舶等的生产和建筑业中。通常这些细木工板归入税目44.12，但需注意的是，结构用的大型产品要归入税目44.18。归入税目44.18的细木工板包括用于门、窗、楼梯、梁、柱等结构件，还包括板芯的木块（或板条）彼此之间留有平行（或格子）间隔的蜂窝状木镶板。

三 地板的归类

地板是一种常用的室内地面装饰材料，以前主要由实木加工而成。近年来，随着人造板及其表面装饰和深加工技术的发展，各种木质材料的地板数量增长很快，已成为地板的主流，这也给地板的归类带来了较大的难度。

根据材料和结构的不同，木质地板分为实木地板、实木集成地板、实木复合地板、强化复合地板、竹地板等。

（1）实木地板

实木地板是用木材直接加工而成的地板，又细分为平接地板、榫接地板、拼花地板（见图2-4-13）等。对于厚度超过6毫米的实木地板条，不论是否经过端部结合，如果其任何一边、端或面未制成连续形状（平接地板），应归入税目44.07；如果其任何一边、端或面制成连续形状（榫接地板），应归入税目44.09。拼花地板又称马赛克地板，是利用小实木块拼接成特定的花纹图案的地板，在税目44.18项下已经具体列名。

图 2-4-13

（2）实木集成地板

实木集成地板是以集成材为原料制成的实木地板，它突破了传统实木地板长度和宽度的限制（见图 2-4-14）。集成材是由短料接长、窄料拼宽制成，既保持了实木地板的优点，又可以节约木料、降低成本。实木集成地板如果仅经过端部结合（仅增加长度，不增加宽度）且其任何一边、端或面制成连续形状，应归入税目 44.09；如果既有端部结合又有横向拼接（增加宽度），则应归入税目 44.18。

图 2-4-14

（3）实木复合地板

实木复合地板是由三层或多层实木薄板交错层压而成，其中面层为硬木薄片拼板或单板（厚度通常小于 6 毫米），芯层为实木条块（实木龙骨）或胶合板（见图 2-4-15）。实木复合地板既保持了实木的优点，又节约了木材，价格一般比实木地板和实木集成地板要便宜。实木复合地板的结构符合税目44.12中条文所列明的胶合板及类似的多层板，因此应归入税目44.12。

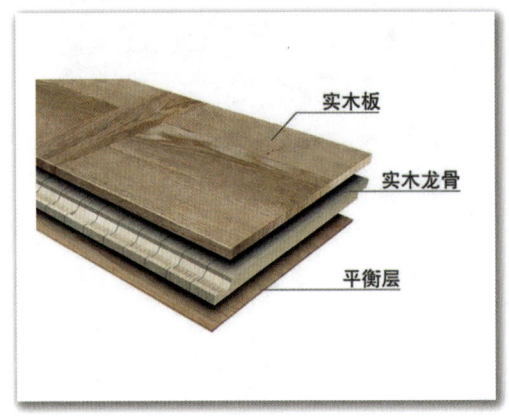

图 2-4-15

（4）强化复合地板

强化复合地板又称为浸渍纸层压木质地板，商品名为"复合地板"或"强化地板"。它有四层结构，分别为：耐磨的表层（含有耐磨材料）、装饰层（树脂浸渍的装饰纸）、基材（中密度纤维板或刨花板）和平衡层（树脂浸渍的平衡纸）（见图2-4-16）。强化复合地板应按芯层材料归类，芯层是纤维板的归入税目44.11；芯层是刨花板的归入税目44.10。需特别注意的是，不要因强化复合地板名称中带有"强化"字样，就将其与税目44.13的"强化木"混淆。

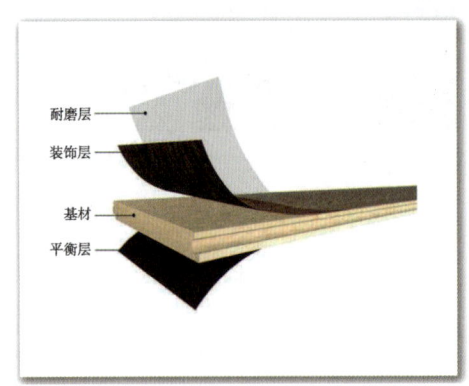

图 2-4-16

（5）竹地板

竹地板是把竹材加工成竹片后再用胶粘剂黏合，加工成长条的榫接地板（见图2-4-17）。竹地板外形美观，质地坚硬，取材方便。竹地板一般由较窄的竹片经横向和纵向拼接而成，因此归入税目44.18。

图 2-4-17

第五节　木制品的归类

本节包括税目44.14至税目44.21的各类木制品。其六位子目排列如下：

44.14　木制的画框、相框、镜框及类似品

44.15　包装木箱、木盒、板条箱、圆桶及类似的包装容器；木制电缆卷筒；木托板、箱形托盘及其他装载用木板；木制的托盘护框：

　　　 10-箱、盒、板条箱、圆桶及类似的包装容器；电缆卷筒

　　　 20-木托板、箱形托盘及其他装载用木板；木制的托盘护框

44.16　木制大桶、琵琶桶、盆和其他木制箍桶及其零件，包括桶板

44.17　木制的工具、工具支架、工具柄、扫帚及刷子的身及柄；木制鞋靴楦及楦头

44.18 建筑用木工制品，包括蜂窝结构木镶板、已装拼的地板、木瓦及盖屋板：

10-窗、法兰西式（落地）窗及其框架

20-门及其框架和门槛

40-水泥构件的模板

50-木瓦及盖屋板

60-柱及梁

　-已装拼的地板：

73--竹的或至少顶层（耐磨层）是竹的

74--其他，马赛克地板用

75--其他，多层的

79--其他

　-其他：

91--竹的

99--其他

44.19 木制餐具及厨房用具

　-竹的：

11--切面包板、砧板及类似板

12--筷子

19--其他

90-其他

44.20 镶嵌木（包括细工镶嵌木）；装珠宝或刀具用的木制盒子和小匣子及类似品；木制小雕像及其他装饰品；第九十四章以外的木制家具：

10-木制小雕像及其他装饰品

90-其他

44.21 其他木制品：

10-衣架

> -其他：
> 91--竹的
> 99--其他

（1）木制的画框、相框、镜框及类似品，归入税目44.14。

税目44.14的木制画框、相框、镜框可以装有衬板、支架及平面玻璃，但装有镜子的镜框则以镜子为基本特征归入税目70.09。装有印刷图画及照片的，如果木框构成物品的基本特征，也应归入税目44.14；以印刷品为基本特征的，则应归入税目49.11。若画框中装有画作，根据第九十七章章注五的规定，已装框的油画、粉画及其他绘画、版画、拼贴画及类似装饰板，如果框架的种类及价值与作品相称，应与作品一并归类；如果框架的种类及价值与作品不相称，应分开归类。

（2）包装木箱、木盒、板条箱、圆桶等包装容器，归入税目44.15。

这类商品主要是在包装及运输过程中起到保护作用的容器，可以没有盖；可以是未经组装或部分组装，但具有完整容器基本特征的不完整容器。

（3）木托盘、托盘护框，归入税目44.15。

木托盘是一种装载木板，由两层被垫块分开的木板构成，或由有支脚的单层木板构成，其式样适用于叉车或托板车进行搬运。

托盘护框由四块木板构成，木板的末端一般装有铰链，形成一个置于托盘之上的框架。

（4）木制箍桶、盆及零件，归入税目44.16。

税目44.16中的圆桶、大桶、琵琶桶，仅限于箍制的容器，即桶体是由开有槽沟的桶板组成，桶面和桶底固定于槽沟上，整个桶用木箍或金属箍箍紧制成。需注意的是，非箍制的圆桶，如经简单钉装而成的圆桶及类似的包装容器应归入税目44.15。

（5）木制的工具、工具柄，归入税目44.17。

这类工具包括木槌、木耙、木叉、木铲等。税目44.17不包括装有刀片、工作刃、工作面或其他工作部件的工具，它们应归入《税则》第八十二章；但未装有上述金属工作部件的木制工具柄、工具座可归入税目44.17。

（6）建筑用木工制品，归入税目44.18。

建筑用木工制品包括细木工制品及普通木工制品。细木工制品主要是建筑用的装配件，如门、窗、百叶窗、楼梯、门窗框架。普通木工制品是指用于建筑结构上的或用于脚手架、拱门支撑等的木工制品，如梁、橡、柱等。

在第四节板材的介绍中也有涉及税目44.18的商品，例如，结构用的大型细木工板、蜂窝结构木镶板、已装配的地板都归入税目44.18。

（7）木制的餐具或厨房用具，归入税目44.19。

木制的餐具或厨房用具，如木制匙、叉、沙拉勺、菜盘、杯、罐、调味盒、擀面杖、蛋糕模、托盘、碗、面板、切板、筷子等，都归入税目44.19。

（8）镶嵌木、装珠宝或刀具用的木制盒子、木制小雕像等装饰品，归入税目44.20。

装珠宝或刀具用的木制盒子和小匣子虽然是容器，但是不属于税目42.02条文所列明的容器类型，因此应归入税目44.20。

税目44.20还包括木制小雕像及其他装饰品，这些商品应是批量生产的工艺品，要注意将它们与税目97.03中的"各种材料制的雕塑品原件"进行区分。

（9）其他木制品，归入税目44.21。

税目44.21"其他木制品"包括卷轴、筒管、鸟笼、狗屋、舞台背景、梯子、搁凳、路标、招牌、牙签、围栏板、塞子、衣架、搓衣板、熨衣板、桨舵、棺材、火柴梗（不带有易燃的火柴头）、餐刀的木柄等。

税目44.21是木制品在第四十四章的最后一个税目。需注意的是，税目44.21是一个兜底税目，它实际包含的商品范围比上述示例要广泛得多。

第六节　木制家具的归类

除《税则》第四十四章外，《税则》第九十四章也包括大量的木制产品，其中最重要的就是家具。

第九十四章包括：家具；寝具、褥垫、弹簧床垫、软座垫及类似的填充制品；未列名灯具及照明装置；发光标志、发光铭牌及类似品；活动房屋。

其中涉及家具的税目包括94.01、94.02和94.03。

94.01 坐具（包括能作床用的两用椅，但税目94.02的货品除外）及其零件：

　　10-飞机用坐具

　　20-机动车辆用坐具

　　30-可调高度的转动坐具

　　40-能作床用的两用椅，但庭园坐具或野营设备除外

　　　-藤、柳条、竹及类似材料制的坐具：

　　52--竹制的

　　53--藤制的

　　59--其他

　　　-木框架的其他坐具：

　　61--装软垫的

　　69--其他

　　　-金属框架的其他坐具：

　　71--装软垫的

　　79--其他

　　80-其他坐具

　　90-零件

94.02 医疗、外科、牙科或兽医用家具（例如，手术台、检查台、带机械装置的病床、牙科用椅）；有旋转、倾斜、升降装置的理发用椅及类似椅；上述物品的零件：

　　10-牙科、理发及类似用途的椅及其零件

　　90-其他

94.03 其他家具及其零件：

　　10-办公室用金属家具

　　20-其他金属家具

　　30-办公室用木家具

40-厨房用木家具

50-卧室用木家具

60-其他木家具

70-塑料家具

-其他材料制的家具,包括藤、柳条、竹或类似材料制的:

82--竹制的

83--藤制的

89--其他

90-零件

一　《税则》中的家具

家具涉及上述三个税目,税目结构并不复杂。但是,归类的难点在于商品能否被称为"家具"。"家具"一词在《税则》中有明确定义,只有符合定义的木制品才能归入上述三个税目;不符合定义的木制品则归入第四十四章,通常归入兜底税目44.21。

根据第九十四章注释二,第九十四章所称"家具"只适用于下列两类商品:

(1) 可移动的落地式物品

上述物品主要放置在地上,可移动并具有实用价值。通常用于民宅、旅馆、戏院、电影院、办公室、教堂、学院、咖啡馆、饭店、实验室、医院、牙医诊所等,也可用于船舶、飞机、铁道车厢、机动车辆及其他运输工具上,还可用于庭院、广场、公园等场所(如公园用凳子、椅子),有些也可用螺栓等固定在地板上(如船用椅子)。

(2) 悬挂的、固定的、叠摞的物品

上述物品包括悬挂或固定在墙壁上的、叠摞的或并置的碗橱、书柜、其他架式家具(包括单层搁架及其支撑物)及组合家具,供放置各种物品(书籍、陶器、厨具、玻璃器皿、电视机、装饰品等),以及单独报验的组合家具各件;悬挂或固定在墙壁上的坐具或床。

有些虽作家具使用,但其结构只适于放置在其他家具上或架子上,或悬挂在墙壁或天花板上的货品，则不符合上述定义。

因此，第九十四章不包括：

（1）固定在墙上的装置，例如，衣帽架及类似品、挂匙板、衣刷挂钩及报纸架；

（2）陈设品，例如，散热器屏罩；

（3）非落地式的货品，例如，木制装饰品（税目44.20），文件分类箱、文件格等办公设备。

二 家具的归类原则

家具归入税目94.01至税目94.03，但是在这三个税目中归类是有优先级的。首先是税目94.02，归类时要优先考虑该税目；其次是税目94.01，归类时需要将税目94.02的商品除外；最后是税目94.03，归类时要将税目94.01和税目94.02的商品都排除。

（1）税目94.02中的医疗、外科、牙科或兽医用家具不能带有医疗器械，例如，带有牙科器械的牙科用椅就不能归入本税目，而要按医疗器械归入税目90.18。

（2）税目94.01中子目9401.1至子目9401.4是根据坐具的用途和结构列目的，而子目9401.5至子目9401.7是根据坐具的材质列目的，因此在确定子目时，要先考虑坐具的用途和结构，再考虑坐具的材质。

木制座椅涉及的子目包括：作床用的两用椅（子目9401.40）、竹制座椅（子目9401.52）、藤制座椅（子目9401.53）、木框架的其他座椅（子目9401.61、子目9401.69）。

其中，子目9401.61和子目9401.71所称"装软垫的"坐具指填有一层柔软材料，如填絮、落纤、动物毛发、泡沫塑料或海绵橡胶的坐具。它们制成坐具形状（不论是否已固定装在坐具上），外面套有机织物、皮革或塑料布等套子。

（3）税目94.03"其他家具及其零件"项下的子目主要根据材质和用途列目，木制其他家具涉及的子目包括：办公室用木家具（子目9403.30）、厨房用木家具（子目9403.40）、卧室用木家具（子目9403.50）、其他木家具（子目9403.60）、其他竹制家具（子目9403.82）、其他藤制家具（子目9403.83）。

办公室用木家具包括衣帽柜、文件柜、档案推车、卡片索引柜等。

住宅用家具包括橱柜、被服箱、面包箱、木柴箱；五斗橱、高脚柜；各种底座、花木架；梳妆台；台座式桌子；衣柜、衣橱；衣帽架、伞架；餐具柜、食具柜、碗碟橱；食物橱；床头柜；床（包括衣柜床、行军床、折叠床、帆布床等）；刺绣桌；凳及搁脚凳（不论是否可摇摆）、壁炉防火屏；屏风；落地式烟灰缸；乐谱柜、架或台；婴儿围栏；食物推车（不论是否装有加热板）等。

除上述办公室用木家具和住宅用家具外，本税目还包括在学校、工厂、宾馆、商店、实验室等场所使用的家具。

最后要注意的是，税目94.03不包括其他税目列名更为具体的物品，例如，衣箱（税目42.02）、木制梯子（税目44.21）、落地镜（税目70.09）、缝纫机专用家具（税目84.52）、弹簧床架和床垫（税目94.04）、棋盘面的桌子和台球桌（税目95.04）。

第三章 木材树种介绍

第一节　针叶木

针叶树树叶细长如针，多为常绿树，材质一般较软，有的含树脂，故又称软材。

针叶树种主要是乔木或灌木，颈有形成层，能产生次生结构，次生木质部具管胞，稀具导管，韧皮部中无伴胞。叶多为针形、条形或鳞形，无托叶。球花单性，雌雄同株或异株，胚珠裸露，不包于子房内。种子有胚乳，子叶一至多数。

针叶树多生长缓慢、寿命长、适应范围广，多数种类在各地林区组成针叶林或针、阔叶混交林。

针叶木原木在《税则》中涉及的税号包括：

4403.1100　用油漆、着色剂、杂酚油或其他防腐剂处理的针叶木

4403.2110　红松和樟子松，截面尺寸在 15 厘米及以上

4403.2120　辐射松，截面尺寸在 15 厘米及以上

4403.2190　其他松木（松属），截面尺寸在 15 厘米及以上

4403.2210　红松和樟子松，截面尺寸在 15 厘米以下

4403.2220　辐射松，截面尺寸在 15 厘米以下

4403.2290　其他松木（松属），截面尺寸在 15 厘米以下

4403.2300　冷杉和云杉，截面尺寸在 15 厘米及以上

4403.2400　冷杉和云杉，截面尺寸在 15 厘米以下

4403.2510　落叶松，截面尺寸在 15 厘米及以上

4403.2520　花旗松，截面尺寸在 15 厘米及以上

4403.2590　其他针叶木，截面尺寸在 15 厘米及以上

4403.2610　落叶松，截面尺寸在 15 厘米以下

4403.2620　花旗松，截面尺寸在 15 厘米以下

4403.2690　其他针叶木，截面尺寸在 15 厘米以下

针叶木板材（厚度超过 6 毫米）在《税则》中涉及的税号包括：

4407.1110　红松和樟子松

4407.1120　辐射松

4407.1190　其他松木（松属）

4407.1200　冷杉及云杉

4407.1910　花旗松

4407.1990　其他针叶木

> **学名**：樟子松
> **俗名**：海拉尔松、蒙古赤松、西伯利亚松、黑河赤松
> **科属**：松科松属
> **拉丁名**：*Pinus sylvestris* var. *mongolica Litv.*
> **主产地**：俄罗斯、蒙古国、中国东北部等地区
> **进出口税号**：原木 4403.2110、4403.2210；板材 4407.1110

木材特性：针叶材。心材呈浅黄色、黄褐色至红褐色，与边材区别明显或略明显。生长轮明显。早材至晚材多急变。轴向薄壁组织未见。无特殊气味或滋味。气干密度约 0.5 克/立方厘米~0.7 克/立方厘米。（见图 3-1-1、图 3-1-2）

图 3-1-1

图 3-1-2

用途：适用于室内装修、木工雕刻、制作家具及工具柄等。

相关知识：樟子松为松科大乔木，是我国东北地区主要的优良造林树种之一，在我国主要分布在大兴安岭北部。

樟子松的木质硬度、密度适中；纹理细直、木纹清晰，变形系数较小；防腐后易于油漆和染色，是我国防腐木材主选原材料。

进出口注意事项：樟子松是欧洲赤松（*Pinus sylvestris*）的变种之一（var. *mougolila Litv.*），《税则》第四十四章中具体列名的针叶木树种。主要流通规格为原木。

> 学名：辐射松
>
> 俗名：新西兰松
>
> 科属：松科松属
>
> 拉丁名：*Pinus radiata*
>
> 主产地：美国、新西兰、澳大利亚等
>
> 进出口税号：原木 4403.2120、4403.2220；板材 4407.1120

木材特性：针叶材。心材呈浅黄色、黄褐色至红褐色，与边材区别明显或略明显。早材至晚材多急变。轴向薄壁组织未见。无特殊气味或滋味。气干密度 0.48 克/立方厘米~0.7 克/立方厘米。（见图 3-1-3、图 3-1-4）

图 3-1-3

图 3-1-4

用途：适用于室内装修，制作工具柄、家具等，可作户外用材。

相关知识：辐射松又名新西兰松，原产于美国加利福尼亚州。但它在原产地的生长情况并不可观，树形差，生长速度慢，未受到人们的重视。19 世纪，辐射松传入新西兰，得益于该国独特的气候条件，辐射松生长良好，目前辐射松木材产业已成为新西兰的经济支柱产业之一。除新西兰外，辐射松还在澳大利亚、南非、智利等地区得到较好发展。近年来，新西兰辐射松原木与锯材对我国的出口大幅度增长。

辐射松木材是密度适中、结构均匀、收缩效率平均、稳定性强的优质软材。完好的辐射松原木较少有腐朽和虫蛀等问题。

辐射松可用于建造木房，甚至大型建筑。用辐射松木材建造的房子的使用寿命可达百年以上。辐射松还是制造人造板的优质材料（见图3-1-5）。辐射松木材纤维长，是生产高强度纸的好材料，可用于生产薄叶纸、印刷纸、包装纸、新闻纸、纸板和其他纸品。辐射松木材色泽柔和，握钉力强，是很好的家具用材。辐射松木材经杂酚钠处理后，可用于制作铁路枕木，具有很强的防腐性能。

进出口注意事项：辐射松是《税则》第四十四章中具体列名的针叶木树种。主要流通规格原木和板材均有。

图3-1-5

> 学名：落叶松
>
> 科属：松科落叶松属
>
> 拉丁名：*Larix gmelinii*
>
> 主产地：俄罗斯西伯利亚地区、中国东北部等
>
> 进出口税号：原木 4403.2510、4403.2610；板材 4407.1990

木材特性：早材至晚材急变。生长轮明显。心材呈黄褐色至红褐色，与边材区别明显；边材呈黄白色。触之有筋质感，断面有毛刺。轴向树脂道小而少，多集中在晚材带。有光泽及松脂气味，纹理直，结构细匀。气干密度约 0.56 克/立方厘米~0.7 克/立方厘米。（见图 3-1-6、图 3-1-7）

图 3-1-6

图 3-1-7

用途：适于制作矿柱、电线杆、桥梁、枕木、桩木、坑木等，可作车辆、船舶、建筑用材。

相关知识：落叶松原木高可达 30 米，胸径可达 0.5 米，主要分布于俄罗斯西伯利亚地区及我国东北部，在各种不同环境（如山麓、泥炭沼泽、草甸、湿润且土壤富含腐殖质的阴坡及干燥的阳坡、湿润的河谷及山顶等）中均能生长，常组成大面积的单纯林，或与其他树种组成混交林。落叶松材质硬、有韧性、强度高，干缩率略大。易于机械加工，切面滑；染色、油漆性能较好；握钉力强。耐腐朽、干燥快，但易开裂、扭曲，节子处易劈裂。

进出口注意事项：落叶松是《税则》第四十四章中具体列名的针叶木树种，我国主要从俄罗斯进口落叶松木材，进口量大。主要流通规格原木、板材均有。

> 学名：北美黄杉
>
> 俗名：花旗松
>
> 科属：松科黄杉属
>
> 拉丁名：*Pseudotsuga menziesii*
>
> 主产地：美国、加拿大
>
> 进出口税号：原木 4403.2520、4403.2620；板材 4407.1910

木材特性：因立地条件不同，心材材色变化很大，呈浅黄色、橘红色至深红色；边材色浅。生长轮明显。纹理通常直，结构略粗至非常粗。气干密度约 0.53 克/立方厘米。（见图 3-1-8）

图 3-1-8

图 3-1-9

用途：适于制作轻型和重型建筑的木框架、桥梁、储存容器、工程枕木、家具等。（见图 3-1-9）

相关知识：北美黄杉又称花旗松，为常绿大乔木，高可达 24 米~60 米，胸径可达 0.5 米~1.5 米。树皮厚，深裂成鳞状。具有浅淡的玫瑰色泽和美观的通直纹理，经阳光晒过后颜色变暗。强度高，胶合性佳，材质坚韧，富有弹力，保存期长。

北美黄杉的结构性能优良，具有优异的强度重量比及良好的握钉力和固定力，使用锋利的电动工具和机床就可获得平滑的切割面。

北美黄杉可以接受各种类型的染色处理，其表面处理料包括透明涂料、透明漆、清漆、油漆或蜡，以及各种色泽极明亮或柔和的涂漆。

进出口注意事项：北美黄杉是《税则》第四十四章中具体列名的针叶木树种"花旗松"，主要流通规格原木和板材均有。

> 学名：西黄松
>
> 俗名：美国黄松
>
> 科属：松科松属
>
> 拉丁名：*Pinus ponderosa*
>
> 主产地：北美地区
>
> 进出口税号：原木 4403.2190、4403.2290；板材 4407.1190

木材特性：针叶材。心材呈浅黄色、黄褐色至红褐色；与边材区别明显，边材近白色或浅黄色。生长轮明显。早材至晚材多急变。有明显的树脂气味。气干密度约 0.5 克/立方厘米~0.7 克/立方厘米。（见图 3-1-10、图 3-1-11）

图 3-1-10

图 3-1-11

用途：适于制作家具等，可作各种类型的结构建筑用材。（见图 3-1-12）

相关知识：西黄松生长于美国南部广大地区，在原产地树高可达 70 米，胸径可达 3 米。西黄松占美国针叶松总产量的 1/4，由于美国在国家森林方面的良好经营，西黄松的生长品质优良，能满足使用者对高品质的要求。

在所有软木树种中西黄松具有最强韧的材质，不易受碰撞损伤并极为耐磨，而且有良好的握钉能

图 3-1-12

力，被广泛地用于各条件下的各种类型的结构建筑（如户外景观设施等），被誉为"世界顶级结构用材"。西黄松同时也是世界上最适合做防腐浸泡处理的木材，因为自然多孔的细胞结构特征，可以使防腐剂均匀地渗入木材内层并持久地保存，以抵御各种霉菌、白蚁和其他微生物的侵蚀。

进出口注意事项：西黄松是北美地区的特有树种，常用作家具和建筑用材。主要流通规格原木和板材均有。

> 学名：欧洲赤松（樟子松除外）
> 俗名：苏格兰松
> 科属：松科松属
> 拉丁名：*Pinus sylvestris*
> 主产地：欧洲、亚洲北部等地区
> 进出口税号：原木 4403.2190、4403.2290；板材 4407.1190

木材特性：针叶材。心材一般呈浅红褐色或红褐色，边材呈黄白色或浅红色。有清晰的年轮和大的正常轴向树脂道。有明显的树脂气味。气干密度约 0.57 克/立方厘米～0.7 克/立方厘米。（见图 3-1-13）

用途：可作建筑、土木工程、包装、家具、造纸等用材。

相关知识：欧洲赤松是一种分布较为广泛的树种，高可达 20 米～45 米，胸径可达 1.5 米。据植物学文献记载，欧洲赤松曾有 100 多个变种，但目前公认的只有樟子松等三种。在英伦三岛中，除苏格兰存有原生的欧洲赤松外，其他地区由于伐木过度，该树种已消失。

图 3-1-13

欧洲赤松具有修长挺拔、木质紧密强韧、纹理清晰美观的特征，并具有低树脂和多孔的结构特点，适于进行防腐浸泡处理。它具有抗真菌、防腐烂、防白蚁的特性，是欧洲市场上广受欢迎的木材，也是我国防腐木的主要树种，被广泛地用于工业和各种户外场所。

进出口注意事项：欧洲赤松是欧洲和亚洲北部地区常见的松木，主要流通规格为原木。欧洲赤松的变种"樟子松"在《税则》第四十四章中已具体列名，因此两者归入不同的税号。

> 学名：白皮松
>
> 俗名：蛇皮松、白骨松
>
> 科属：松科松属
>
> 拉丁名：*Pinus bungeana*
>
> 主产地：中国秦巴山区、渭北山区
>
> 进出口税号：原木 4403.2190、4403.2290；板材 4407.1190

木材特性：针叶材。木纹平直，纹理均匀，结构疏松度中等偏粗。心材呈乳白色或淡红褐色，外露时颜色会变深；边材呈淡黄白色。外观偏白，类似杉木（见图3-1-14）。气干密度约0.5克/立方厘米。

图 3-1-14

图 3-1-15

用途：可作建筑、家具用材，也可供绿化用等，种子可食用。（见图3-1-15）

相关知识：白皮松材质轻、柔软，韧性中等。一般性加工时性能非常好。蒸汽弯曲性能出众；胶粘性能良好；钉钉、开榫的性能很好；上色等表面处理性能良好。

进出口注意事项：白皮松是我国的特有树种，主要流通规格原木和板材均有。

> 学名：西伯利亚冷杉
>
> 俗名：冷杉、新疆冷杉
>
> 科属：松科冷杉属
>
> 拉丁名：*Abies sibirica*
>
> 主产地：俄罗斯东北部、爱沙尼亚、拉脱维亚、西伯利亚地区、高加索山地等地区
>
> 进出口税号：原木 4403.2300、4403.2400；板材 4407.1200

木材特性：早晚材渐变，生长轮明显、均匀。心材呈白色、浅黄色或浅褐色，与边材区别多不明显；边材呈粉灰色，宽1厘米~2厘米。略有光泽，纹理直，结构中至粗。气干密度约0.42克/立方厘米~0.48克/立方厘米。（见图3-1-16）

图 3-1-16

图 3-1-17

用途：适于制作火柴、包装箱等，可作小型房屋建筑结构、室内装修等用材，还可用于造纸。

相关知识：西伯利亚冷杉为大乔木（见图3-1-17），高可达35米，胸径可达0.8米。根据植物学家的考证和研究，冷杉属植物产生于白垩纪晚期，至第三纪中新世及第四纪种类增多，分布区扩大，经冰期与间冰期保留下来，并繁衍至今，对研究古地理、古气候等有一定的科学价值，被誉为植物界的"活化石"。西伯利亚冷杉主要分布在俄罗斯伏尔加河以东地区、中亚等地，是西伯利亚原始针叶林的重要组成部分，虽是珍稀树种，但在俄罗斯西伯利亚地区的原始森林中却广泛分布。西伯利亚冷杉材质轻软，不

耐腐，易干燥，少开裂，切削加工容易，油漆性能较好。

进出口注意事项：西伯利亚冷杉是《税则》第四十四章中具体列名的针叶木树种。我国主要从俄罗斯进口西伯利亚冷杉材，进口量大。主要流通规格原木、板材均有。

学名：云杉

俗名：白松

科属：松科云杉属

拉丁名：*Picea* spp.

主产地：北美洲、欧洲及西伯利亚地区

进出口税号：原木 4403.2300、4403.2400；板材 4407.1200

木材特性：针叶材。心材呈浅黄色，与边材区别不明显。材质略轻柔。纹理直且均匀，结构细，易加工。气干密度多为0.4克/立方厘米~0.52克/立方厘米。（见图3-1-18、图3-1-19）

图 3-1-18

图 3-1-19

用途：可作造纸、建筑等用材，还可用于制作家具、电杆、枕木、桥梁等。

相关知识：云杉耐阴、耐寒，喜欢凉爽湿润的气候和肥沃深厚、排水性良好的微酸性沙质土壤，生长缓慢，属浅根性树种，生长在海拔2400米~3600米处。云杉树干高大通直，节少，高可达45米，胸径可达1米；树皮呈淡灰褐色或淡褐灰色，裂成不规则鳞片状或稍厚的块片脱落。

2014年，瑞典科学家在瑞典中部的一座山脉上发现了一株堪称"世界上最古老"的树。该云杉树看似年轻，高度只有4米左右，但经碳-14年代测定法测试后，发现其根系至少有9500年历史，而且它还在继续生长。

进出口注意事项：云杉是《税则》第四十四章中具体列名的针叶木树种，主要流通规格为原木。

第三章 木材树种介绍

> 学名：铁杉
>
> 俗名：南方铁杉
>
> 科属：松科铁杉属
>
> 拉丁名：*Tsuga chinensis*
>
> 主产地：中国
>
> 进出口税号：原木 4403.2590、4403.2690；板材 4407.1990

木材特性：我国特有树种，生于海拔 1000 米~3000 米的气候温凉湿润的山地。树高可达 50 米，胸径可达 1.6 米。树皮呈暗深灰色，纵裂，成块状脱落。纹理通直均匀，木质细密，硬度适中。干燥后尺寸稳定、耐磨。气干密度约 0.33 克/立方厘米。

用途：可作建筑、桥梁、造船、造纸、家具用材，以及供绿化用等。（见图 3-1-20）

相关知识：铁杉木质硬，不易变形，在土建工程中经常用作胶合梁、模板支架。铁杉年轮清晰，具有较高的抗弯强度及自然的防腐能力，是制作桑拿房、浴盆、浴桶的最佳选材。

铁杉干燥后的木材尺寸很稳定。木材在干燥和老化过程中逐渐变硬，因此在整个使用期内都具有极佳的耐磨性。同时，铁杉具有良好的加工性能，易于进行机械加工。由于性能良好，也很适合做家具。

图 3-1-20

进出口注意事项：铁杉是我国的特有树种，主要流通规格为原木。

学名：罗汉松

俗名：土杉、罗汉杉

科属：罗汉松科罗汉松属

拉丁名：*Podocarpus macrophyllus*

主产地：中国长江流域以南、日本等地区

进出口税号：原木 4403.2590、4403.2690；板材 4407.1990

木材特性：针叶材。木材呈浅黄褐色至黄红褐色，心材与边材区别不明显。轴向薄壁组织呈星散状。无特殊气味或滋味。气干密度约 0.42 克/立方厘米~0.63 克/立方厘米。

用途：可用于制作盆景、家具、器具、文具及农具等，也可作大型木雕工艺品原料。（见图 3-1-21）

图 3-1-21

图 3-1-22

相关知识：罗汉松（见图 3-1-22）广泛分布于我国多个省区，在日本也有分布，市场上别名土杉、罗汉杉等。通常种托大于种子，成熟时呈红色，加上绿色的种子，看似披着红色袈裟的罗汉，故名罗汉松。在我国，罗汉松还有一系列的变种，如狭叶罗汉松、短叶罗汉松等。

罗汉松为常绿针叶乔木，树高可达 20 米，胸径可达 60 厘米。树冠呈广卵形；叶为条状披针形，先端尖，基部楔形，两面中肋隆起，表面呈暗绿色，背面呈灰绿色，有时被白粉，排列紧密，螺旋状互生。雌雄异株或偶有同株。种子呈卵形，有黑色假种皮，着生于肉质而膨大的种托上；种托呈深红色，味甜可食。

罗汉松清雅挺拔，自有一股雄浑苍劲的傲人气势，契合我国文化中"长寿""吉祥"等寓意，且因树形古雅，种子与种托组合奇特，惹人喜爱，是目前公认的园林绿化用高档造型树种，也是公认的高档珍贵盆景素材；且罗汉松材质细致均匀，易加工，可供建筑和雕刻等用，经济价值非常高。目前市面上的罗汉松商品主要来自种植基地，以人工培育的后代为主。

罗汉松虽原产于我国，但由于历史原因，树龄大的大型罗汉松数量稀少，大规格的罗汉松绿化苗数量也极为有限。作为慢生树种的罗汉松，其本身不可快速复制，现有数量远远满足不了用量需求，尤其是大规格造型优美的罗汉松更是一树难求，市场上胸径在10厘米以上的工程苗主要进口自日本等地。

进出口注意事项：流通规格以带土整株活体为主，归入税号0602.9099。

学名：柳杉

俗名：长叶孔雀杉松

科属：杉科柳杉属

拉丁名：*Cryptomeria fortunei*

主产地：中国

进出口税号：原木 4403.2590、4403.2690；板材 4407.1990

木材特性：针叶材。树皮呈红棕色，纤维状，裂成长条片脱落。材质轻软，纹理直，易加工。心材呈浅黄褐色，与边材区别不明显；边材色浅。气干密度约 0.33 克/立方厘米。（见图 3-1-23、图 3-1-24）

图 3-1-23

图 3-1-24

用途：适于制作家具、桥梁等，可作建筑、船舶、造纸用材，还可用于绿化及环保。（见图 3-1-25）

相关知识：柳杉是我国特有树种，树高可达 40 米，胸径可达 2 米多，生于海拔 400 米~2500 米的山谷边、溪边潮湿林中，并有栽培。柳杉在气候温暖湿润，土壤呈酸性、肥厚而排水良好的山地生长较快；在气候寒凉较干、土层瘠薄的地方生长不良。柳杉根系较浅，抗风力差，对二氧化硫、氯气、氟化氢等有较好的抗性。

图 3-1-25

进出口注意事项：主要流通规格为原木。

第三章 木材树种介绍

> **学名**：贝壳杉
> **俗名**：血龙木
> **科属**：南洋杉科贝壳杉属
> **拉丁名**：*Agathis dammara*
> **主产地**：印度尼西亚、马来西亚、澳大利亚、巴布亚新几内亚等地区
> **进出口税号**：原木 4403.2590、4403.2690；板材 4407.1990

木材特性：针叶材。心材呈浅黄褐色，与边材区别不明显；边材色浅。早材至晚材缓变，轴向薄壁组织未见或不明显。木材有光泽，用灯光照射可以透光，无特殊气味或滋味。气干密度 0.45 克/立方厘米~0.55 克/立方厘米。（见图 3-1-26、图 3-1-27）

图 3-1-26

图 3-1-27

用途：可作庭园树。树木高大，出材率高，材质轻软易加工，多用于制作细木工板、工具、胶合板、旋切单板等；也可作建筑、雕刻、装饰用材。树干含有丰富的树脂，在工业及医药方面有广泛用途。密度大的小径级木材常用于加工手链、雕刻工艺品等。（见图 3-1-28）

相关知识：贝壳杉属有多个树种，其名字缘于树木的小枝条掉落后，留在枝条上的脱落痕迹似贝壳形状。贝壳杉树是世界上古老的树种之

图 3-1-28

一，也是全球第二大树木，大小仅次于美国红杉，广泛分布于菲律宾、越南南部、马来半岛及大洋洲。成年的贝壳杉树高可达 50 米，树干周长可达 16 米，寿命长达 2000 多年。

贝壳杉树以其巨大的树干、细腻坚硬且富有弹性的木质，以及所产树胶而闻名。贝壳杉树干所含的丰富树脂为著名的达玛胶（dammar gum），又名猫眼树脂（cateye resin），可用于制造清漆和亚麻油毡（漆布），在工业及医药方面用途广泛。

俗称的血龙木多数为贝壳杉的小径级木材，应是贝壳杉树体主干之外的枝杈采集，树脂含量多，因而密度高、颜色深、透光性强。血龙木的纵向导管孔径很细，几乎看不到棕眼，木材内外颜色一致，无香味，密度大，油性好，木质细腻，油脂厚实。但大多会有油裂，所以成品率低。

进出口注意事项：血龙木是近年来市面上新出现的文玩树种之一，主要流通规格为原木和工艺品雕刻件。贝壳杉属的其他树种也有流通，主要流通规格包括原木和板材等。

学名：红崖柏

俗名：西部红柏

科属：柏科崖柏属

拉丁名：*Thuja plicata*

主产地：美国、加拿大

进出口税号：原木 4403.2590、4403.2690；板材 4407.1990

木材特性：边材窄，几乎呈白色；心材呈淡红色至粉红色，与边材区别明显。质轻、略软。纹理通直，年轮宽度均匀；结构中。早材至晚材略急变，晚材带窄。有柏木香气，稍带苦味。气干密度约 0.4 克/立方厘米。（见图 3-1-29）

用途：耐久性强，适合作室外用材，可用于制作护墙板、庭院露台、窗框、门框、围栏、种植槽、隔屏、木棚和庭园家具等；尺寸稳定性高和良好的外观也使其能够用于百叶窗、镶板、线脚、桑拿房面板等室内用材的加工。（见图 3-1-30~图 3-1-32）

图 3-1-29

图 3-1-30

图 3-1-31

图 3-1-32

相关知识：红崖柏是北美西北部太平洋沿岸的常见树种，有很高的尺寸稳定性，高度抗腐蚀和天然持久的防细菌侵害能力，耐久性强。很少收缩或膨胀，密度小，质量轻。有着很好的绝缘和绝热性能，同时易于干燥，其饰面加工性能出色。

红崖柏也是加拿大不列颠哥伦比亚省内陆雨林中的常见树种，虽然红崖柏产品在美国西北部太平洋沿岸也有出产，但加拿大是目前为止最大的红崖柏产品生产商，在北美和海外同时供应红崖柏产品的需求。目前我国对红崖柏产品的需求量也与日俱增。

红崖柏木的隔音和隔热性能较好。其绝热值高于大多数木材，因此采用红崖柏木作镶板、吊顶或护墙板的建筑物往往冬暖夏凉。红崖柏木还具有极佳的声音抑制和吸收性能，因此可用于音乐厅室内来增强声学效果。

红崖柏木加工性能好，无松脂、树脂，加工容易，胶合和油漆性能良好，为各种饰面提供了优良基础，可装饰成完全光亮的表面，更可以用染色剂或涂料来增强装饰效果。

红崖柏木具有防腐蚀能力，同时也有较强的耐虫害能力。加工时无须防腐和压力处理，不受昆虫及真菌的侵害，稳定性佳，使用期限长。也可用于特别干燥或特别潮湿的环境中，是高品质的天然防腐木。

目前市场上还有一种崖柏，和红崖柏名字相近，主要分布在我国秦岭、太行山脉等地，是一种珍贵稀少的柏类植物，外形扭曲、油性大、气味重，主要用于加工成根雕及手串等饰品，与北美地区出产的商品材红崖柏是完全不同的树种。

进出口注意事项：红崖柏是北美地区的特有树种，主要流通规格为原木和板材。

第二节 红木

除上一节介绍的针叶木外，《税则》中其他木材均为阔叶木。人们所说的"红木"就属于阔叶木范畴。红木只是当前国内深色名贵硬木家具用材约定俗成的名称，不是某个树种的名称，更不是某种家具的名称。

红木的定义和范围由《红木》（GB/T 18107—2017）确定，该标准自 2018 年 7 月 1 日正式实施，已代替之前实行多年的《红木》（GB/T 18107—2000）。新版《红木》国家标准将红木定义为紫檀属、黄檀属、柿属、崖豆属及决明属树种的心材，规定了 29 种密度、构造特征和材色符合该标准规定要求的木材，并划分成八大类：紫檀木类、花梨木类、香枝木类、黑酸枝木类、红酸枝木类、乌木类、条纹乌木类、鸡翅木类（见图 3-2-1）。与旧版《红木》国家标准相比，新版《红木》国家标准删除了黑黄檀、越柬紫檀、鸟足紫檀、蓬塞乌木四种木材。29 种红木中有 17 种已被列入《濒危野生动植物种国际贸易公约》（CITES）附录（以下简称 CITES 附录），其国际贸易受到管制，用材范围已日渐缩小。《红木》国家标准规定了红木树种的名称，各类红木的必备条件、构造特征及其测定方法，适用于红木家具及其他红木制品用材的经营贸易、检验及鉴定。

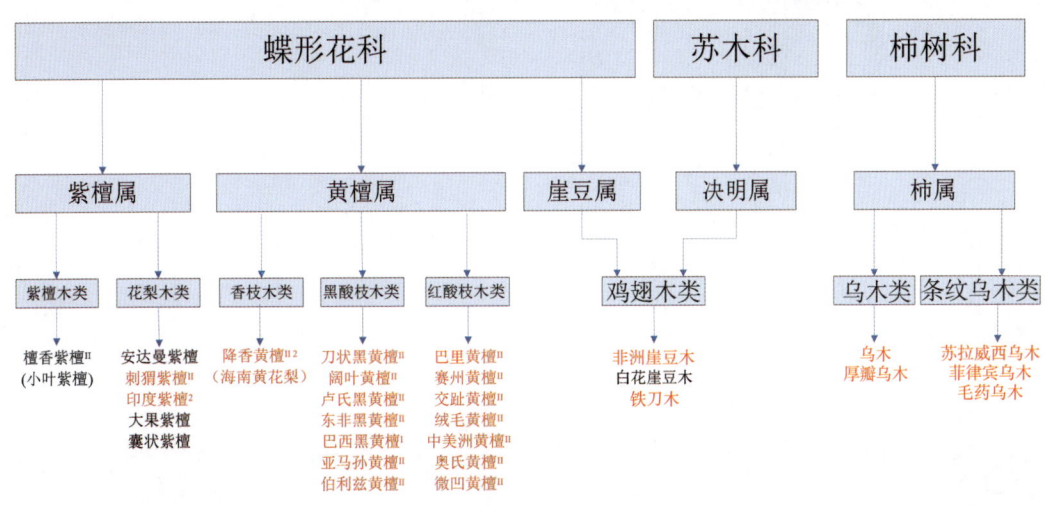

图 3-2-1

注：图中上标的罗马数字代表 CITES 附录保护级别；上标的阿拉伯数字代表国家重点保护级别。

红木树种中有24种属于《品目注释》中的"热带木"：刺猬紫檀、印度紫檀、降香黄檀、刀状黑黄檀、阔叶黄檀、卢氏黑黄檀、东非黑黄檀、巴西黑黄檀、亚马孙黄檀、伯利兹黄檀、巴里黄檀、赛州黄檀、交趾黄檀、绒毛黄檀、中美洲黄檀、奥氏黄檀、微凹黄檀、非洲崖豆木、铁刀木、乌木、厚瓣乌木、苏拉威西乌木、菲律宾乌木、毛药乌木，涉及税号如下：

4403.4980　热带木中的红木（原木）

4403.9930　其他红木（原木）

4407.2940　热带木中的红木（板材，厚度超过6毫米）

4407.9910　其他红木（板材，厚度超过6毫米）

第三章 木材树种介绍

> 学名：檀香紫檀
> 俗名：小叶紫檀
> 科属：蝶形花科紫檀属
> 拉丁名：*Pterocarpus santalinus*
> 主产地：印度
> 进出口税号：原木 4403.9930；板材 4407.9910
> 备注：列入 CITES 附录 II 管制

木材特性：散孔材。心材新切面呈橘红色，久则转为深紫色或黑紫色，常带浅色和紫黑色条纹。管孔数少且较小。轴向薄壁组织主为同心层式或略带波浪形的细线，少有环管束状。香气无或很微弱。纹理斜行交错，结构细至甚细而均匀，材质坚硬。气干密度 1.05 克/立方厘米~1.26 克/立方厘米。（见图 3-2-2~图 3-2-5）

图 3-2-2

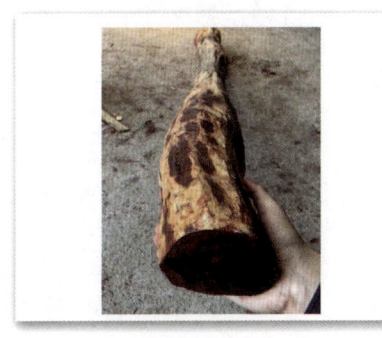

图 3-2-3

图 3-2-4

图 3-2-5

用途：适于制作高档家具、雕刻件、工艺饰品等。

相关知识：人们将古典家具的高端用材总结为"一黄二紫三红"。其中，"二紫"是指紫檀，学名檀香紫檀，俗称小叶紫檀。其因在古时民间比较少见，故而具有传奇色彩。

檀香紫檀木质坚硬、稳定性好，是制作家具甚至是作建筑用的上好材料。但近年来，用于制作家具的大料已经非常难得，制成品价格也非常昂贵，受众较少。而伴随着文玩的兴起，用檀香紫檀制作的手串、小件雕刻品等受到热捧，风靡一时。檀香紫檀特有的"金星"也成为消费者欣赏的一个要点。

檀香紫檀曾出现过多种名称，如紫旃木、紫真檀、紫檀、印度紫檀（青龙木）等。商家在市场上也往往为了抬高木材价格，将多种木材名称都与"紫檀"挂靠。多年来木材学家们已将不同观点整理澄清，并对紫檀木的树种名达成一致意见。《红木》国家标准中仅将原产地为印度的檀香紫檀定义为紫檀木，将黄檀属木材列入酸枝木范畴，将紫檀属其他部分木材归入花梨木类。

紫檀属树种分布于热带地区，在印度只有安达曼紫檀、印度紫檀、囊状紫檀和檀香紫檀四种。檀香紫檀天然林只见于印度半岛东南部东高止山脉南段安得拉邦地区。檀香紫檀生长于海拔150米~900米的多石低山丘陵斜坡和陡峭山岩上的热带干旱落叶林中，因分布区域有限，又受人为活动压力的影响，所以数量稀少。檀香紫檀百年不能成材，一棵檀香紫檀需要生长几百年以上才能使用，而且大部分原木是中空的，即所谓的"十檀九空"，故素有"寸檀寸金"之说。

檀香紫檀在市场中按价格高低大致分为五个等级：一是紫檀新料（表面牛毛纹明显）；二是紫檀老料（表面细腻）；三是"金星"紫檀（见图3-2-6、图3-2-7）；四是紫檀瘿子（瘤疤）（见图3-2-8）；五是紫檀金星瘿子。

  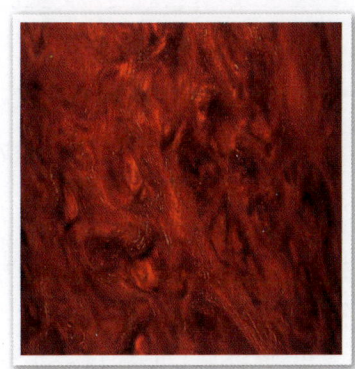

图 3-2-6　　　　　　　　　图 3-2-7　　　　　　　　　图 3-2-8

进出口注意事项： 檀香紫檀属于红木中的紫檀木，不属于《品目注释》中的热带木。主要流通规格为原木；贸易方式以边境贸易为主，一般贸易较少，涉及濒危证件管理。

> 学名：安达曼紫檀
> 科属：蝶形花科紫檀属
> 拉丁名：*Pterocarpus dalbergioides*
> 主产地：印度安达曼群岛
> 进出口税号：原木 4403.9930；板材 4407.9910

木材特性：散孔材，半环孔材倾向明显。生长轮颇明显。心材呈红褐色至紫红褐色，常带黑色条纹；管孔肉眼下明显。轴向薄壁组织在放大镜下明显，主为带状及断续聚翼状。木纤维壁薄至厚。木屑水浸出液呈黄绿色至淡蓝色荧光。香气无或很微弱；结构细；纹理典型交错，带鹿斑花纹。气干密度 0.69 克/立方厘米~0.87 克/立方厘米。（见图 3-2-9）

用途：适于制作高档家具、人物或动物工艺品等。

相关知识：安达曼紫檀为常绿乔木，树高可达 36 米，胸径可达 1.3 米，主产于印度安达曼群岛。相比于其他红木的成材时间，安达曼紫檀的成材时间略短一些，大约 15 年~20 年。安达曼紫檀虽然成材期短，但木材结构紧密，用其制成的家具可以抵抗白蚁和其他昆虫的噬咬，可长期使用。该木材生硬、干燥性能良好，少有开裂和变形；易于加工，旋切性好；径切板花纹美丽但难钉钉，握钉力好，车旋、胶粘和涂饰性均好。目前安达曼紫檀在市场上流通较少，价格属于中高等级。

图 3-2-9

进出口注意事项：安达曼紫檀属于红木中的花梨木，虽然主产于印度热带岛屿，但并不属于《品目注释》中的热带木，其原木及板材不能按热带木归类；进出口贸易不涉及濒危证件管理，目前在我国进口量极少。

学名：刺猬紫檀

俗名：非洲黄花梨

科属：蝶形花科紫檀属

拉丁名：*Pterocarpus erinaceus*

主产地：塞内加尔、几内亚比绍等热带非洲国家

进出口税号：原木 4403.4980；板材 4407.2940

备注：列入 CITES 附录Ⅱ管制

木材特性：散孔材，半环孔材倾向明显。心材呈紫红褐色或红褐色，常带深色条纹。轴向薄壁组织主为翼状、聚翼状及带状。香气无或很微弱。气干密度约0.85 克/立方厘米。（见图 3-2-10、图 3-2-11）

图 3-2-10　　　　　　　　　图 3-2-11

用途：适于制作家具、室内装修材料、工具柄、木工雕刻品等。（见图 3-2-12～图 3-2-14）

图 3-2-12　　　　　　图 3-2-13　　　　　　图 3-2-14

相关知识：刺猬紫檀这一木种刚进入国内家具市场时，人们对它的认知比较混乱。经多年的使用和市场推广，现在刺猬紫檀作为红木中花梨木的一种已经被广为接受。由于木材供应充足，大料较多，价格亲民，成为"入门级"的红木家具材料。

刺猬紫檀的产地很多，产地不同，其气味差异也很大。一般而言，产自马里的刺猬紫檀香味最佳。

进出口注意事项：刺猬紫檀是产自非洲的花梨木、《品目注释》中列名的热带木，市场流通较多，主要流通规格为大方料原木，涉及濒危证件管理。

> 学名：印度紫檀
> 俗名：青龙木、花榈木
> 科属：蝶形花科紫檀属
> 拉丁名：*Pterocarpus indicus*
> 主产地：印度及部分东南亚国家
> 进出口税号：原木 4403.4980；板材 4407.2940
> 备注：属于国家二级重点保护野生植物

木材特性：散孔材，半环孔材倾向明显。心材材色变化大，多为红褐色、深红褐色或金黄色，有深浅相间的深色条纹；边材甚窄，近白色或浅黄色。木屑水浸出液呈黄绿色至淡蓝色荧光。轴向薄壁组织主为带状、聚翼状。气干密度 0.53 克/立方厘米~0.94 克/立方厘米。（见图 3-2-15、图 3-2-16）

图 3-2-15

图 3-2-16

用途：适于制作高档家具、细木工板、家用电器的外壳、木工雕刻品等。（见图 3-2-17）

相关知识：印度紫檀为落叶大乔木，高可达 25 米~40 米。树干通直而光滑；树皮呈黑褐色，薄且粗糙，厚 10 毫米~30 毫米，常不规则片状脱落。木材剖开后，新切面有香气或香味很微弱，并会流出紫色汁液，故名"印度紫檀"。此树种原产于热带亚洲，主产于印度，为了与檀香紫

图 3-2-17

檀相区分，印度紫檀又被称为青龙木等。印度紫檀在菲律宾被誉为国树，其出口量最大的国家亦是菲律宾。印度紫檀生根容易，易于成活，喜高温多湿、日照充足的环境。在我国广东、云南、海南等地也有分布，是作园景、行道树的高级树种。

在众多红木树种中，印度紫檀的重量和强度均属中等。木材易干燥，干缩率低，气干状态良好。板材窑干后，几乎没有开裂和翘曲发生。心材耐腐性强，但防腐处理难。机械加工容易，刨面光滑，色泽美观；油漆和胶粘性能良好；略难钉钉，握钉力中等。

与檀香紫檀相比，印度紫檀密度小，干形要大得多。檀香紫檀的最大直径在50厘米左右，而且多数出现中空现象；而印度紫檀的最大直径可达1米以上。印度紫檀与其他花梨木有三个明显不同的特点：一是材色变化大，金黄色、红褐色或深红褐色心材均可见；二是木材气干密度差异大，株间差异在0.53克/立方厘米~0.94克/立方厘米；三是纹理斜至略交错，带有树包（瘤）花纹。

进出口注意事项：印度紫檀属于红木中的花梨木、《品目注释》中列名的热带木，树种间品质有差异。主要流通规格为板材。

第三章 木材树种介绍

学名：大果紫檀

俗名：缅甸花梨、香花梨

科属：蝶形花科紫檀属

拉丁名：*Pterocarpus macrocarpus*

主产地：缅甸、老挝、柬埔寨、泰国、越南等东南亚国家

进出口税号：原木 4403.9930；板材 4407.9910

木材特性：散孔材，半环孔材倾向明显。心材呈橘红色、砖红色或紫红色，常带深色条纹。木屑水浸出液呈浅黄褐色，荧光弱或无。管孔内含深色树胶或沉积物。轴向薄壁组织主为傍管带状及环管状。香气浓郁。气干密度 0.8 克/立方厘米~0.86 克/立方厘米。（见图 3-2-18、图 3-2-19）

图 3-2-18

图 3-2-19

用途：适于制作家具、室内装修材料、工具柄、木工雕刻品等。（见图 3-2-20）

相关知识：大果紫檀是近年来市场上应用比较广泛的一个树种，属于花梨木，俗称缅甸花梨、香花梨。除刺猬紫檀产自非洲外，其他花梨木均产自东南亚等地，因此除大果紫檀外，市场上将越柬紫檀、鸟足紫檀等花梨木都统称为缅甸花梨。大果紫檀是在降香黄檀（海南黄花梨）几近断绝时作为补充的一种名贵木材，因此市场

图 3-2-20

上又称其为"草花梨",与"黄花梨"进行区别。

  大果紫檀制成的家具颜色为红黄色,较酸枝木家具、紫檀木家具的颜色要浅得多,花纹较细,少数还能产生"水波纹"效果,且因香味比较明显,制成后满室清香,因而成为中档木材家具中的新贵。此外,大果紫檀还凭借其高性价比的优势,受到消费者的广泛关注。

  进出口注意事项:大果紫檀属于红木中的花梨木,不属于《品目注释》中的热带木,进出口记录较多,主要流通规格大方料原木、板材均有,不涉及濒危证件管理。

第三章 木材树种介绍

> **学名**：囊状紫檀
> **俗名**：马拉巴紫檀、吉纳檀
> **科属**：蝶形花科紫檀属
> **拉丁名**：*Pterocarpus marsupium*
> **主产地**：印度、斯里兰卡
> **进出口税号**：原木 4403.9930；板材 4407.9910

木材特性：散孔材，半环孔材倾向明显。心材呈金黄褐色或浅黄紫红褐色，常带深色条纹。生长轮明显。管孔肉眼下可见，数少。轴向薄壁组织肉眼下明显，主为带状。木屑水浸出液呈黄绿色至淡蓝色荧光。香气无或很微弱；结构细；纹理交错。气干密度 0.75 克/立方厘米~0.8 克/立方厘米。（见图 3-2-21、图 3-2-22）

图 3-2-21　　　　　　　　　图 3-2-22

用途：适于制作家具、农业用具等，可作建筑用材等。

相关知识：囊状紫檀为高大乔木，高可达 30 米，胸径可达 2.5 米。主产于印度和斯里兰卡，主要分布于热带落叶林中，在我国海南、广西及台湾地区也有栽培。囊状紫檀边材稍软，心材较坚硬，木质优异有光泽，耐腐力强，适合制作家具。由于近几年多种红木原材料减少，囊状紫檀因硬度大、易加工、上漆性能好的特质开始被人关注，无论是用其制作的家具还是雕件，在市场上都非常紧俏。

进出口注意事项：囊状紫檀属于红木中的花梨木，不属于《品目注释》中的热带木，不涉及濒危证件管理。

学名：降香黄檀

俗名：海南黄花梨

科属：蝶形花科黄檀属

拉丁名：*Dalbergia odorifera*

主产地：中国海南岛

进出口税号：原木 4403.4980；板材 4407.2940

备注：列入 CITES 附录 II 管制，属于国家二级重点保护的野生植物

木材特性： 散孔材至半环孔材。心材新切面呈紫红褐色或深红褐色，常带黑色条纹。轴向薄壁组织主为傍管带状、翼状及聚翼状。木材新切面辛辣味浓郁，久则微香。气干密度 0.82 克/立方厘米~0.94 克/立方厘米。（见图 3-2-23、图 3-2-24）

图 3-2-23

图 3-2-24

用途： 适于制作高档家具、雕刻件、工艺饰品等。（见图 3-2-25、图 3-2-26）

图 3-2-25

图 3-2-26

相关知识：降香黄檀是海南黄花梨的学名，是《红木》（GB/T 18107—2017）中香枝木类的唯一树种。其木材价值很高，是海南特有的珍贵树种，分布于海南岛低海拔的丘陵地区或平原、台地，一般生长于海拔350米以下的山坡上。降香黄檀虽然外表并不漂亮，却有多变的纹理、迷人的花纹，木质坚实，是非常具有市场价值的一类木材。不仅被列为国家二级重点保护野生植物，是《品目注释》中列名的热带木，同时自2017年1月2日起，因整个黄檀属均被列入CITES附录Ⅱ管制，受到了CITES与国家的双重保护，其重要性可见一斑。

海南得天独厚的气候、土壤等自然环境条件，造就了降香黄檀非常高的品质。用降香黄檀制作出来的家具色泽深沉华美，经久耐用。但是由于生长地方局限，且成材较难，目前降香黄檀大料的供应非常少，小料多用来制作文玩，且因花纹美丽、兼有淡淡香味而深受追捧。

降香黄檀表观的主要特征：一是具有独特的香味，部分老料的香味尤其明显。二是花纹有粗有细，清晰不乱，以黑线花纹居多，偶有深褐色或红线花纹。

进出口注意事项：降香黄檀是我国的特有树种、《品目注释》中列名的热带木，同时属于CITES附录Ⅱ所列物种和国家二级重点保护野生植物，其进出口贸易涉及濒危证件管理。主要流通规格以小料为主，家具料很少。

> **学名**：刀状黑黄檀
>
> **俗名**：英檀木、缅甸黑木、黑玫瑰木、刀状玫瑰木
>
> **科属**：蝶形花科黄檀属
>
> **拉丁名**：*Dalbergia cultrata*
>
> **主产地**：缅甸、印度、越南、中国云南
>
> **进出口税号**：原木 4403.4980；板材 4407.2940
>
> **备注**：列入 CITES 附录Ⅱ管制

木材特性：散孔材。心材新切面呈紫黑色或紫红褐色，常带深褐色或栗褐色条纹。生长轮不明显或略明显。管孔肉眼下略见，数甚少至略少。轴向薄壁组织较多，在肉眼下明显，主为带状或翼状。木纤维壁厚，叠生。新切面有酸香气，结构细，纹理直。气干密度 0.89 克/立方厘米~1.14 克/立方厘米。（见图3-2-27、图3-2-28）

图 3-2-27

图 3-2-28

用途：适于制作家具、木雕工艺品、乐器等。

相关知识：刀状黑黄檀为乔木，高可达25米，胸径可达0.6米或以上。木材有光泽，弦切面上有刀状花纹，与铁刀木的鸡翅纹十分相似。自清代中后期至今，刀状黑黄檀一直是我国红木家具的珍贵用材。除用于制作高档家具外，刀状黑黄檀还广泛用于制作木雕工艺品，而且还是制作鼓、筝、长笛等乐器的首选用材。目前我国的刀状黑黄檀原材主要源自进口。

进出口注意事项：刀状黑黄檀属于红木中的黑酸枝木、《品目注释》中列名的热带木。由于过度砍伐，数量越来越少，刀状黑黄檀已被列入 CITES 附录Ⅱ管制，进出口贸易涉及濒危证件管理。

> 学名：阔叶黄檀
> 俗名：紫花梨、广叶黄檀
> 科属：蝶形花科黄檀属
> 拉丁名：*Dalbergia latifolia*
> 主产地：印度、印度尼西亚
> 进出口税号：原木 4403.4980；板材 4407.2940
> 备注：列入 CITES 附录 II 管制

木材特性：散孔材。心材与边材区别明显。边材呈浅黄白色；心材呈浅金褐色、黑褐色、紫褐色或深紫红色，常有较宽、相距较远的紫黑色条纹。生长轮不明显或略明显。管孔肉眼下明显，数少至略少。轴向薄壁组织肉眼下明显，主为翼状、聚翼状及带状。木射线在放大镜下可见。新切面有酸香气，结构细，纹理交错。气干密度 0.75 克/立方厘米～1.04 克/立方厘米。（见图 3-2-29、图 3-2-30）

图 3-2-29

图 3-2-30

用途：适于制作家具、室内装修材料、工具柄、木工雕刻品等。

相关知识：阔叶黄檀通常为落叶乔木，在潮湿地区也常绿。阔叶黄檀的树径多在 20 厘米～40 厘米；边材厚 2 厘米～4 厘米；树多弯曲，多分杈；树表常见 1 厘米～5 厘米长、1 厘米宽的小死结，被形象地称为"老虎抓"；树心多开裂，有少量树木存在空心现象；原木被砍伐后，端头如未及时封蜡，常温下颜色会由两端向内变深；木材经暴晒，颜色可变淡。阔叶黄檀材质坚硬，弯曲强度、抗压强度高，抗震性能中等，耐用性好，蒸汽弯曲性能好。

我国进口阔叶黄檀已有较长历史。我国台湾等地习惯将阔叶黄檀称为"广叶黄檀"，广东地区习惯将阔叶黄檀称为"油酸枝"。在旧家具行业，印度产的阔叶黄檀在上海等地俗称为"紫花梨"，属于古董家具收藏界的珍品。

目前，由于印度尼西亚政府限制原木出口，近几年出口到我国的阔叶黄檀商品材主要是板枋材和六柱形材，主要用于制作家具、乐器、刨切装饰单板、高级车辆镶嵌板、室内装饰高级隔墙板和装饰木地板，属于高档家具及装饰用材之一。但自2017年1月2日起，受整个黄檀属均被列入CITES附录Ⅱ管制的影响（除被列入CITES附录Ⅰ的物种外），阔叶黄檀的国际贸易也受到了极大限制。

进出口注意事项：阔叶黄檀属于红木中常见的黑酸枝木，是《品目注释》中列名的热带木，但与《红木》（GB/T 18107—2017）不同的是，阔叶黄檀在《品目注释》中的引导名称为红酸枝。阔叶黄檀在市场中流通较多，主要流通规格为方料或板材，进出口贸易涉及濒危证件管理。

学名：卢氏黑黄檀

俗名：大叶紫檀

科属：蝶形花科黄檀属

拉丁名：*Dalbergia louvelii*

主产地：马达加斯加等非洲热带地区

进出口税号：原木 4403.4980；板材 4407.2940

备注：列入 CITES 附录 II 管制

木材特性：散孔材。心材新切面呈紫红色，久则转为深紫色或黑紫色。生长轮不明显。管孔肉眼下不见，数甚少至少。轴向薄壁组织在放大镜下明显，主为带状。木射线在放大镜下可见。酸香气微弱，结构甚细至细，纹理交错，有局部卷曲。气干密度 0.95 克/立方厘米。（见图 3-2-31、图 3-2-32）

图 3-2-31

图 3-2-32

用途：适于制作家具及工艺品等。（见图 3-2-33）

相关知识：卢氏黑黄檀也称大叶紫檀，初引入我国时曾被认为与檀香紫檀非常相似。在进行树种鉴定时，将树种解剖后置于显微镜下观察，卢氏黑黄檀与檀香紫檀的弦切面的显微构造均属单列射线，由此可以判定，两个树种有一定的亲缘关系，因而制成的家具在外观上有些近似。但两者仍有很大不同，从物理学特征来看，卢氏黑黄檀的气干密度、抗弯强度、弹性模量、顺纹抗压强度等，均不如檀香紫檀，管孔也比檀香紫檀粗糙。因此，用卢氏黑黄檀制作的家具不及檀香紫檀家具性能稳定，较易开裂。从原树外观上比较，两者也有较大差别。卢氏黑黄檀的树径稍粗一些，而檀香紫檀有较多空洞。开锯时，卢氏黑黄檀有酸香味；而檀香紫檀略有辛辣味，久则变为檀香。

因为贸易需求，卢氏黑黄檀一度遭到过度砍伐。自其被列入濒危物种管理后，市场上用其制作的家具渐少。

图 3-2-33

进出口注意事项：卢氏黑黄檀主产于马达加斯加，产地较为集中，属于红木中的黑酸枝木、《品目注释》中列名的热带木。进出口贸易涉及濒危证件管理，主要流通规格为原木。

> 学名：东非黑黄檀
> 俗名：黑檀、黑紫檀
> 科属：蝶形花科黄檀属
> 拉丁名：*Dalbergia melanoxylon*
> 主产地：坦桑尼亚、莫桑比克、肯尼亚、乌干达等非洲国家
> 进出口税号：原木 4403.4980；板材 4407.2940
> 备注：列入 CITES 附录 II 管制

木材特性：散孔材。生长轮不明显。心材呈黑褐色至黄紫褐色，常带黑色条纹。管孔肉眼下可见。轴向薄壁组织较少，在肉眼下通常不见。木纤维壁甚厚，叠生。木射线在放大镜下可见。酸香气无或很微弱，结构甚细，纹理通常直。气干密度 1 克/立方厘米～1.33 克/立方厘米。（见图 3-2-34～图 3-2-36）

图 3-2-34

图 3-2-35

用途：适于制作家具、室内装修材料、工具柄、木工雕刻品等。

相关知识：东非黑黄檀为落叶小乔木，高可达 5 米～9 米，胸径可达 0.5 米～0.6 米；树木外形难看，多扭曲呈 S 形且多中空；加工也比较困难，出材率低，但材性稳定，不易翘曲变形，加工处理后质地细腻，光泽好，颜色变化小。

图 3-2-36

东非黑黄檀的体积干缩率（0.27%~0.5%）很小，干材尺寸稳定；木材耐腐，略抗白蚁蛀蚀；心材裂隙常见，干燥须极慢速进行，故干燥困难。此外，东非黑黄檀在加工时，因木材密度大、质地坚硬，致使刀具的刃口磨损较快，经常需要打磨维修，故而加工速度也较慢。不过，加工后的木材材质细腻、光泽好，打磨抛光后，反光很好，光可鉴人。

国外常用东非黑黄檀制作仪器、仪表的面板，国内则多用其制作乐器和木雕工艺品及中式古典家具。用东非黑黄檀制作的器物，无须上漆，自带光泽，并且适合施展复杂的雕刻工艺，具有较高的艺术价值和收藏价值。

进出口注意事项：东非黑黄檀属于红木中的黑酸枝木，是《品目注释》中列名的热带木，主要流通规格为原木，涉及濒危证件管理。

> 学名：巴西黑黄檀
> 俗名：巴西玫瑰木
> 科属：蝶形花科黄檀属
> 拉丁名：*Dalbergia nigra*
> 主产地：巴西等热带南美洲国家
> 进出口税号：原木 4403.4980；板材 4407.2940
> 备注：列入 CITES 附录 I 管制

木材特性：散孔材。生长轮不明显。心材材色变异较大，呈褐色、红褐色至紫黑色，常带有明显的黑色窄条纹。边材呈黄白色，与心材区别明显。管孔在放大镜下明显，数少。轴向薄壁组织在放大镜下可见，主为环管束状及带状。木纤维壁薄至厚，叠生。新切面略具甜味；结构细且均匀；纹理直。气干密度约 0.87 克/立方厘米。（见图 3-2-37、图 3-2-38）

图 3-2-37　　　　　　　　　　图 3-2-38

用途：适于制作高档家具、乐器、小件装饰品等。

相关知识：巴西黑黄檀为大乔木，树高可达 38 米，胸径可达 0.9 米~1.2 米；主干干形不规则；常具板根；老树树干常中空。产于巴西等热带南美洲地区，常生长在沿河两岸的阔叶林中。因需求量过大，巴西黑黄檀濒临灭绝。1992 年，巴西黑黄檀被列入 CITES 附录 I，是唯一的 I 级保护红木树种。只有在 1992 年之前砍伐的巴西黑黄檀才可以进行贸易，1992 年之后的砍伐活动都是违法的。由于市场上的巴西黑黄檀制品面临绝迹，现在很多用巴西黑黄檀制作的小物件也成为西方收藏界的紧俏品。

进出口注意事项：巴西黑黄檀属于红木中的黑酸枝木、《品目注释》中列名的热带木，进出口贸易涉及濒危证件管理。

> 学名：亚马孙黄檀
>
> 俗名：亚马孙玫瑰木、云杉黄檀
>
> 科属：蝶形花科黄檀属
>
> 拉丁名：*Dalbergia spruceana*
>
> 主产地：南美洲亚马孙地区
>
> 进出口税号：原木 4403.4980；板材 4407.2940
>
> 备注：列入 CITES 附录 II 管制

木材特性：散孔材。心材呈栗褐色，带有黑色条纹。边材呈浅黄白色，与心材区别明显。生长轮不明显。管孔肉眼下可见，在放大镜下明显，数甚少至少。轴向薄壁组织在放大镜下略见，主为环管束状、翼状、星散-聚合状及带状。木纤维壁甚厚。酸香气无或很微弱；结构略粗，略均匀，纹理直至略交错。气干密度 0.98 克/立方厘米 ~ 1.1 克/立方厘米。（见图 3-2-39）

用途：适于制作高档家具、乐器、笔杆、刀具的木质部分和其他车旋制品。

相关知识：亚马孙黄檀密度大，加工困难，胶粘困难，但车旋性能好，天然光泽度高。由于在外观上与巴西黑黄檀近似，亚马孙黄檀也经常被用作替代树种。简易区分两者的方法是沉水试验法，亚马孙黑黄檀气干密度大，因此通常入水即沉，而巴西黑黄檀气干密度小，通常浮于水面。

图 3-2-39

进出口注意事项：亚马孙黄檀属于红木中的黑酸枝木、《品目注释》中列名的热带木，进出口贸易涉及濒危证件管理。

> **学名**：伯利兹黄檀
> **俗名**：洪都拉斯玫瑰木、洪都拉斯黄檀
> **科属**：蝶形花科黄檀属
> **拉丁名**：*Dalbergia stevensonii*
> **主产地**：伯利兹等中美洲国家
> **进出口税号**：原木 4403.4980；板材 4407.2940
> **备注**：列入 CITES 附录 II 管制

木材特性：半环孔材。心材呈浅红褐色、黑褐色或紫褐色，常带深浅相间的条纹。轴向薄壁组织主为环管状、翼状、带状及轮界状。管孔数略少。新切面略带香气，久则消失；结构细，略均匀；纹理直至略交错。气干密度 0.93 克/立方厘米～1.19 克/立方厘米。（见图 3-2-40、图 3-2-41）

图 3-2-40

图 3-2-41

用途：适于制作高档家具、细木工板、装饰单板、乐器部件、刷背、刀柄等。

相关知识：伯利兹黄檀为高大乔木，高可达 15 米～30 米，直径可达 0.9 米；主干常有凹槽。主产于伯利兹等中美洲国家，常生长在沿河两岸及干旱地区。

伯利兹黄檀花纹美丽，木材有光泽、强度高，但油性不足，气干后有明显开裂倾向，只宜窑干；天然耐腐性强，抗蚁性能中等；锯、刨加工性能中等，车旋及精加工性能好。

进出口注意事项：伯利兹黄檀属于红木中的黑酸枝木、《品目注释》中列名的热带木，产地较为集中，进出口贸易涉及濒危证件管理，主要流通规格为方料。

学名：巴里黄檀

俗名：花枝、紫酸枝

科属：蝶形花科黄檀属

拉丁名：*Dalbergia bariensis*

主产地：老挝、柬埔寨、缅甸、泰国、越南等东南亚地区

进出口税号：原木 4403.4980；板材 4407.2940

备注：列入 CITES 附录 Ⅱ 管制

木材特性：散孔材。心材与边材区别极明显，边材呈灰白色至灰褐色；心材新切面呈紫红褐色或暗红褐色，常带黑褐色或栗褐色细条纹。生长轮略明显。轴向薄壁组织主为翼状、带状，与射线交叉大部分呈网状。酸香气无或很微弱；结构细；纹理交错。气干密度约 1.07 克/立方厘米。（见图 3-2-42、图 3-2-43）

图 3-2-42　　　　　　　　　　图 3-2-43

用途：适于制作高档家具、乐器、工具柄、木工雕刻品等。

相关知识：巴里黄檀生长于海拔 900 米以下的低山常绿-半常绿湿润阔叶林和稀疏的半落叶林中，亦可见于低地平原和湿地的常绿林中，常以单独或小群落形式出现。巴里黄檀为中至大乔木，成熟的个体高度可达 9 米~25 米，大者可近 35 米高，天然原始林和人工林的生长速度都很慢。

巴里黄檀在我国的加工使用历史悠久，我国北方称其为"老红木"，广东、广西地区称其为"酸枝"。巴里黄檀的质地纹理与交趾黄檀非常接近，结构细、材质重、硬度

适中，在国内受到广泛认可。

由于属于贵重木材，多年来巴里黄檀在柬埔寨和老挝一直是个体采伐者和外国伐木公司在非法采伐活动中青睐的树种，而非法采伐已经导致巴里黄檀树种资源面临枯竭，成熟的大径材树木已很少见。

进出口注意事项：巴里黄檀属于红木中的红酸枝木、《品目注释》中列名的热带木，主要流通规格为大方料原木，板材也有。进出口贸易涉及濒危证件管理。

学名：赛州黄檀

俗名：紫罗兰酸枝、国王木、深色玫瑰木

科属：蝶形花科黄檀属

拉丁名：*Dalbergia cearensis*

主产地：巴西等热带南美洲国家

进出口税号：原木 4403.4980；板材 4407.2940

备注：列入 CITES 附录 II 管制

木材特性：散孔材。心材材色变异大，呈浅红色至浅红褐色，带有紫褐色或黑褐色细条纹。边材呈黄白色，与心材区别明显。生长轮明显。管孔肉眼下略见，数略少至略多。轴向薄壁组织在放大镜下明显，为环管束状、聚翼状、带状。木纤维甚厚，叠生。酸香气无或很微弱，结构细而匀，纹理常斜。气干密度约 0.95 克/立方厘米。（见图3-2-44、图 3-2-45）

图 3-2-44

图 3-2-45

用途：适于制作镶嵌细木工板、小型工具柄、乐器、木雕等。（见图3-2-46）

相关知识：赛州黄檀是乔木，树干直，树高可达 30 米，但达到 18 米以上者很少；胸径最粗可达 0.6 米，一般常见的是 0.25 米~0.4 米。赛州黄檀主要分布在巴西东北部，是南美洲大陆出产的多种黄檀属红木类树种之一，其抗弯强度和抗挤压强度均高，抗冲

图 3-2-46

击强度和硬度适中；表面处理性能好，木材有油质性，表面光泽度高；材质重硬，手工加工难度大，易使工具钝化；旋切与胶粘性能均好，钉钉前宜预先钻孔；干燥宜缓慢，否则易出现明显开裂；耐久性很好，抗真菌、白蚁侵害。

赛州黄檀在欧洲国家的使用历史最早可追溯到17世纪中期，作为家具用材主要流行于18世纪的法国、英国以及荷兰。其中，法国路易十五时期的王室家具较多地使用了赛州黄檀而使其声名远扬，自此，赛州黄檀便被人们尊称为"国王木"。

进出口注意事项：赛州黄檀在我国有少量进口，主要进口自巴西。赛州黄檀属于红木中的红酸枝木、《品目注释》中列名的热带木，进出口贸易涉及濒危证件管理。

> **学名**：交趾黄檀
>
> **俗名**：大红酸枝
>
> **科属**：蝶形花科黄檀属
>
> **拉丁名**：*Dalbergia cochinchinensis*
>
> **主产地**：越南、老挝、泰国、柬埔寨等东南亚地区
>
> **进出口税号**：原木 4403.4980；板材 4407.2940
>
> **备注**：列入 CITES 附录 Ⅱ 管制

木材特性：散孔材。心材新切面呈紫红褐色或暗红褐色，常带黑褐色或栗褐色条纹。边材呈灰白色，与心材区别明显。导管中含深色树胶。轴向薄壁组织明显，为带状及翼状。有酸香气，久则微弱；结构细；纹理通常直。气干密度 1.01 克/立方厘米～1.09 克/立方厘米。（见图 3-2-47、图 3-2-48）

图 3-2-47

图 3-2-48

用途：适于制作高档家具、乐器、工具柄、木工雕刻品等。（见图 3-2-49～图 3-2-51）

图 3-2-49

图 3-2-50

图 3-2-51

相关知识：由于过度砍伐，交趾黄檀的数量越来越少，在2013年被列入CITES附录Ⅱ管制。

交趾黄檀是传统的红木用材，旧时民间的高档家具用材多为交趾黄檀。交趾黄檀木质细腻，打磨后具有光泽，部分还有"水波纹"效果，制成家具后极具可欣赏性。木材多有黑色的条纹，称为"黑筋"，或粗大，或细小，形成千变万化的纹路。

进出口注意事项：交趾黄檀属于红木中的红酸枝木、《品目注释》中列名的热带木，进出口贸易涉及濒危证件管理。主要流通规格为原木，也有部分为旧高档家具。

> 学名：绒毛黄檀
> 俗名：郁金香木、黄檀木、紫薇檀、粉木、巴西黄檀、玫瑰黑黄檀
> 科属：蝶形花科黄檀属
> 拉丁名：*Dalbergia frutescens* var. *tomentosa*
> 主产地：巴西等热带南美洲国家
> 进出口税号：原木 4403.4980；板材 4407.2940
> 备注：列入 CITES 附录 II 管制

木材特性：散孔材或半环孔材。心材呈微红色至紫红色，常带深红褐色或橙红褐色条纹。生长轮明显。管孔肉眼下略见至可见，数甚少至略少。轴向薄壁组织在放大镜下明显，为环管束状及带状、聚翼状、星散-聚合状。木纤维壁厚，叠生。酸香气无或微弱，结构细，纹理通常直。气干密度0.9克/立方厘米~1.1克/立方厘米。（见图3-2-52）

图 3-2-52

图 3-2-53

用途：适于制作贴面、家具、艺术品、打击乐器、小型车旋制品等。（见图3-2-53）

相关知识：绒毛黄檀为乔木，高可达6米~10米，胸径可达0.4米左右，原材生长缓慢，百年方能成材。绒毛黄檀木材密度高、强度高，加工困难，对刀具有钝化效果；富含丰富的天然油脂，胶合不易；车旋性能好，适合高亮度的抛光；材性稳定，几乎不受地理气候等因素的影响，干湿变化小，是上好的家具用材。因过度砍伐，生存量稀少，绒毛黄檀已被列入CITES附录II管制，严格限制砍伐出口。

进出口注意事项：绒毛黄檀属于红木中的红酸枝木、《品目注释》中列名的热带木，进出口贸易涉及濒危证件管理。

第三章 木材树种介绍

> 学名：中美洲黄檀
> 科属：蝶形花科黄檀属
> 拉丁名：*Dalbergia granadillo*
> 主产地：墨西哥等中美洲地区
> 进出口税号：原木 4403.4980；板材 4407.2940
> 备注：列入 CITES 附录Ⅱ管制

木材特性：散孔材。心材新切面呈暗红褐色、橘红褐色至深红褐色，常带明显的黑色条纹。轴向薄壁组织为星散-聚合状、环管束状，呈弦向带状。新切面气味辛辣；结构细；纹理直或交错。气干密度 0.98 克/立方厘米～1.22 克/立方厘米。（见图 3-2-54、图 3-2-55）

图 3-2-54

图 3-2-55

用途：适于制作高档家具。

相关知识：中美洲黄檀主要产自中美洲地区。在国外，中美洲黄檀也被称为"Cocobolo"，属于微凹黄檀的近亲。

进出口注意事项：中美洲黄檀属于红木中的红酸枝木，是《品目注释》中列名的热带木，主要流通规格为大方料原木，进出口贸易涉及濒危证件管理。

学名：奥氏黄檀

俗名：缅甸酸枝

科属：蝶形花科黄檀属

拉丁名：*Dalbergia oliveri*

主产地：泰国、缅甸、老挝

进出口税号：原木 4403.4980；板材 4407.2940

备注：列入 CITES 附录 II 管制

木材特性：散孔材或半环孔材。心材新切面呈柠檬红色、红褐色至深红褐色，常带明显的黑色条纹。轴向薄壁组织为同心层式傍管带状。新切面有酸香气或酸香气微弱；结构细；纹理通常直或交错。气干密度约 1 克/立方厘米。（见图 3-2-56、图 3-2-57）

图 3-2-56

图 3-2-57

用途：适于制作高档家具、工艺品、装饰单板、运动器材等。

相关知识：奥氏黄檀为乔木，高可达 25 米，通常为 18 米~24 米；胸径可达 2 米，通常为 0.5 米。主产于缅甸、泰国和老挝等地的低海拔混交林中。

进出口注意事项：奥氏黄檀属于红酸枝木、《品目注释》中列名的热带木，进出口贸易涉及濒危证件管理。主要流通规格为大方料原木，板材也有。

学名：微凹黄檀

俗名：南美红酸枝、小叶酸枝

科属：蝶形花科黄檀属

拉丁名：*Dalbergia retusa*

主产地：墨西哥、尼加拉瓜、巴拿马等中美洲地区

进出口税号：原木 4403.4980；板材 4407.2940

备注：列入 CITES 附录 II 管制

木材特性：散孔材。边材呈浅黄白色，与心材区别明显。心材新切面橙黄色明显，久则转为红褐色、紫红褐色，常带黑色条纹。生长轮不明显。轴向薄壁组织主为翼状、环管状及带状。气味辛辣，结构细而均匀，纹理直至交错。气干密度大于1克/立方厘米。（见图 3-2-58~图 3-2-61）

图 3-2-58

图 3-2-59

图 3-2-60

图 3-2-61

用途：适于制作高档家具、乐器、工具柄、木工雕刻品等。（见图3-2-62）

相关知识：微凹黄檀为小至中乔木，高可达13米~18米，胸径多数为20厘米~30厘米，少数能达到40厘米~50厘米，木材中心少数有空洞。主要分布于中美洲，通常生长在干旱的丘陵地区。由于产地不同，墨西哥、尼加拉瓜和巴拿马等地的微凹黄檀的材质也有区别。其中，墨西哥微凹黄檀出材率较高，纹理特别，油性较好，最受市场欢迎。尼加拉瓜微凹黄檀出材率也高，纹理好，但油性一般，成品一般需要上色。巴拿马微凹黄檀出材率相对较低，纹理较好，且油性更足，因此在相同等级的情况下，巴拿马微凹黄檀的价格较高。但随着该微凹黄檀资源的逐渐稀少，当地政府也开始逐渐限制其出口。

图3-2-62

进出口注意事项：微凹黄檀属于红木中的红酸枝木、《品目注释》中列名的热带木，主要流通规格为大方料原木，进出口贸易涉及濒危证件管理。

学名：非洲崖豆木

俗名：西非鸡翅、非洲黑鸡翅

科属：蝶形花科崖豆属

拉丁名：*Millettia laurentii*

主产地：喀麦隆、刚果（布）、刚果（金）、加蓬

进出口税号：原木 4403.4980；板材 4407.2940

木材特性：散孔材。心材呈黑褐色，常带浅色条纹；边材呈浅黄色，与心材区别明显。生长轮不明显。管孔肉眼下可见，在放大镜下明显，散生；数甚少至少；略大。轴向薄壁组织丰富，在肉眼下明显，主为傍管带状或聚翼状。木纤维壁厚，叠生。无香气；结构细至中；纹理通常直。气干密度约 0.8 克/立方厘米。（见图 3-2-63、图 3-2-64）

图 3-2-63

图 3-2-64

用途：适于作制高档家具、微薄木、室内装修材料、地板、细木工板、运动器材、雕刻品等。

相关知识：非洲崖豆木为乔木，高可达 15 米~29 米，胸径可达 1 米。木材有光泽及油性感；材质重硬且强度高，干缩甚大；加工略难，易使工具钝化；抛光略难；钉钉前需先打孔；弯曲性能及耐腐性佳；干燥慢，略开裂。相较于白花崖豆木而言，非洲崖豆木的结构粗、密度轻、材质稍差，因此市场价格与白花崖豆木相差较大。

进出口注意事项：非洲崖豆木属于红木中的鸡翅木、《品目注释》中列名的热带木，是我国红木市场上流通的主要红木树种之一。我国主要从加蓬、刚果（布）等非洲国家进口该木材，进口量较大，主要流通规格原木、板材均有，还有少量制成品。

> 学名：白花崖豆木
> 俗名：缅甸鸡翅木、黑鸡翅
> 科属：蝶形花科崖豆属
> 拉丁名：*Millettia leucantha*
> 主产地：缅甸、泰国
> 进出口税号：原木 4403.9930；板材 4407.9910

木材特性：散孔材。心材呈黑褐色或栗褐色，常带浅色条纹；边材呈浅黄色，与心材区别明显。生长轮不明显。管孔肉眼下可见，数少至略少。轴向薄壁组织丰富，在肉眼下明显，主为带状或聚翼状。木纤维壁厚，叠生。无香气，结构细至中，纹理通常直至略交错。气干密度约 1.02 克/立方厘米。（见图 3-2-65~图 3-2-67）

图 3-2-65

图 3-2-66

用途：适于制作高档家具、旋切饰面单板、桥梁、农具等。

相关知识：白花崖豆木为中等乔木，高可达 7 米~8 米，胸径可达 0.6 米，成材期约 150 年~200 年。木材光泽弱、密度大、强度大；干燥性能良好，但有时可能产生表面细裂纹。木材耐腐，心材几乎不受任何菌、虫危害。木材锯解困难，干燥更甚，最宜生材时进行加工。由于强度大又

图 3-2-67

耐久，缅甸等地多用其制作柱子、桥梁及农具等。

进出口注意事项：白花崖豆木属于红木中的鸡翅木，但不属于《品目注释》中的热带木，不涉及濒危证件管理。我国的白花崖豆木原木及板材大部分进口自缅甸、越南，主要用于家具制造。

学名：铁刀木

俗名：黑心树

科属：苏木科决明属

拉丁名：*Senna siamea*

主产地：印度、缅甸、斯里兰卡、越南、泰国、马来西亚、印度尼西亚、菲律宾，中国云南、福建、广东、广西

进出口税号：原木 4403.4980；板材 4407.2940

木材特性：散孔材。心材呈栗褐色或黑褐色，边材呈浅黄白色。导管主为单管孔及少数径列复管孔。轴向薄壁组织为聚翼状或傍管带状。单列射线很少；多列射线宽2个~3个细胞，高5个~10个细胞。香气无，结构细至中，纹理交错。气干密度0.63克/立方厘米~1.01克/立方厘米。（见图3-2-68、图3-2-69）

图 3-2-68　　　　　　　　　　图 3-2-69

用途：适于制作高档家具、工艺品、园林树种等。（见图3-2-70、图3-2-71）

图 3-2-70　　　　　　　　　　　　图 3-2-71

相关知识：铁刀木为常绿乔木，树高可达20米，胸径可达0.4米。树皮呈灰色，近光滑，小枝粗壮，疏被短柔毛。纹理似鸡翅，材质坚硬致密。经济价值高。心材坚实耐腐、耐湿、耐用，是建筑和制作农具、高档家具、乐器等的良材；生长迅速，萌芽力强，枝干易燃，火力旺，在我国云南大量栽培作薪炭林。铁刀木终年常绿、枝叶苍翠、叶茂花美、开花期长、病虫害少，属于低维护优良树，可用作园林、行道树及防护林树种。

进出口注意事项：铁刀木属于红木中的鸡翅木、《品目注释》中列名的热带木，不涉及濒危证件管理。

学名：乌木

科属：柿树科柿属

拉丁名：*Diospyros ebenum*

主产地：亚热带及热带地区

进出口税号：原木 4403.4980；板材 4407.2940

木材特性：散孔材。心材全部乌黑，少见浅色条纹；边材色浅，与心材区别明显。导管主为单管孔，散生；含褐黑色或黑色树胶。轴向薄壁组织主为带状，与木射线相交，网状较明显。木射线非叠生。单列射线，射线组织主为异形单列，偶2列。气干密度 0.85 克/立方厘米～1.17 克/立方厘米。（见图 3-2-72～图 3-2-75）

图 3-2-72

图 3-2-73

图 3-2-74

图 3-2-75

用途：适于制作家具、室内装修材料、地板等。

相关知识：学名为乌木的树种与俗称为"乌木"的阴沉木完全不同。阴沉木是由于地震、洪水、泥石流等自然灾害将地上的植物全部埋入古河床等低洼处，埋入淤泥中的树木在缺氧、高压的状态下，在细菌等微生物的作用下，经过数千年甚至上万年的炭化形成的木材，又被称为"炭化木"，因颜色乌黑，也被称为"乌木"。

《红木》（GB/T 18107—2017）中，乌木类有乌木和厚瓣乌木两种树种，与《红木》（GB/T 18107—2000）相比，减少了两个树种，其中蓬塞乌木因标本来源缺乏依据而被删除，毛药乌木则被调整至条纹乌木类。

进出口注意事项：乌木属于红木中的乌木类树种、《品目注释》中列名的热带木，不涉及濒危证件管理。一般心材乌黑发亮、不见杂色者为上品。

> **学名**：厚瓣乌木
>
> **俗名**：黑檀（日本）、黑紫檀
>
> **科属**：柿树科柿属
>
> **拉丁名**：*Diospyros crassiflora*
>
> **主产地**：尼日利亚、喀麦隆、加蓬、赤道几内亚等中非和西非国家
>
> **进出口税号**：原木 4403.4980；板材 4407.2940

木材特性：散孔材。心材呈全部乌黑，边材呈红褐色，与心材区别明显。生长轮不明显。管孔肉眼下略见，数少至略少。木纤维壁厚。轴向薄壁组织丰富，在放大镜下不见。香气无，结构甚细，纹理通常直至略交错。气干密度约 1.05 克/立方厘米。（见图3-2-76）

 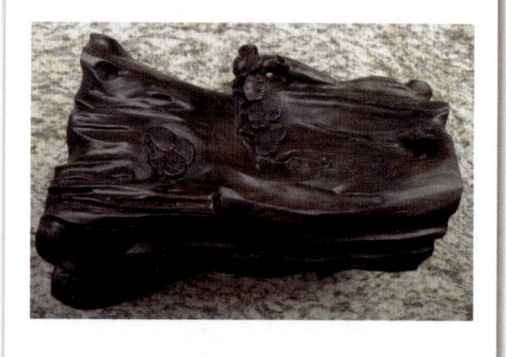

图 3-2-76　　　　　　　　　　图 3-2-77

用途：适于制作家具、艺术品、乐器等。（见图 3-2-77）

相关知识：厚瓣乌木为乔木，高可达 15 米~18 米，胸径可达 0.6 米。厚瓣乌木密度极高，加工困难；含油量高，胶粘不易；对刀具的钝化效果明显；抛光性能好。目前厚瓣乌木的数量逐年减少，只能从用于制作大件家具改为制作艺术品、乐器等。

进出口注意事项：厚瓣乌木属于红木中的乌木、《品目注释》中列名的热带木，不涉及濒危证件管理。我国的厚瓣乌木主要进口自尼日利亚、喀麦隆等非洲国家，也有一小部分进口自西班牙，进口状态包括原木和板材，多用于制造乐器、工艺品等。

第三章 木材树种介绍

> **学名**：苏拉威西乌木
> **俗名**：印尼黑檀、条纹乌木
> **科属**：柿树科柿属
> **拉丁名**：*Diospyros celebica*
> **主产地**：印度尼西亚
> **进出口税号**：原木 4403.4980；板材 4407.2940

木材特性：散孔材。心材呈黑色或栗褐色，具有深浅相间的条纹；边材呈红褐色，与心材区别明显。生长轮不明显。管孔肉眼下明显；数略少至少。树胶常见。轴向薄壁组织丰富，在放大镜下不见。木纤维壁厚。香气无，结构细，纹理通常直至略交错。气干密度约 1.09 克/立方厘米。（见图 3-2-78～图 3-2-80）

图 3-2-78

图 3-2-79

用途：适于制作室内装饰材料、高档家具、乐器、工艺品、单板等。

相关知识：根据《红木》（GB/T 18107—2017），条纹乌木类有苏拉威西乌木、菲律宾乌木、毛药乌木 3 种，在东南亚地区均有出产。条纹乌木类的心材均为黑色或栗褐色，具有深浅相间的条纹或不规则块状色差，且差别显著。

苏拉威西乌木为常绿阔叶大乔木，树高可达 40 米，枝下高通常可达 10 米~20 米，胸径可达 1 米。苏拉威西乌木是乌

图 3-2-80

木中的极品，是印度尼西亚的国宝级树种，被称为"木材中的黑珍珠"，主要生长于印度尼西亚苏拉威西岛，该岛常年干旱，多崖石山，生长环境极恶劣，致使树木成材缓慢。苏拉威西乌木木材有光泽、无特殊气味和滋味；干燥慢，易开裂；木材耐腐，材质重硬，加工困难，但车旋、刨切、胶粘性能良好。由于木材色调美观、纹理和谐、结构细而均匀、干材尺寸稳定等特点，苏拉威西乌木主要用于制作高档家具，制成的家具线条优美流畅、纹理清晰。

进出口注意事项：苏拉威西乌木属于红木中的条纹乌木、《品目注释》中列名的热带木，不涉及濒危证件管理。我国的苏拉威西乌木主要进口自印度尼西亚，主要用于家具制造。

第三章 木材树种介绍

学名：菲律宾乌木
俗名：菲律宾黑檀木
科属：柿树科柿属
拉丁名：*Diospyros philippinensis*
主产地：菲律宾、斯里兰卡、中国台湾
进出口税号：原木 4403.4980；板材 4407.2940

木材特性：散孔材。心材呈黑色、乌黑色或栗褐色，具有深浅相间的条纹；边材呈浅红褐色，与心材区别明显。生长轮不明显。管孔在放大镜下可见，数甚少至少。轴向薄壁组织在放大镜下不见。木纤维壁厚。香气无，结构甚细，纹理通常直至略交错。气干密度 0.78 克/立方厘米~1.09 克/立方厘米。（见图 3-2-81、图 3-2-82）

图 3-2-81

图 3-2-82

用途：适于制作高档家具、乐器、雕刻品、小件工艺品。

相关知识：菲律宾乌木为中乔木，光泽强、质量重，干缩大，强度高，加工及油漆性能好。适宜制成仿明清式家具、民国式样以及其他古典风格的家具，也适宜制成乐器、雕刻品、小件工艺品。随着印度尼西亚政府加强对苏拉威西乌木的出口限制，菲律宾乌木正在逐渐取代苏拉威西乌木的市场地位。

进出口注意事项：菲律宾乌木属于红木中的条纹乌木、《品目注释》中列名的热带木，不涉及濒危证件管理。

> 学名：毛药乌木
>
> 科属：柿树科柿属
>
> 拉丁名：*Diospyros pilosanthera*
>
> 主产地：菲律宾
>
> 进出口税号：原木 4403.4980；板材 4407.2940

木材特性：散孔材。心材呈黑色或栗褐色，带有深浅相间的条纹。生长轮不明显，管孔肉眼下略见，数少。轴向薄壁组织在放大镜下可见，主为离管带状、疏环管状。木纤维壁厚。香气无，结构甚细，纹理通常直至略交错。气干密度 0.9 克/立方厘米~0.97 克/立方厘米。（见图 3-2-83~图 3-2-85）

图 3-2-83

图 3-2-84

用途：适于制作高档家具、乐器、雕刻品、小件工艺品。

相关知识：毛药乌木为乔木，树高可达 35 米，木材密度大、结构细腻，含深色树胶，加工性能好，切面具黑色光泽和油性感，易于车旋、雕刻。

进出口注意事项：毛药乌木属于红木中的条纹乌木、《品目注释》中列名的热带木，不涉及濒危证件管理。

图 3-2-85

第三节 热带木

《税则》中的热带木是指子目 4403.41 至子目 4403.49，子目 4407.21 至子目 4407.29，子目 4408.31 至子目 4408.39，子目 4409.22 及子目 4412.31 中的木材，根据热带木材国际技术协会（ATIBT）、法国国际农业发展研究中心（CIRAD）、国际热带木材组织（ITTO）推荐的引导名称命名，包括 460 多种树种。

第二节介绍的红木中有大部分木材属于热带木范畴。需要注意的是，《税则》中的热带木仅包括《品目注释》中收录的树种，并非指所有的产自地理学所定义的热带地区的木材。本节列举了部分常见热带木树种，完整的热带木范围详见附录二。

热带木原木在《税则》中涉及的税号包括：

4403.4100　深红色红柳桉木、浅红色红柳桉木及巴栲红柳桉木

4403.4910　柚木

4403.4920　奥克曼（奥克榄）

4403.4930　龙脑香木（克隆）

4403.4940　山樟（香木）

4403.4950　印茄木（波罗格）

4403.4960　大干巴豆（门格里斯或康派斯）

4403.4970　异翅香木

4403.4980　红木

4403.4990　其他热带木

热带木板材（厚度超过 6 毫米）在《税则》中涉及的税号包括：

4407.2100　美洲桃花心木

4407.2200　苏里南肉豆蔻木、细孔绿心樟及美洲轻木

4407.2500　深红色红柳桉木、浅红色红柳桉木及巴栲红柳桉木

4407.2600　白柳桉木、白色红柳桉木、白色柳桉木、黄色红柳桉木及阿兰木

4407.2700　沙比利

4407.2800　伊罗科木

4407.2910　柚木

4407.2920　非洲桃花心木

4407.2930　波罗格

4407.2940　红木

4407.2990　其他热带木

第三章 木材树种介绍

> **学名**：深红娑罗双
> **俗名**：深红色红柳桉木、红柳桉
> **科属**：龙脑香科娑罗双属
> **拉丁名**：*Shorea* spp.
> **主产地**：印度尼西亚、马来西亚、菲律宾等东南亚地区
> **进出口税号**：原木 4403.4100；板材 4407.2500

木材特性：散孔材，管孔少。边材呈黄白色，与心材区别明显；心材呈红褐色至深红褐色，与边材区别明显。单管孔，稀径列复管孔。轴向薄壁组织为环管状、近翼状。无特殊气味和滋味。气干密度 0.56 克/立方厘米~0.86 克/立方厘米。（见图 3-3-1~图 3-3-3）

图 3-3-1

图 3-3-2

用途：适于制作船舶、枕木、梁柱、承重地板等。

相关知识：深红娑罗双木材的硬度、强度低至中，耐腐蚀性中等，主要用于制作单板、胶合板，少数可用于制作家具、细木工板、地板，以及用于一般建筑和造船。

娑罗双属是龙脑香科中最大的一个属，含160 多种树种，在南洋材出口贸易中所占比例以及在木材工业上的重要性均居首位。根据材色和

图 3-3-3

125

重量，娑罗双属木材通常分为以下四大类：

红梅兰蒂类（Red Meranti），有深红、浅红之分，包括深红娑罗双、浅红娑罗双等，在娑罗双属中最为重要，又称"菲律宾深红桃花木""红柳桉""油抄木"；

白梅兰蒂类（White Meranti），包括白娑罗双等，又称"白柳桉"；

黄梅兰蒂类（Yellow Meranti），包括黄娑罗双等，又称"黄柳桉"；

巴劳本类（Balau），包括重红娑罗双、重黄娑罗双等。

进出口注意事项：深红娑罗双是《税则》中具体列名的热带木"深红色红柳桉木"，主要流通规格原木和板材均有。娑罗双属中有许多树种，包括重黄娑罗双、重红娑罗双、深红娑罗双、浅红娑罗双、黄娑罗双、白娑罗双、温生娑罗双等，均为热带木，但归类不同。其中，深红娑罗双、浅红娑罗双和温生娑罗双归入税号 4403.4100（原木）和 4407.2500（板材）；白娑罗双、黄娑罗双、轻赛罗双和沙捞越娑罗双归入 4403.4990（原木）和 4407.2600（板材）；其他娑罗双归入 4403.4990（原木）和 4407.2990（板材）。

第三章 木材树种介绍

学名：柚木

科属：马鞭草科柚木属

拉丁名：*Tectona grandis*

主产地：泰国、印度尼西亚等东南亚地区

进出口税号：原木 4403.4910；板材 4407.2910

木材特性：环孔材至半环孔材。心材呈黄褐色，有油性感，与边材区别明显；边材呈黄白色。轴向薄壁组织为傍管状、轮界状。略具皮革气味。气干密度约为 0.58 克/立方厘米~0.67 克/立方厘米。（见图 3-3-4~图 3-3-7）

图 3-3-4

图 3-3-5

图 3-3-6

图 3-3-7

用途：可用于制造高档家具、地板、室内外装饰材料；也适于作船舶、露天建筑、桥梁等用材；对多种化学物质有较强的耐腐蚀性，宜作化学工业用的木制品；还可用于园林绿化等。

相关知识：柚木为大乔木，树高可达40米~50米，干通直。树皮呈褐色或灰色，枝为四棱形，被星状绒毛。叶对生，呈卵形或椭圆形，背面密被星状绒毛。圆锥花序顶生，花有香气。原产于缅甸、泰国、印度、印度尼西亚和老挝等地，我国南方地区有引种分布。垂直分布多见于海拔700米~800米以下的低山丘陵和平原，喜光，喜深厚、湿润、肥沃、排水性良好的土壤。

柚木在干湿变化较大的情况下不翘、不裂，耐腐、耐水、耐火性强。干燥性能良好，胶粘、油漆、上蜡性能好。易使刀具钝化，故加工时切削较难。握钉力佳，综合性能良好，为世界公认的名贵树种，被誉为"万木之王"。

柚木的市场价格和木材价值不菲。用柚木制成的实木地板或多层实木地板耐腐、耐磨，光泽亮丽如新，花纹美观，稳定性好，变形性小。高等级的柚木家具表面油脂丰富，触之润滑感强；纹理线条优美，墨线细腻丰富。由于柚木的市场需求很大，市面上的柚木真假难辨、良莠不齐，存在以其他树种冒充柚木，或冠以类似名称误导消费者的现象，只有马鞭草科柚木属的树种才是真正的柚木。

进出口注意事项：柚木是《税则》中具体列名的热带木，市面上较为流行用作地板材，主要流通规格原木和板材均有。

第三章 木材树种介绍

学名：奥克榄

俗名：奥克曼

科属：橄榄科奥克榄属

拉丁名：*Aucoumea klaineana*

主产地：加蓬、赤道几内亚、刚果（布）等非洲地区

进出口税号：原木 4403.4920；板材 4407.2990

木材特性：散孔材。心材呈浅红褐色，与边材区别明显；边材呈灰白色。生长轮不明显。管孔肉眼下可见，在放大镜下明显。轴向薄壁组织在放大镜下几乎不见。木射线在放大镜下明显，稀至中，窄。木材光泽强、质量轻，无特殊气味和滋味。气干密度约 0.48 克/立方厘米。（见图 3-3-8~图 3-3-10）

图 3-3-8

图 3-3-9

用途：适于制作旋切单板、胶合板、细木工制品、家具、木模、包装箱、轻型构件、乐器等，是主要的胶合板旋切用材。

相关知识：奥克榄是橄榄科奥克榄属的唯一树种，树高可达 25 米~35 米，胸径可达 1 米~2.5 米；具大板根，树皮厚 0.5 厘米~0.8 厘米，质较硬，易块状剥落。干缩中，加工容易，单板旋切性能佳，胶粘性能良好，钉钉容易；略耐腐，干燥快，无

图 3-3-10

缺陷。

奥克榄的木质结构细腻均匀、色差小、纹理直、抗腐蚀、强度高、韧性强、握钉力强，是很多家具设计师热衷的木材，可作名贵乐器、高档家具的主材料。因无瑕、无结、无疤、无痕的特性，加之原木本身的装饰效果极强，奥克榄也是很多工艺品设计师的首选木材。

进出口注意事项：奥克榄是《税则》中具体列名的热带木"奥克曼"，主要流通规格为板材。

> **学名**：龙脑香木
> **俗名**：克隆木、南洋油崖木
> **科属**：龙脑香科龙脑香属
> **拉丁名**：*Dipterocarpus* spp.
> **主产地**：马来西亚、印度尼西亚、缅甸、泰国等东南亚地区
> **进出口税号**：原木 4403.4930；板材 4407.2990

木材特性：散孔材。心材呈灰红褐色至红褐色，氧化后转为巧克力色；边材呈浅灰褐色，宽5厘米~10厘米，与心材区别略明显。生长轮不明显。管孔肉眼下可见，略少，大小中等。轴向薄壁组织在放大镜下可见，为环管束状、近翼状及聚翼状。气干密度0.7克/立方厘米~0.8克/立方厘米。（见图3-3-11）

用途：适于制作地板、试验器具等，可作重型结构、建筑、船舶、车辆等用材。

相关知识：龙脑香为大乔木，高可达25米~45米，材质优良。该属约有75种树种，其中约30种广泛分布于东南亚广大地区。我国的龙脑香原木及板材主要进口自马来西亚、印度尼西亚等地区，进口量较大。龙脑香木材光泽弱，有树脂气味；纹理直，结构粗、均匀；材质中至重硬，强度高，干缩小；加工困难，易钝锯和黏锯；刨面光滑，胶粘性能差；握钉力强，需预先钻孔；油漆效果好，略耐腐。

图3-3-11

进出口注意事项：龙脑香木是《税则》中具体列名的热带木，主要流通规格原木和板材均有。

学名：冰片香

俗名：山樟、香木

科属：龙脑香科冰片香属

拉丁名：*Dryobalanops* spp.

主产地：印度尼西亚、马来西亚等东南亚地区

进出口税号：原木 4403.4940；板材 4407.2990

木材特性：散孔材。心材呈红褐色，与边材区别明显；边材呈黄褐色。轴向薄壁组织主为环管束状或近翼状。新切面有强烈的樟脑气味。纹理直，结构略粗。气干密度约 0.8 克/立方厘米。（见图 3-3-12、图 3-3-13）

图 3-3-12

图 3-3-13

用途：适于制作实木地板、室内装修材料、工具柄、木工雕刻品等。

相关知识：冰片香木材有光泽；材质重硬、强度高；加工容易，切面光滑；木材中含有单宁，遇铁器会变色。

冰片香可作建筑、造船用材等，也可用于制作旋切单板、胶合板的芯板和背板、地板、家具、枕木等；木材可提炼出天然冰片，是合成樟脑的原料。

进出口注意事项：冰片香是《税则》中具体列名的热带木"山樟（香木）"，主要流通规格为原木。

第三章 木材树种介绍

学名：印茄木
俗名：波罗格
科属：苏木科印茄属
拉丁名：*Intsia* spp.
主产地：东南亚、南美洲、非洲
进出口税号：原木 4403.4950；板材 4407.2930

木材特性：散孔材。心材呈褐色至红褐色，常带深浅相间的条纹，与边材区别明显；边材呈浅黄白色。轴向薄壁组织为翼状、聚翼状及轮界状。无特殊气味和滋味。气干密度约 0.8 克/立方厘米。（见图 3-3-14、图 3-3-15）

图 3-3-14

图 3-3-15

用途：可作户外用材，也可用于制作实木地板、家具等。（见图 3-3-16）

相关知识：印茄木是生长在热带雨林中的珍贵热带硬木，成材时间较长。印茄木木材有光泽，纹理交错，耐腐、耐久性强。印茄木可用于制作实木地板，是比较高端的木地板用材，颇受消费者喜爱。印茄木俗称"波罗格"，因颜色有轻微差别分为"红波罗""黄波罗"，其大径材树根部颜色偏红、偏深，品质较好；小径材树梢

图 3-3-16

部颜色偏黄、偏浅，色泽较好。

  进出口注意事项：印茄木是《税则》中具体列名的热带木"婆罗格"，主要流通规格为板材。

学名：大干巴豆

俗名：凤眼木、金不换

科属：苏木科甘巴豆属

拉丁名：*Koompassia excelsa*

主产地：泰国、马来西亚、菲律宾、印度尼西亚等东南亚地区

进出口税号：原木 4403.4960；板材 4407.2990

木材特性：散孔材。心材呈淡红色至橘红色，带黄褐色细线条，经氧化转呈巧克力色。边材呈浅黄褐色，常见蓝变，与心材区别明显。生长轮略可见。管孔肉眼下明显，数少，略大。轴向薄壁组织肉眼下明显，发达，主为离管带状、长聚翼状。有光泽，无特殊气味和滋味，纹理交错，结构粗、略均匀。气干密度通常大于 0.8 克/立方厘米。（见图 3-3-17、图 3-3-18）

图 3-3-17 　　　　　　　　　　图 3-3-18

用途：可作码头、桥梁用材，化工用木等；还可用于制作高级地板、细木工板、家具、农业器具等。

相关知识：大干巴豆为大乔木，高可达 54 米，胸径约 1.2 米，分布于泰国、菲律宾巴拉望岛、马来西亚西部及加里曼丹岛等东南亚地区。大干巴豆木材重硬，强度高，干缩小；锯解和旋切加工难，刨切面光滑；油漆和胶粘性不佳；握钉力强，需预先钻孔；耐腐，因含微酸性，略腐蚀金属；遇铁易呈黑色，以使用专用的钉子为宜；干燥稍慢，易开裂。木材经防腐处理后可制成桩柱、电杆、枕木、梁柱、搁栅、椽子等，也适于烧

制木炭。

进出口注意事项：大干巴豆是《税则》中具体列名的热带木，主要流通规格为原木。我国主要从马来西亚进口该木材，进口量较大。

> **学名**：异翅香
> **俗名**：山桂花、玉檀木
> **科属**：龙脑香科异翅香属
> **拉丁名**：*Anisoptera* spp.
> **主产地**：马来西亚、菲律宾、泰国、巴布亚新几内亚等地区
> **进出口税号**：原木 4403.4970；板材 4407.2990

木材特性：散孔材。生长轮不明显。心材与边材新鲜时区别不明显，由于边材易蓝变，久则区别明显。心材呈浅黄褐色至稻草黄褐色；边材呈浅灰褐色，宽3厘米~5厘米。管孔肉眼下可见，略少，略小。轴向薄壁组织在放大镜下难见，有时可见离管短线状。光泽弱，纹理略交错，结构略粗、均匀。气干密度约0.6克/立方厘米。（见图3-3-19、图3-3-20）

图 3-3-19　　　　　　　　　　　　图 3-3-20

用途：适于制作旋切单板、胶合板、地板、家具、细木工制品、室内装修材料、包装箱等。

相关知识：异翅香为大乔木，高可达45米，胸径可达1米~1.5米，成材空洞多。异翅香属分布于东南亚及巴布亚新几内亚等地区，木材重量、硬度、强度中等，干缩小；加工容易，切面光滑；含硅，易使刀具钝化；油漆、胶粘、抛光性能好，握钉力强，略耐腐；干燥很慢，有开裂、轻微翘曲、杯弯缺陷。

进出口注意事项：异翅香是《税则》中具体列名的热带木，主要流通规格原木、板材均有。我国主要从巴布亚新几内亚、马来西亚、印度尼西亚进口该木材，进口量较大。

> 学名：桃花心木
> 俗名：西印度群岛桃花心木、小叶桃花心木
> 科属：楝科桃花心木属
> 拉丁名：*Swietenia mahagoni*
> 主产地：中美洲、南美洲地区，东南亚地区有引种
> 进出口税号：原木 4403.4990；板材 4407.2100
> 备注：该树种与矮桃花心木（*Swietenia humilis*）、大叶桃花心木（*Swietenia macrophyua*）同为 CITES 附录 Ⅱ 所列物种

木材特性：散孔材。心材呈红褐色，与边材区别明显；边材呈浅黄褐色至浅红褐色。轴向薄壁组织为轮界状、环管状及环管束状。无特殊气味和滋味。气干密度约 0.64 克/立方厘米。（见图 3-3-21～图 3-3-23）

图 3-3-21

图 3-3-22

用途：适于制作家具、室内装修材料、木工雕刻品等。

相关知识：桃花心木是世界名贵木材之一。该类木材的心材通常呈红褐色，径切面具有美丽的特征性条状花纹。又因木材密度中等，软硬适中，干缩小，尺寸稳定，加工、胶粘和油漆性能优良，而深受人们喜爱。

从学术上讲，只有楝科桃花心木属树种可被称

图 3-3-23

为桃花心木，但在商品贸易中，为销售方便，一些国家和地区常将楝科甚至非楝科中与桃花心木相似或相近的树种，冠以"桃花心木"之名，因而出现了加蓬桃花心木、非洲桃花心木等较含混而不确切的名称。

进出口注意事项：桃花心木是《税则》中具体列名的热带木"美洲桃花心木"，主要流通规格为板材，进口时需要验核濒危证件。

> 学名：筒状非洲楝
>
> 俗名：沙比利
>
> 科属：楝科非洲楝属
>
> 拉丁名：*Entandrophragma cylindricum*
>
> 主产地：非洲热带国家
>
> 进出口税号：原木 4403.4990；板材 4407.2700

木材特性：散孔材。心材新切面呈红褐色，久置氧化成铁锈棕褐色，与边材区别明显；边材色浅。新切面具有松柏香味。生长轮不明显。轴向薄壁组织为环管束状及弦向带状。气干密度约 0.67 克/立方厘米。（见图 3-3-24、图 3-3-25）

图 3-3-24

图 3-3-25

用途：可用于制作家具、门窗、室内装修材料等。

相关知识：筒状非洲楝树高可达 45 米，胸径常达 1 米以上。木材有光泽，纹理略交错，径切面上有较楝科其他树种显著的深色条状或断续的带状花纹，切面不同则呈现出的不同图案。

筒状非洲楝在市场中被称为"沙比利"，是较好的建筑、家具用材。楝科非洲楝属除筒状非洲楝外，还有良木非洲楝、大非洲楝、安哥拉非洲楝、刚果非洲楝等树种，这些树种的原木和板材在外观上很相似，但价格差异较大。

进出口注意事项：筒状非洲楝是《税则》中具体列名的热带木"沙比利"，主要流通规格为板材。

学名：绿柄桑

俗名：伊罗科木

科属：桑科绿柄桑属

拉丁名：*Chlorophora* spp.

主产地：热带非洲地区

进出口税号：原木 4403.4990；板材 4407.2800

木材特性：散孔材。心材新切面呈黄色，见光后立刻变为金黄褐色，与边材区别略明显；边材呈黄白色。生长轮不明显。管孔肉眼下可见，散生，少，略大。轴向薄壁组织肉眼下明显，发达，为翼状、聚翼状及弦向带状。木射线部分叠生。无特殊气味和滋味。木材重量中等。气干密度 0.62 克/立方厘米～0.72 克/立方厘米。（见图 3-3-26、图 3-3-27）

图 3-3-26

图 3-3-27

用途：可作船舶、车辆、建筑用材，也可用于制作家具、细木工板等。

相关知识：绿柄桑树高可达 45 米或以上，树皮平滑。总体加工性能优越，但树种含有石质，易对工具产生影响。

进出口注意事项：绿柄桑是《税则》中具体列名的热带木"伊罗科木"，主要流通规格为板材。

学名：卡雅楝

俗名：非洲桃花心木

科属：楝科卡雅楝属

拉丁名：*Khaya* spp.

主产地：科特迪瓦、赤道几内亚、加纳、加蓬、尼日利亚、喀麦隆等非洲国家

进出口税号：原木 4403.4990；板材 4407.2920

木材特性：散孔材。心材呈粉红色至浅红褐色，与边材区别明显；边材呈黄褐色，宽5厘米~7厘米。生长轮不明显。管孔肉眼下略见，略少，中等大小。轴向薄壁组织在放大镜下略可见，为疏环管状。有光泽，纹理直至略交错，结构细。气干密度0.51克/立方厘米~0.64克/立方厘米。（见图3-3-28、图3-3-29）

图 3-3-28

图 3-3-29

用途：适于制作高档家具、装饰单板、镶嵌板、细木工板、车船内饰面、乐器、运动器材等。

相关知识：卡雅楝为大乔木，高可达31米~40米，直径可达2米，有高大板根，分布于非洲雨林地区。我国常从加蓬、喀麦隆、赤道几内亚进口该树种原木及板材，批量不大。卡雅楝材质松软至中，强度中，干缩小；旋切和刨切容易；胶粘、钉钉、油漆、染色等性能良好；略耐腐，干燥迅速，质量好。可作为筒状非洲楝和良木非洲楝的替代品，市场上常称其为"非洲桃花心木"。

进出口注意事项：卡雅楝是《税则》中具体列名的热带木"非洲桃花心木"，主要流通规格原木和板材均有。

第三章 木材树种介绍

学名：缅茄木
俗名：草花梨
科属：苏木科缅茄属
拉丁名：*Afzelia* spp.
主产地：非洲、缅甸、泰国等地区
进出口税号：原木 4403.4990；板材 4407.2990

木材特性：散孔材。心材呈褐色至红褐色，与边材区别明显，边材呈浅黄白色。生长轮略明显或不明显。轴向薄壁组织为翼状、聚翼状及轮界状。有光泽，无特殊气味和滋味；结构细且均匀；耐虫蛀及耐磨性强；干缩小，材质硬重，较稳定，强度高。气干密度0.8克/立方厘米~0.83克/立方厘米。（见图3-3-30~图3-3-32）

图 3-3-30

图 3-3-31

用途：可用于制作家具、细木工板、单板、地板、车旋制品、其他小型木制品；还可用作码头用材、造船用材、室外木工用材。树叶富含氮元素，可作土壤肥料。种子呈红色或黑色，可用于制作念珠。

相关知识：缅茄木为大乔木，高可达30米，直径可达1米以上。树皮呈黄褐色，厚1厘米~2厘米，易大块剥落。主产于非洲地区，如加纳、

图 3-3-32

科特迪瓦、尼日利亚、喀麦隆、中非、苏丹、乌干达等。管孔内含有黄色染色成分，容易使湿的纤维着色。

人们常常将缅茄木与柚木、桃花心木相媲美，原因是其外表美观，并具有优异的耐久性和稳定性。早在中世纪时期，缅茄木就是一种优质的造船材料；到现代，缅茄木常用于房屋建筑、室内装修、家具制造等。

缅茄木的种子明显分为两截，上半截为革质假种皮，称为蜡蒂，呈正方形或长方形，色泽金黄，质地坚韧；下半截称为核仁，似荔枝核，呈黑褐色。其中，蜡蒂部分常用于雕刻成各种动物或人物肖像工艺品，深受人们喜爱。

由于缅茄木与大果紫檀在外观上容易混淆，市场上也常有将缅茄木充作大果紫檀，以假乱真的现象。二者的区别主要在于：大果紫檀的横切面薄壁组织主为带状，缅茄木的横切面薄壁组织主为翼状；大果紫檀用水浸泡有荧光，缅茄木无此现象；大果紫檀有浓郁的果香味，新切面香气更加明显，而缅茄木无特殊气味。

进出口注意事项：缅茄木是《品目注释》中列名的热带木，主要流通规格原木和板材均有。

学名：爱里古夷苏木

俗名：巴西花梨、红贵宝

科属：苏木科古夷苏木属

拉丁名：*Guibourtia ehie*

主产地：非洲

进出口税号：原木 4403.4990；板材 4407.2990

木材特性：散孔材。心材呈黄褐色至巧克力色，与边材区别明显；边材呈黄白色。轴向薄壁组织主为翼状、聚翼状及轮界状。无特殊气味和滋味。气干密度约 0.83 克/立方厘米。（见图 3-3-33、图 3-3-34）

图 3-3-33

图 3-3-34

用途：可用于制作独板、地板、实木家具，用于房屋建筑等。（见图 3-3-35、图 3-3-36）

图 3-3-35

图 3-3-36

相关知识：爱里古夷苏木主产地为非洲的科特迪瓦、加纳、尼日利亚、加蓬、喀麦隆等。喜生于密闭的雨林、过渡林带中，以及河流附近或湖边，常见小片林带。爱里古夷苏木为常绿树木，高可达40米~50米；外皮平滑，呈灰褐色至浅灰黄色，易小薄片状脱落；材质重硬，新锯面有光泽；弦切面具有美丽的黑色"山形"条纹；管孔内含深色树胶或米黄色沉积物。

古夷苏木纹理漂亮，木质较硬，适合雕刻。木材耐腐性良好，可用在厨房、浴室等场所。其板材宽且顺直，少有结疤，出材率很高，在广式家具中使用较多。此外，古夷苏木还是制作竖琴、低音吉他等乐器的优质木材。

由于资源枯竭，出于保护之目的，古夷苏木属中的德米古夷苏木（*Guibourtia demeusei*）、佩莱古夷苏木（*Guibourtia pellegriniana*）和特氏古夷苏木（*Guibourtia tessmannii*）自2017年1月2日起，列入CITES附录Ⅱ管制。

进出口注意事项：爱里古夷苏木是《品目注释》中列名的热带木，主要流通规格为大方料和原木。

第三章 木材树种介绍

学名：鞘籽古夷苏木

俗名：小巴花

科属：苏木科古夷苏木属

拉丁名：*Guibourtia coleosperma*

主产地：非洲

进出口税号：原木 4403.4990；板材 4407.2990

木材特性：心材呈红褐色，边材色浅。生长轮明显。纹理直至交错；结构细。（见图 3-3-37~图 3-3-40）

图 3-3-37

图 3-3-38

图 3-3-39

图 3-3-40

用途：可用于制作重载地板、单板、胶合板、家具等，还可作耐久材、造船用材、车辆用材、重型建筑用材。

相关知识：鞘籽古夷苏木是大乔木，高可达 21 米，直径可达 1.2 米~1.8 米，主干可长达 18 米。略耐腐，能抗白蚁蛀蚀；锯、刨等加工性能良好，耐磨性好，油漆和胶粘性能好。

进出口注意事项：鞘籽古夷苏木是《品目注释》中列名的热带木，主要流通规格原木和板材均有。

> 学名：铁线子
>
> 科属：山榄科铁线子属
>
> 拉丁名：*Manilkara* spp.
>
> 主产地：南美洲、东南亚地区
>
> 进出口税号：原木 4403.4990；板材 4407.2990

木材特性：散孔材。心材呈浅红褐色至深红褐色，久置则转呈深紫褐色，与边材区别略明显；边材色略浅。轴向薄壁组织为弦向细线状、星散状。气干密度 0.9 克/立方厘米~1.1 克/立方厘米。（见图 3-3-41~图 3-3-43）

图 3-3-41

图 3-3-42

用途：可用于制作家具、地板、梁柱、工具柄、木工雕刻品等。

相关知识：铁线子为大乔木，常高 30 米~45 米，枝下高可达 15 米~25 米；胸径常见 0.6 米~1.2 米，可达 1.8 米。其常见商品材有重齿铁线子、圭亚那铁线子等。

铁线子重硬耐磨、强度高，适于制作成地板、枕木、桥梁等；也适于制作成重型结构、桩柱、船骨架、家具构件、大木工品、农具、工具柄、楼梯踏板、屋顶板、旋切品、木梭、纺织机具和弯曲部件等。

图 3-3-43

进出口注意事项：铁线子是《品目注释》中列名的热带木，主要流通规格为原木。

学名：亚马孙破布木

俗名：黄金檀、破布木

科属：紫草科破布木属

拉丁名：*Cordia goeldiana*

主产地：拉丁美洲热带地区

进出口税号：原木 4403.4990；板材 4407.2990

木材特性：散孔材。木材为黄色至褐色，略具条纹。轴向薄壁组织主为环管状、翼状、聚翼状、细带状及轮界状。无特殊气味和滋味。气干密度通常小于 0.65 克/立方厘米。（见图 3-3-44~图 3-3-47）

图 3-3-44

图 3-3-45

图 3-3-46

图 3-3-47

用途：适于制作家具、室内装修材料、工具柄、木工雕刻品等。

相关知识：亚马孙破布木为大乔木，树高可达30米，直径可达0.5米以上；树干通直，呈沟槽状；树皮厚1厘米~2厘米。该树种喜生于潮湿土壤中，在巴西是较珍贵的木材，可作桃花心木的替代树种。

除亚马孙破布木外，常见的破布木属商品材还有蒜味破布木（*Cordia alliodora*）、三出破布木（*Cordia trichotoma*）、疤痕破布木（*Cicatricosa goeldiana*）等，其中亚马孙破布木的金色光泽最明显。

进出口注意事项：亚马孙破布木是《品目注释》中列名的热带木，主要流通规格为原木。"黄金檀""破布木"是其俗称，但通常指产于拉丁美洲地区的破布木，不仅仅指亚马孙破布木。

> **学名**：蚁木
>
> **俗名**：依贝
>
> **科属**：紫葳科蚁木属
>
> **拉丁名**：*Tabebuia* spp.
>
> **主产地**：拉丁美洲热带地区
>
> **进出口税号**：原木 4403.4990；板材 4407.2990

木材特性：散孔材。心材呈橄榄褐色，常有深浅相间的条纹；边材呈浅黄白色。轴向薄壁组织为环管状、翼状、聚翼状、弦向带状。生长轮略明显。气干密度 0.81 克/立方厘米～1.01 克/立方厘米。（见图 3-3-48、图 3-3-49）

图 3-3-48　　　　　　　　　　图 3-3-49

用途：可用于制作家具、实木地板、梁柱等。

相关知识：蚁木产自拉丁美洲热带地区，是世界上质地密实的硬木之一，硬度是杉木的三倍。蚁木由于经年不朽，常被制成户外铺板、壁板、室内地板或橱柜。其木材光泽强，纹理交错，花色多变，艺术感强；耐腐蚀性强，耐虫蛀，能抗白蚁蛀蚀。蚁木的另一大特点是木材偏油性，加入耐磨面漆后，制成的地板更具耐磨性；同时油漆附着力加强，可使地板表面自然、柔和、美观。

蚁木材质出色，由于根材和心材经历了漫长的生长过程，材色较深，常夹杂有深浅相同的条纹，这些都是其自然价值的体现。

进出口注意事项：蚁木是《品目注释》中列名的热带木，主要流通规格原木和板材均有。

学名：轻坡垒

俗名：坡垒木

科属：龙脑香科坡垒属

拉丁名：*Hopea* spp.

主产地：东南亚地区

进出口税号：原木 4403.4990；板材 4407.2990

木材特性：散孔材。心材刚伐时呈黄色，久置则呈黄褐色，与边材区别不明显；边材呈浅黄色至灰黄色。轴向薄壁组织为环管束状、短翼状、聚翼状。无特殊气味和滋味。气干密度通常小于 0.95 克/立方厘米。（见图 3-3-50、图 3-3-51）

图 3-3-50

图 3-3-51

用途：适于作家具、室内装修、工具柄、木工雕刻等用材。

相关知识：轻坡垒是热带雨林的代表树种，木材坚韧耐久，特别耐水湿，抗虫抗菌能力强，在我国南方常被制成渔船的龙骨、轴套等耐磨、耐海水侵蚀的重要部件。此外，轻坡垒木材强度高、硬度大，也可用于制作家具。

进出口注意事项：轻坡垒是《品目注释》中列名的热带木，主要流通规格为原木。

学名：白梧桐

俗名：非洲白梧桐木

科属：梧桐科白梧桐属

拉丁名：*Triplochiton scleroxylon*

主产地：热带非洲地区

进出口税号：原木 4403.4990；板材 4407.2990

木材特性：散孔材。心材呈白色至淡黄色，与边材区别不明显；边材色浅。生长轮不明显。管孔肉眼下可见，在放大镜下明显。轴向薄壁组织在放大镜下不见。木射线肉眼下可见。生材有难闻气味，干燥后无特殊气味和滋味。质轻、软，强度弱至中等。气干密度 0.33 克/立方厘米~0.48 克/立方厘米。（见图 3-3-52~图 3-3-55）

图 3-3-52　　　　　　　　　　图 3-3-53

图 3-3-54　　　　　　　　　　图 3-3-55

用途：适于制作刨切微薄木、胶合板、细木工板、人造科技木、模具、轻型家具部件、包装箱、乐器、乒乓球拍等。

相关知识：白梧桐为大乔木，高可达45米~55米，胸径可达1.5米，板根高可达6米。主产于赤道几内亚、尼日利亚、喀麦隆、加纳等非洲地区。可作为云杉、白杨的替代品，品质更优。

进出口注意事项：白梧桐是《品目注释》中列名的热带木，主要流通规格为板材。

> 学名：非洲紫檀
>
> 俗名：红花梨、非洲花梨
>
> 科属：蝶形花科紫檀属
>
> 拉丁名：*Pterocarpus soyauxii*
>
> 主产地：热带非洲地区
>
> 进出口税号：原木 4403.4990；板材 4407.2990

木材特性：散孔材。心材材色变化大，呈褐色至紫褐色，与边材区别明显；边材色浅。轴向薄壁组织主为傍管带状、聚翼状、翼状。略有微香气。气干密度 0.5 克/立方厘米～0.72 克/立方厘米。（见图 3-3-56～图 3-3-58）

图 3-3-56　　　　　　　图 3-3-57　　　　　　　图 3-3-58

用途：适于制作家具、胶合板、室内装修材料、工具柄、木工雕刻品等。

相关知识：非洲紫檀属于亚花梨木，涂装性能好，极少翘曲，稳定性好，耐久性高，抗白蚁蛀蚀。亚花梨木类有二十多种木材，这二十多种木材的性质与花梨木接近，但在密度等方面又不能完全达到国家标准中关于花梨木的规定要求，因而被称为"亚花梨"。非洲紫檀的性质与花梨木极为相似，目前古典家具市场上较多地用其制作小件家具，偶见用于制作整套家具。

进出口注意事项：非洲紫檀是典型的亚花梨木，是《品目注释》中列名的热带木，主要流通规格为大方料原木，板材也有。

> 学名：安哥拉紫檀
>
> 科属：蝶形花科紫檀属
>
> 拉丁名：*Pterocarpus angolensis*
>
> 主产地：热带非洲地区
>
> 进出口税号：原木 4403.4990；板材 4407.2990

木材特性：半环孔材至散孔材。心材材色变化大，呈褐色至紫褐色，有时略带深色条纹，与边材区别明显；边材呈浅灰色或黄色。轴向薄壁组织主为带状、翼状、聚翼状及轮界状。生长轮略明显。管孔肉眼下可见，有红褐色树胶及丰富的侵填体。有微弱香气，气干密度 0.5 克/立方厘米~0.72 克/立方厘米。（见图 3-3-59、图 3-3-60）

图 3-3-59

图 3-3-60

用途：适于作雕刻品、细木工板、胶合板、地板、室内装修材料、高档家具、农业机械、精密仪器包装等。

相关知识：安哥拉紫檀的外观与花梨木相似，易被消费者误认为花梨木，但需要注意的是，安哥拉紫檀不属于红木范畴，而是列入亚花梨木类的一种树种，在质地、颜色等方面尚未能达到红木的标准。

安哥拉紫檀属于乔木，最高可达 15 米，其根部造型奇特，具有一定的观赏价值。树皮质地软，不规则龟裂。木材有光泽，具有一定的耐腐性，对昆虫有很好的抵抗力；加工性能良好，胶粘、抛光、热弯、握钉性能均良好；干燥慢。

进出口注意事项：安哥拉紫檀是典型的亚花梨木，是《品目注释》中列名的热带木，主要流通规格为大方料原木。

学名：染料紫檀

俗名：变色紫檀、血檀

科属：蝶形花科紫檀属

拉丁名：*Pterocarpus tinctorius*

主产地：热带非洲地区

进出口税号：原木 4403.4990；板材 4407.2990

备注：列入 CITES 附录 II 管制

木材特性：散孔材。心材呈红褐色至紫红褐色，与边材区别明显；边材呈白色或黄白色。有光泽，无特殊气味或滋味。赞比亚出产的染料紫檀呈深红褐色（见图 3-3-61、图 3-3-62），纹理通直，结构细；坦桑尼亚出产的染料紫檀呈浅红褐色（见图 3-3-63），纹理交错，结构较粗。气干密度 0.5 克/立方厘米~0.72 克/立方厘米。

图 3-3-61

图 3-3-62

图 3-3-63

用途：适用于室内装修、木工雕刻，可用于制作家具、工具柄、工艺品手链等。（见图 3-3-64、图 3-3-65）

图 3-3-64

图 3-3-65

相关知识：染料紫檀木材材性稳定，不易开裂；韧性好、硬度高，耐腐耐蛀性强。染料紫檀的典型特征是木纹较清晰，剖面的紫色中带有大面积血色斑条，呈无规则分布状。

部分优质的染料紫檀的性能可达到《红木》（GB/T 18107—2017）中紫檀木类木材的主要特征要求，也是目前除檀香紫檀外，唯一能达到紫檀木标准的木材。虽然染料紫檀与檀香紫檀在材性上具有某些相似性，但两者之间仍有很大差别。

区别一：染料紫檀的心材新切面为红色，久置则呈红褐色至紫红褐色；木屑水浸液无荧光反应。檀香紫檀的心材新切面呈橘红色，久则转为深紫色或黑紫色，常带浅色和紫黑色条纹；木屑水浸液有荧光反应。

区别二：染料紫檀的牛毛纹不规则，且排列混乱。檀香紫檀的棕眼细而密，牛毛纹明显，日久表面会产生角质光泽。

区别三：染料紫檀没有香味。檀香紫檀有淡淡的檀香味，新剖开的木材的香味比较明显，久则变为无味。

区别四：染料紫檀的比重相对较小，有些沉水，有些不沉水。檀香紫檀比重大，均沉水。

随着染料紫檀在国内认可度的不断提高，国内工艺品市场中可见大量的染料紫檀制品，染料紫檀在中式仿古家具中的使用也不鲜见。

进出口注意事项：染料紫檀是典型的亚花梨木，是《品目注释》中列名的热带木，已被列入 CITES 附录 Ⅱ 管制，进出口贸易涉及濒危证件管理。还需注意的是，赞比亚出产的染料紫檀因与檀香紫檀外观极为类似，市场上常有用其冒充檀香紫檀进行销售的现象。

学名：斯图崖豆木

俗名：小鸡翅

科属：蝶形花科崖豆属

拉丁名：*Millettia stuhlmannii*

主产地：非洲地区

进出口税号：原木 4403.4990；板材 4407.2990

木材特性：散孔材。心材呈紫色至黑色，与边材区别明显；边材色浅。气干密度 0.8 克/立方厘米~1.02 克/立方厘米。（见图 3-3-66）

图 3-3-66　　　　　　　　　　　图 3-3-67

用途：可用于制作地板、高档家具、装饰材料、胶合板、精密仪器、雕刻品、工艺品等，还可作重型建筑用材。

相关知识：斯图崖豆木在市面上俗称"番加-番加（Panga-panga）""小鸡翅木"等，还有一些商家称其为"黄鸡翅木"。斯图崖豆木有鹧鸪羽毛状花纹，无特殊气味，耐腐，具有抗真菌腐化和抗白蚁蛀蚀的能力，含丰富的深色树胶，材质硬且重。

斯图崖豆木外皮为黄褐色，有细龟裂纹，内皮为黄白色，斜切面有褐色细条纹。与非洲崖豆木相比，其弦切面的鸡翅花纹更细腻，颜色更偏黄一些，管孔中的沉积物更丰富。（见图 3-3-67）

进出口注意事项：斯图崖豆木是《品目注释》中列名的热带木，在市面上常常作为鸡翅木来销售，主要流通规格为大方料原木。

学名：木荚豆

俗名：金车花梨

科属：含羞草科木荚豆属

拉丁名：*Xylia xylocarpa*

主产地：缅甸、印度、越南、泰国、柬埔寨等东南亚地区

进出口税号：原木 4403.4990；板材 4407.2990

木材特性：散孔材。心材呈红褐色，有较深色带状条纹，与边材区别明显；边材呈浅红白色。轴向薄壁组织为轮界状、环管状、翼状、聚翼状。无特殊气味或滋味。气干密度 1 克/立方厘米~1.18 克/立方厘米。（见图 3-3-68）

用途：适用于室内装修、木工雕刻，可用于制作家具、工具柄等。

相关知识：木荚豆主要产于东南亚地区，其心材的导管内含有深色胶状物质，遇高温时会溢至表面，从而使木材表面变得有油腻感、蜡质感。

进出口注意事项：木荚豆是《品目释注》中的热带木，常被当作红木中的花梨木，并且也是较早充当花梨木的树种之一，但它不属于红木，主要流通规格为大方料原木。

图 3-3-68

学名：橡胶木

科属：大戟科橡胶树属

拉丁名：*Hevea brasiliensis*

主产地：原产于亚马孙地区，现广种于世界热带地区

进出口税号：原木 4403.4990；板材 4407.2990

木材特性：散孔材。心材呈乳黄色至浅黄褐色，与边材区别不明显。薄壁细胞为短切线状或围孔状，具结晶细胞。气干密度约 0.65 克/立方厘米。橡胶木是生产橡胶的橡胶树的老化材，木质较疏松，极易腐蚀变质，采用防腐、防虫化学处理后才能使用，属于一般性家具用材。（见图 3-3-69、图 3-3-70）

图 3-3-69　　　　　　　　　　　　　　　图 3-3-70

用途：可用于制作家居用品、家具、砧板、粒片板及木芯板原料、家具饰品等。

相关知识：橡胶木是生产橡胶乳的一种植物，是橡胶树的主干。橡胶树长成后每年割胶，用刀在主干上横向略向下割开半圆形切口，流出的汁液就是原胶，是制造橡胶的原料；树老后可以利用其主干制造家具。

目前市场上存在以橡胶木假冒橡木的现象。橡胶木和橡木有着较大的区别：首先，橡木的价格远高于橡胶木。其次，橡木质地十分坚硬，手感很沉；而橡胶木质地相对柔软，手感比较轻。再次，橡木有比较明显的山形树纹，触感光滑细腻；而橡胶木质感粗糙。

进出口注意事项：橡胶木是《品目注释》中列名的热带木，主要流通规格为板材。

> 学名：南洋楹
>
> 科属：含羞草科合欢属
>
> 拉丁名：*Albizia falcataria*
>
> 主产地：印度尼西亚、马来西亚等东南亚地区
>
> 进出口税号：原木 4403.4990；板材 4407.2990

木材特性：心材呈浅褐色带粉色，与边材区别略明显或不明显。新切面有强烈气味。有光泽，纹理直，结构中而均匀，质轻软，强度低，干缩小。气干密度约 0.32 克/立方厘米~0.38 克/立方厘米。（见图 3-3-71、图 3-3-72）

图 3-3-71

图 3-3-72

用途：适于制作胶合板芯板、包装箱、模型、家具配件、室内装修材料、碎板料、乐器等，还可用于造纸、提制烤胶。（见图 3-3-73、图 3-3-74）

图 3-3-73

图 3-3-74

相关知识：南洋楹为常绿大乔木，高可达10米~25米，冠幅可达20米；树干粗壮，树冠呈广伞形，伸展开阔，树形美观；生长迅速，为著名的速生树种，多植为庭园树和行道树。

南洋楹原产于马六甲、印度尼西亚马鲁古群岛等地区，现广植于各热带地区，材质轻、硬度高，不易变形，适用于制作人造板、箱板、室内装修材料等。锯料时产生的粉尘稍有刺鼻气味，无毒害，成形家具无异味。又因含单宁酸，有防蛀作用，所以是做家具、装修材料的上乘之选。

进出口注意事项：南洋楹是《品目注释》中列名的热带木，价格较低，常用作中低档家具用材。主要流通规格原木和板材均有。

第三章 木材树种介绍

学名：坤甸铁樟木
俗名：坤甸、铁木
科属：樟科铁樟属
拉丁名：*Eusideroxylon zwageri*
主产地：马来西亚、印度尼西亚、菲律宾等东南亚地区
进出口税号：原木 4403.4990；板材 4407.2990

木材特性：散孔材。心材呈黄褐色至红褐色，久则转为黑色，与边材区别明显。管孔肉眼下可见。轴向薄壁组织肉眼下可见。木射线在放大镜下明显。气干密度约 1 克/立方厘米。（见图 3-3-75、图 3-3-76）

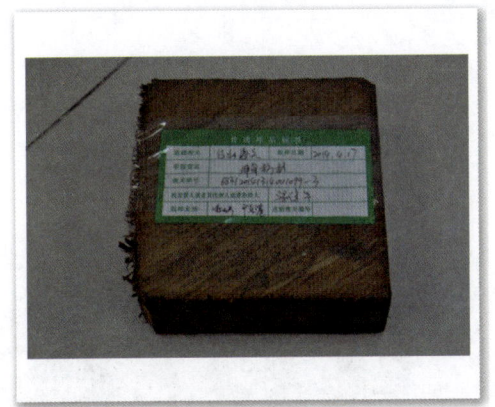   

图 3-3-75　　　　　　　　　　　　　图 3-3-76

用途：适用于重型结构、码头、造船等，也可用于制作房柱、电杆、桥梁、海桩木、酸性溶液的容器、重型地板、胶合板、家具等。

相关知识：坤甸铁樟木有光泽，有油性感，生材有柠檬味；纹理直或略斜，结构细而均匀；材质重硬，强度高，干缩大；加工容易，切面光滑；油漆和胶粘性能略差；握钉力强，需预先钻孔；耐腐性强，抗虫和白蚁蛀蚀；干燥慢，略有劈裂。

进出口注意事项：坤甸铁樟木在市面上俗称"铁木"，是《品目注释》中列名的热带木，主要流通规格原木和板材均有。

学名：阔变豆木
俗名：中美洲白酸枝
科属：蝶形花科阔变豆属
拉丁名：*Platymiscium* spp.
主产地：墨西哥、巴西、苏里南等中美洲、南美洲地区
进出口税号：原木 4403.4990；板材 4407.2990

木材特性：散孔材。心材呈淡红色至红褐色或紫褐色，有深浅相间的条纹，与边材区别明显；边材近白色。管孔肉眼下可见。轴向薄壁组织肉眼下明显，为翼状、聚翼状，以及不规则同心带状。纹理交错，结构中。气干密度约 0.94 克/立方厘米。（见图 3-3-77、图 3-3-78）

图 3-3-77

图 3-3-78

用途：适用于制作椅类、床类、顶箱柜、沙发、餐桌、书桌等高级古典工艺家具。

相关知识：阔变豆木强度、硬度大，加工较难。因材质上好，几乎可与红木相媲美，且某些特性与红木中的酸枝木相类似，所以市场上将其称为"中美洲白酸枝"，但是它不属于红木。

进出口注意事项：阔变豆木是《品目注释》中列名的热带木，主要流通规格为原木。

学名：赛鞋木豆

俗名：斑马木

科属：苏木科赛鞋木豆属

拉丁名：*Paraberlinia bifoliolata*

主产地：热带西非地区

进出口税号：原木 4403.4990；板材 4407.2990

木材特性：散孔材。心材呈黄褐色至暗褐色，有深浅相同的带状条纹，与边材区别明显；边材色浅。生长轮略明显。管孔在放大镜下明显。薄壁组织在放大镜下明显，为翼状、聚翼状及轮界状。纹理交错，结构中。气干密度约 0.77 克/立方厘米。（见图 3-3-79、图 3-3-80）

图 3-3-79　　　　　　　　　　　图 3-3-80

用途：适用于制作椅类、床类、顶箱柜、沙发、餐桌、书桌等高档古典工艺家具。

相关知识：赛鞋木豆是大乔木，高可达 23 米～28 米，直径可达 0.8 米～1.2 米，主产于喀麦隆、加蓬等非洲地区。因心材上深浅相间的带状条纹很像斑马身上的花纹，市面上俗称为"斑马木"。赛鞋木豆的强度、硬度、干缩中等，加工容易，油漆或上蜡性能良好。

进出口注意事项：赛鞋木豆是《品目注释》中列名的热带木，主要流通规格为原木。

学名：可乐豆木
俗名：非洲酸枝
科属：蝶形花科可乐豆属
拉丁名：*Colophospermum mopane*
主产地：非洲地区
进出口税号：原木 4403.4990；板材 4407.2990

木材特性：心材呈红褐色，带黑色条纹。生长轮不明显。管孔在放大镜下可见。轴向薄壁组织在放大镜下可见。木材重硬，稳定性高，耐虫蛀。气干密度约 1.27 克/立方厘米。（见图 3-3-81~图 3-3-83）

图 3-3-81

图 3-3-82

用途：可用于房屋建筑，制作铁路枕木、坑木、地板、木管乐器等。

相关知识：可乐豆木的耐久性出色，稳定性高，长期以来被用于房屋建筑等，也是很好的地板材料。目前家具市场上也有颇多以可乐豆木制成的古典家具。

进出口注意事项：可乐豆木是《品目注释》中列名的热带木，虽俗称"非洲酸枝"，但是不属于红木，主要流通规格为原木。

图 3-3-83

第三章 木材树种介绍

> **学名**：平萼铁木豆
> **俗名**：南美黑酸枝、南美黑檀
> **科属**：蝶形花科铁木豆属
> **拉丁名**：*Swartzia leiocalycina*
> **主产地**：巴西、苏里南、圭亚那等拉丁美洲地区
> **进出口税号**：原木 4403.4990；板材 4407.2990

木材特性：散孔材。心材呈紫褐色至近黑色，常带浅色条纹，与边材区别明显；边材近白色或浅黄色。生长轮明显。管孔肉眼下不明显，在放大镜下明显；散生，数少，略小；有侵填体。轴向薄壁组织肉眼下略明显，为翼状、带状及轮界状。木射线在放大镜下明显；波痕及胞间道未见。木材有光泽，无特殊气味和滋味；纹理通常直，结构细而匀；木材甚重，干缩中，强度高。气干密度 1 克/立方厘米。（见图 3-3-84）

用途：适用于制作建筑重载地板、家具、装饰单板、运动器材、枕木、电杆、农具、玩具制品等。

相关知识：平萼铁木豆是大乔木，高可达 30 米，直径可达 0.5 米，分布于圭亚那、苏里南、巴西等拉丁美洲地区，主要生长在热带雨林混交林中。

图 3-3-84

平萼铁木豆在市场上俗称"南美黑酸枝""南美黑檀"等，因优越的性价比，一直在国内家具市场中占据着一定的地位，多用于加工古典家具。

进出口注意事项：平萼铁木豆是较为常见的南美硬木材，是《品目注释》中列名的热带木，主要流通规格为原木。

> **学名**：格木
>
> **俗名**：铁木
>
> **科属**：苏木科格木属
>
> **拉丁名**：*Erythrophleum* spp.
>
> **主产地**：非洲热带地区、亚洲东部的热带及亚热带地区
>
> **进出口税号**：原木 4403.4990；板材 4407.2990
>
> **备注**：国产格木（*Erythrophleum fordii*）为国家二级重点保护野生植物

木材特性：散孔材。心材呈红褐色，有时有深色条纹，与边材区别明显；边材呈浅黄色。生长轮不明显。管孔肉眼下可见，在放大镜下明显；散生，数少，略大。轴向薄壁组织为环管束状、短翼状及聚翼状。木射线在放大镜下可见；波痕及胞间道未见。木材有光泽，无特殊气味和滋味；纹理交错，结构中；木材重，干缩甚大，强度高。气干密度 0.9 克/立方厘米~1.14 克/立方厘米。（见图 3-3-85）

用途：宜作家具、造船、码头、车辆、桥梁建筑、机械工业等用材。

相关知识：格木是大乔木，在非洲热带地区、亚洲东部的热带及亚热带地区均有分布。我国仅有格木（*Erythrophleum fordii*）1 种，分布于广西、广东、福建、台湾等地。

格木是珍贵的硬材树种，因木材坚硬耐腐，有"铁木"之称。其小径材、枝丫、梢头等可作小工具用材，用于制作各种日常用具的把柄等。

图 3-3-85

格木也是优良的观赏树种，可供绿化用；其枝叶浓密，涵养水源和改良土壤的效果显著。

进出口注意事项：格木是较为常见的非洲硬木材、《品目注释》中列名的热带木，主要流通规格为原木。产于我国的格木（*Erythrophleum fordii*）为国家二级重点保护野生植物，出口涉及濒危证件管理。

第三章 木材树种介绍

学名：非洲螺穗木
俗名：非洲檀香木
科属：大戟科螺穗木属
拉丁名：*Spirostachys africana*
主产地：非洲热带、亚热带地区
进出口税号：原木 4403.4990；板材 4407.2990

木材特性：心材呈巧克力褐色，有深色条纹，条纹略呈黑色；心材与边材区别明显，边材呈乳白色，日久成奶黄色。生长轮略明显。管孔小而不明显，大部分心材管孔有黑褐色树胶。木射线细，在放大镜下难见，不具波痕。薄壁组织量多，呈不规则、断续的切线状或星散聚合状。木材香气浓郁持久，材色美丽，有光泽；材质硬重，强度适中，甚耐久；结构均匀。心材的气干密度约为 0.95 克/立方厘米，边材的气干密度为 0.64 克/立方厘米。由于材质硬重，加工时略困难，但刨切面光滑并呈现出自然的蜡质感；木材燃烧后灰烬呈白色。（见图 3-3-86、图 3-3-87）

图 3-3-86

图 3-3-87

用途：可用于制作高档家具，刨切薄木作贴面材料、室内装饰及雕刻用材。（见图3-3-88、图 3-3-89）

图 3-3-88　　　　　　　　　　　　　图 3-3-89

相关知识：非洲螺穗木为落叶或半落叶乔木，高可达 18 米，胸径可达 0.4 米。树皮呈深红褐色，粗糙，浅裂成近方形，呈不规则纵向排列。非洲螺穗木主要分布于东非、非洲西南部及南非、安哥拉等地区（常与相思树伴生），一般生长在潮湿地带，因花穗呈螺旋状排列而得名。其色泽、纹理、木性、密度、含油率等综合指标均超过红木中的某些品种。

进出口注意事项：非洲螺穗木是近年来新流入我国市场的非洲硬木材、《品目注释》中列名的热带木，主要流通规格为原木。

学名：香脂木豆

俗名：红檀香

科属：蝶形花科香脂木豆属

拉丁名：*Myroxylon balsamum*

主产地：巴西、阿根廷、秘鲁、委内瑞拉等拉丁美洲地区

进出口税号：原木 4403.4990；板材 4407.2990

木材特性：散孔材。心材呈红褐色至紫红褐色，有浅色条纹，与边材区别明显；边材近白色。生长轮不明显。管孔在放大镜下明显，散生，数少，略小；部分导管含树胶或沉积物。轴向薄壁组织在放大镜下可见，为环管状、少数翼状及聚翼状。木射线在放大镜下略见，略密，窄。波痕不明显，胞间道未见。木材光泽强，滋味微苦，略有香味；纹理交错，结构甚细而匀；材质重，干缩中等，强度高。气干密度约 0.95 克/立方厘米。

用途：适于作建筑、车辆、船舶、雕刻用材。可用于制作地板、家具、装饰单板、胶合板、矿柱、枕木、电杆、农具、工具柄、车旋制品等。（见图 3-3-90）

相关知识：香脂木豆是乔木，树高通常可达 20 米，直径可达 0.5 米~0.8 米；主干直，圆柱形，无板根。主要分布于拉丁美洲地区，普遍生长在热带雨林中。生长快，所产天然树脂可用作医药和香料。香脂木豆在全球产量极少，因加工困难，成材率低而更显稀有名贵。木材中含有芳香精，香气温和自然，久置室内则悠远绵长。材质重硬、坚韧、稳定，花纹美观，耐久、耐腐、耐磨。

图 3-3-90

进出口注意事项：香脂木豆是较为常见的南美硬木材、《品目注释》中列名的热带木，主要流通规格原木和板材均有。

> 学名：香二翅豆
>
> 俗名：龙凤檀
>
> 科属：蝶形花科二翅豆属
>
> 拉丁名：*Dipteryx odorata*
>
> 主产地：圭亚那、哥伦比亚、巴西等拉丁美洲地区
>
> 进出口税号：原木 4403.4990；板材 4407.2990

木材特性：散孔材。心材呈浅褐色至红褐色，有明显的带状细条纹，与边材区别明显；边材色浅。生长轮略明显。管孔肉眼下可见，散生。轴向薄壁组织在放大镜下明显，为环管状、翼状、聚翼状及少数轮界状。木射线在放大镜下可见。波痕可见，胞间道未见。木材有光泽，有蜡质及油质感；纹理交错至甚交错，结构细、略均匀；干缩大至甚大；尺寸稳定性良至中等；材质甚重，强度高。气干密度大于 1 克/立方厘米。（见图 3-3-91、图 3-3-92）

图 3-3-91　　　　　　　　　图 3-3-92

用途：适于制作地板、枕木、桥梁、重型木工制品及齿轮件、车旋品和装饰单板等，也适宜作水工设施、海港码头、室外建筑和重型结构用材。

相关知识：香二翅豆是大乔木，高可达 22 米~48 米，主干圆直、光滑，枝下高可达 18 米~24 米，胸径约 30 厘米~80 厘米；在雨林和稀树草原林中都有生长，喜生长在排水性良好的砂石土壤中，主要分布于圭亚那、委内瑞拉、哥伦比亚和巴西亚马孙河流域等地区。

进出口注意事项：香二翅豆是较为常见的南美硬木材，是《品目注释》中的热带木，主要流通规格为原木。

> 学名：红铁木豆
>
> 俗名：红檀
>
> 科属：苏木科铁木豆属
>
> 拉丁名：*Swartzia* spp.
>
> 主产地：热带美洲和非洲地区
>
> 进出口税号：原木 4403.4990；板材 4407.2990

木材特性：散孔材。心材呈红褐色，久置大气中转深，呈紫红褐色，常带深浅相间的条纹；边材呈浅红白色至浅褐色。轴向薄壁组织主为傍管带状、环管状。无特殊气味和滋味。气干密度约 1.04 克/立方厘米。（见图 3-3-93～图 3-3-95）

图 3-3-93

图 3-3-94

用途：可用于制作家具、地板、门窗、木工雕刻品等。

相关知识：该树种主要进口自马达加斯加、莫桑比克，市面上用其制作的古典家具较多。

进出口注意事项：红铁木豆的多个树种是《品目注释》中的热带木，主要流通规格为大方料原木。

图 3-3-95

学名：短盖豆

俗名：非洲黄檀、金丝木

科属：苏木科短盖豆属

拉丁名：*Brachystegia* spp.

主产地：喀麦隆、利比里亚、莫桑比克、尼日利亚等非洲地区

进出口税号：原木 4403.4990；板材 4407.2990

木材特性：散孔材。心材呈褐色，有深浅相间的带状条纹，与边材区别明显。生长轮明显。管孔肉眼下可见，散生，数略少，大小中等。轴向薄壁组织在放大镜下明显。气干密度约 0.62 克/立方厘米。（见图 3-3-96、图 3-3-97）

图 3-3-96

图 3-3-97

用途：适于制作耐久性器材、高档家具、地板、工艺品、桥梁、门窗、橱柜、装饰单板、运动器材等。

相关知识：短盖豆属于热带树种，高可达 40 米，直径可达 2 米。材质重硬，加工容易，切面光滑，胶粘性能中等，钉钉容易；略耐腐；干燥速度较慢，轻微变形。我国常进口用作高级装饰木材或用于制作家具。

进出口注意事项：短盖豆是《品目注释》中列名的热带木，在市面上俗称"非洲黄檀"，进口时需与红木中的黄檀木进行区分。主要流通规格原木和板材均有。

学名：霍氏翅苹婆

俗名：翅苹婆

科属：梧桐科翅苹婆属

拉丁名：*Pterygota horsfieldii*

主产地：巴布亚新几内亚、马来西亚等地区

进出口税号：原木 4403.4990；板材 4407.2990

木材特性：散孔材。心材与边材区别不明显，木材呈浅黄白色至浅褐色。易霉变。生长轮不明显。管孔肉眼下可见，略大。轴向薄壁组织肉眼下明显且发达，为翼状、弦向带状，后者略呈波浪形，密集而均匀，与木射线构成网状。光泽强，纹理直，结构略粗。气干密度 0.56 克/立方厘米。（见图 3-3-98、图 3-3-99）

图 3-3-98

图 3-3-99

用途：适于制作旋切单板、胶合板、室内装修材料、家具、包装箱、玩具、车旋制品等。

相关知识：霍氏翅苹婆为大乔木，树高可达 40 米，胸径可达 1.5 米。翅苹婆中有 5 种分布于热带东南亚到巴布亚新几内亚，20 种分布在热带地区。我国的翅苹婆木主要进口自巴布亚新几内亚，进口量较大。翅苹婆木材的重量、强度中等，干缩略大；干燥快，略有面裂；加工容易，切面光滑；油漆、染色、胶粘性能良好，其心材耐久性较差且容易被虫蛀，易蓝变。翅苹婆木材加工后气味难闻、经久不散，本身不太受家具市场欢迎。

进出口注意事项：霍氏翅苹婆是《品目注释》中列名的热带木，主要流通规格原木和板材均有。

学名：红褐榄仁

科属：使君子科榄仁树属

拉丁名：*Terminalia* spp.

主产地：菲律宾、马来西亚、印度尼西亚、印度、巴布亚新几内亚等地区

进出口税号：原木 4403.4990；板材 4407.2990

木材特性：散孔材。心材呈红褐色，与边材区别常明显；边材色浅。管孔肉眼下可见，略少，略大。轴向薄壁组织在放大镜下明显，主为短翼状、聚翼状及环管束状。木射线在放大镜下明显，密度中，窄。弦切材常有不规则火焰状图案。气干密度 0.54 克/立方厘米~0.75 克/立方厘米。（见图 3-3-100）

用途：可用于制作细木工制品、家具、地板、车工制品、玩具等。（见图 3-3-101）

图 3-3-100

图 3-3-101

相关知识：红褐榄仁为大乔木，高可达 35 米，直径可达 1.6 米。榄仁属约有 250 种树种，分布广泛。木材根据不同颜色，常分为红褐榄仁、黄褐榄仁、浅褐榄仁、栗褐榄仁等。木材光泽感强，纹理交错，结构细而均匀。重量、硬度、强度均中等，干缩小。刨、锯加工容易，砂光、油漆、胶粘及钉钉性能好。干燥略有开裂，不耐腐蚀，易遭白蚁蛀蚀。

进出口注意事项：红褐榄仁是《品目注释》中列名的热带木，主要流通规格原木和板材均有。目前我国进口量较大的榄仁属木材主要有红褐榄仁、黄褐榄仁等。

学名：伞花姜饼木

俗名：巴林蔷薇木

科属：金橡实科姜饼木属

拉丁名：*Parinari corymbosa*

主产地：马来西亚、印度尼西亚、菲律宾等地区

进出口税号：原木 4403.4990；板材 4407.2990

木材特性：散孔材。心材为暗红褐色带紫色，中心有不规则花纹；边材色稍浅，与心材区别略明显。生长轮略明显，轮间介以深色组织带。管孔肉眼下可见，少，大小中等。轴向薄壁组织肉眼下略见，发达，为弦向细线状，密集而略均匀。木射线在放大镜下可见，密而窄。气干密度 0.8 克/立方厘米。（见图 3-3-102~图 3-3-104）

图 3-3-102

图 3-3-103

图 3-3-104

用途：适于作重型包装材、建筑用材，可用于制作集装箱垫板、家具等。

相关知识：伞花姜饼木为乔木，高可达 15 米，直径可达 1.6 米。姜饼木属约有 70 种树种，广泛分布于热带地区。我国的姜饼木原木及板材主要进口自巴布亚新几内亚。

伞花姜饼木光泽弱，纹理略交错，结构细。材质重硬，强度高，干缩大。加工困难，易钝刀，切面光滑。油漆、胶粘性能好。握钉力强，需预先钻孔。略耐腐。

进出口注意事项：伞花姜饼木是《品目注释》中列名的热带木，主要流通规格原木和板材均有。

> **学名**：番龙眼
>
> **俗名**：金花梨、唐木
>
> **科属**：无患子科车桑子属
>
> **拉丁名**：*Pometia pinnata*
>
> **主产地**：菲律宾、马来西亚、印度尼西亚等东南亚地区，以及萨摩亚群岛、巴布亚新几内亚等地区
>
> **进出口税号**：原木 4403.4990；板材 4407.2990

木材特性：散孔材。心材呈红褐色，与边材区别略明显；边材色稍浅。生长轮略明显，均匀。管孔肉眼下明显，甚少，略大。轴向薄壁组织在放大镜下略见，为环管束状、短翼状及不规则带状。纹理通直至交错，结构粗。气干密度0.6克/立方厘米~0.74克/立方厘米。（见图3-3-105、图3-3-106）

图 3-3-105　　　　　　　　　　图 3-3-106

用途：适于作地板等装修用材。

相关知识：番龙眼为常绿大乔木，高20余米，最高可达50米；树径可达1米，主要分布于东南亚和南太平洋地区，我国云南及台湾地区也有分布。木材重量、强度中等，干缩大。加工容易，切面光滑；热弯、油漆、染色、胶粘性能好；略难钉钉，握钉力中。略耐腐，干燥困难，易翘曲和皱缩。番龙眼生长较快、成材时间较短，是性价比较高的经济木材，是巴布亚新几内亚最重要的商品材，我国常从巴布亚新几内亚、马来西亚及印度尼西亚进口该木材。

进出口注意事项：番龙眼是《品目注释》中列名的热带木，主要流通规格原木和板材均有。

第三章 木材树种介绍

> 学名：单瓣豆
> 俗名：黄丝檀、银丝檀、金丝檀
> 科属：苏木科单瓣豆属
> 拉丁名：*Monopetalanthus* spp.
> 主产地：加蓬、赤道几内亚、喀麦隆等地区
> 进出口税号：原木 4403.4990；板材 4407.2990

木材特性：散孔材。心材呈浅褐色至粉红褐色，有不规则深色条纹；边材色浅，与心材区别略明显。生长轮明显。轴向薄壁组织在放大镜下可见，主为短翼状和轮界状，少数为聚翼状和环管束状。木材有光泽，纹理交错，结构细而匀。气干密度 0.53 克/立方厘米～0.63 克/立方厘米。（见图 3-3-107、图 3-3-108）

图 3-3-107

图 3-3-108

用途：适于制作旋切单板、饰面板、地板、木装饰线条、高档家具、室内装修材料等。

相关知识：单瓣豆为大乔木，高可达 38 米以上，胸径可达 0.8 米～1.2 米，有板根；主要分布于热带中非地区。我国常从加蓬、喀麦隆进口该木材，进口量较少。单瓣豆材质略轻软，强度中，干缩略大；加工容易，旋切性能好；握钉、胶粘、砂光性能良好；耐腐蚀，干燥容易，易变形和开裂。

进出口注意事项：单瓣豆是《品目注释》中列名的热带木，主要流通规格原木和板材均有。

> 学名：虎斑楝
>
> 俗名：虎斑木
>
> 科属：楝科虎斑楝属
>
> 拉丁名：*Lovoa* spp.
>
> 主产地：喀麦隆、加蓬、刚果（金）、乌干达、赤道几内亚等地区
>
> 进出口税号：原木 4403.4990；板材 4407.2990

木材特性：散孔材。心材呈金褐色，有黑色细条纹；边材呈浅黄色，与心材区别明显。生长轮不明显。管孔肉眼下可见，略少，大小中等。轴向薄壁组织在放大镜下略见，为环管束状。气干密度 0.51 克/立方厘米~0.57 克/立方厘米。（见图 3-3-109、图 3-3-110）

图 3-3-109　　　　　　　　　图 3-3-110

用途：适于制作刨切薄木、装饰单板、橱柜、中高档家具、地板、体育用材、车工制品等。

相关知识：虎斑楝为大乔木，高可达 15 米~29 米，直径约 1 米，成材期较长，主要分布于热带非洲地区。我国常从加蓬、刚果（金）、喀麦隆、赤道几内亚进口该木材，进口量较大。木材有金色光泽和香味，纹理交错，结构细匀；重量和强度中等；干缩小。加工容易，径切面常有撕裂；胶粘、钉钉性能好。略耐腐；干燥迅速，略有心裂。板面有黑色条纹，极似黑胡桃木（*Juglans nigra*），很早之前就被国外充作黑胡桃木的仿冒品，但虎斑楝干型较直，花纹一般都以密集平行线状出现，少见黑胡桃木的不规则抛物线状。

进出口注意事项：虎斑楝是《品目注释》中列名的热带木，主要流通规格原木和板材均有。

学名：海棠木
俗名：红厚壳木
科属：藤黄科海棠木属
拉丁名：*Calophyllum inophyllum*
主产地：泰国、缅甸、越南、菲律宾、马来西亚、印度尼西亚、巴布亚新几内亚等地区
进出口税号：原木 4403.4990；板材 4407.2990

木材特性：散孔材。心材呈浅褐色至红褐色，与边材区别明显；边材色略浅。生长轮略可见。管孔肉眼下明显，略少，略大。轴向薄壁组织在放大镜下明显，为离管带状，断续而稀疏，不均匀。木材光泽强，纹理交错，结构粗。气干密度0.6克/立方厘米~0.74克/立方厘米。（见图3-3-111、图3-3-112）

图 3-3-111

图 3-3-112

用途：适于制作高档家具、高级胶合板、旋切单板、细木工板、地板、乐器等。（见图3-3-113）

相关知识：海棠木为乔木，高可达5米~12米，质地坚硬，重量和强度中等，硬度略高，干缩大；锯、刨容易，易起毛和撕裂；油漆、抛光和胶粘性能良好，略难钉钉；略耐腐，干燥宜慢，易开裂、翘曲。海棠木生长缓慢，成材需150年~200年以上，在市场上有"小红木"的美称，一般用作高档家具制作材料。

图 3-3-113

进出口注意事项：海棠木是《品目注释》中列名的热带木，主要流通规格原木和板材均有。

> 学名：五桠果
>
> 俗名：第伦桃、桠果木
>
> 科属：五桠果科五桠果属
>
> 拉丁名：*Dillenia* spp.
>
> 主产地：菲律宾、柬埔寨、马来西亚、泰国、巴布亚新几内亚等地区
>
> 进出口税号：原木 4403.4990；板材 4407.2990

木材特性：散孔材。心材呈红褐色，有时略带紫色，与边材区别不明显；边材色略浅。管孔肉眼下可见，略少，大小中等。轴向薄壁组织在放大镜下略见，为星散-聚合状。纹理直，结构略粗，树皮表面有月牙状凹坑。气干密度约 0.7 克/立方厘米。（见图 3-3-114、图 3-3-115）

图 3-3-114　　　　　　　　　　　　图 3-3-115

用途：适于制作高档家具、装饰单板、胶合板、特制箱盒等。

相关知识：五桠果为大乔木，高可达 25 米，胸径可达 1 米，树皮呈红褐色。材质硬重，强度高，耐腐抗蛀；砂光、抛光后表面光滑，胶粘、油漆性能好；握钉力强，需预先打孔；干燥略难，有翘裂；结构稳固，加工好后不易走形。大料需百年成材，主要用于制作高档家具。

进出口注意事项：五桠果是《品目注释》中列名的热带木，主要流通规格原木和板材均有。

第四节 其他阔叶木

阔叶木一般指双子叶植物类树木，具有扁平、较宽阔的树叶，叶脉成网状，叶常绿或落叶，一般叶面宽阔，叶形随树种不同而有多种形状。阔叶木的经济价值大，不少为重要用材树种，其中有些为名贵木材，如樟树、楠木等。阔叶树种类繁多，统称为硬杂木。

本节主要介绍阔叶木中除热带木、红木外的其他阔叶木。

《税则》中其他阔叶木原木涉及的税号如下：

4403.9100　栎木（橡木）

4403.9300　水青冈木（山毛榉木），截面尺寸在 15 厘米及以上

4403.9400　水青冈木（山毛榉木），截面尺寸在 15 厘米以下

4409.9500　桦木，截面尺寸在 15 厘米及以上

4403.9600　桦木，截面尺寸在 15 厘米以下

4403.9700　杨木

4403.9800　桉木

4403.9940　泡桐木

4403.9950　水曲柳

4403.9960　北美硬阔叶木

4403.9980　未列名的温带非针叶木

4403.9990　其他阔叶木

其他阔叶木板材（厚度超过6毫米）涉及的税号如下：

4407.9100　栎木（橡木）

4409.9200　水青冈木（山毛榉木）

4407.9300　槭木（枫木）

4407.9400　樱桃木

4407.9500　白蜡木

4407.9600　桦木

4407.9700　杨木

4407.9920　泡桐木

4407.9930　北美硬阔叶木

4407.9980　其他温带非针叶木

4407.9990　其他阔叶木

其中，北美硬阔叶木的范围详见附录三。

> 学名：美洲白栎
>
> 俗名：白橡
>
> 科属：壳斗科栎属
>
> 拉丁名：*Quercus alba*
>
> 主产地：加拿大、美国
>
> 进出口税号：原木 4403.9100；板材 4407.9100

木材特性：环孔材。早材至晚材急变，早材管孔大，肉眼下明显；晚材管孔小，数多，呈火焰状径向排列。生长轮明显。心材与边材区别明显，心材呈灰褐色，侵填体丰富；边材近白色。轴向薄壁组织发达，为离管细线状及星散-聚合状。纹理直，结构粗。气干密度 0.63 克/立方厘米~0.79 克/立方厘米。（见图 3-4-1）

用途：适于制作葡萄酒桶、刨切微薄木、装饰单板、高档家具、地板、运动器材、仪器箱盒等。

相关知识：美洲白栎为高大乔木，高可达 15 米~30 米，胸径可达 1 米，属于百年以上成材的珍贵树种。木质中至重硬，干缩小。加工困难，切削面光滑；油漆、胶粘、弯曲性能好；磨光性能一般；握钉力强，需预先钻孔。略耐腐，干燥慢，易开裂、翘曲。

图 3-4-1

进出口注意事项：美洲白栎（橡木）是《税则》中具体列名的阔叶木。主要流通规格原木、板材均有。

> 学名：水青冈
>
> 俗名：山毛榉
>
> 科属：壳斗科水青冈属
>
> 拉丁名：*Fagus* spp.
>
> 主产地：亚洲、欧洲与北美洲地区
>
> 进出口税号：原木 4403.9300、4403.9400；板材 4407.9200

木材特性：心材呈红褐色，与边材区别常不明显。气干密度 0.67 克/立方厘米~0.72 克/立方厘米。导管在木质部为散孔排列，均匀分散于生长轮中。有聚合射线，木纤维有重纹孔；维管束在叶柄内呈双小环状排列。（见图 3-4-2~图 3-4-4）

图 3-4-2

图 3-4-3

用途：适于制作胶合板、地板、家具、贴面板、室内器件、装饰品、工具柄、货柜等。

相关知识：水青冈属约有 10 种树种，分布于北半球温带及亚热带高山，多生于山地的北坡、阴坡较湿润处，喜砂质壤土，为落叶阔叶林或常绿落叶阔叶混交林的上层树种，是高海拔地区的主要造林树种之一。树皮内层有米粒状纵向延长且凸起的木质部木射线，这也是水青冈属植物树皮的特征之一。

图 3-4-4

水青冈木材切削较容易，径面有银白色花纹，油漆后光亮性非常好。木材纹理直，结构细或略粗，材质较坚硬，重量中等，抗冲击；耐腐性稍差；蒸汽下易于弯曲，干燥后易开裂。

进出口注意事项：水青冈在市面上俗称"山毛榉"，是《税则》中具体列名的阔叶木，主要流通规格为原木。

> **学名**：桦木
>
> **科属**：桦木科桦木属
>
> **拉丁名**：*Betula* spp.
>
> **主产地**：亚洲、欧洲及北美洲地区
>
> **进出口税号**：原木 4403.9500、4403.9600；板材 4407.9600

木材特性：心材呈浅黄色、黄褐色，与边材区别不明显。硬度适中，耐磨、耐腐蚀。细胞间质结构均匀致密。气干密度约 0.55 克/立方厘米~0.75 克/立方厘米。

用途：可用于制作胶合板、地板、家具、纸浆、内部装饰材料、车船设备等。（见图 3-4-5、图 3-4-6）

图 3-4-5　　　　　　　　　　　　图 3-4-6

相关知识：桦木一般为桦木属下约 100 种乔木和灌木的通称。桦木树皮平滑，含树脂，呈白色或杂色，有横走的皮孔，通常打横剥落成薄片。老树树皮厚而有深沟，开裂成不规则片段；幼树枝条上举，短而纤细，呈窄塔形树冠。

桦木年轮明显，材质略重硬，结构细，力学强度大，富有弹性，吸湿性大，干燥快，易开裂、翘曲。在易于腐朽的环境下不耐久，更多以夹板形式使用。

进出口注意事项：桦木是《税则》中具体列名的阔叶木，主要流通规格为原木。

学名：杨木

俗名：小叶杨、缎杨

科属：杨柳科杨属

拉丁名：*Populus* spp.

主产地：美国、加拿大、俄罗斯及我国东北等地区

进出口税号：原木 4403.9700；板材 4407.9700

木材特性：散孔材，有半环孔材倾向。生长轮明显，轮界处晚材颜色较深。心材与边材区别不明显，木材呈奶黄色至浅黄褐色。管孔肉眼下难分辨，小而多，主为径列复管孔，少量单管孔，管孔斜向相连，构成锯齿状图形。轴向薄壁组织未见。木材光泽强，略有气味；纹理直，结构细。气干密度约 0.4 克/立方厘米。

用途：适于制作胶合板芯板、低档胶合板、包装材料、车厢板、火柴杆、铅笔、建筑地板、装修材料、日用器具等。（见图 3-4-7）

图 3-4-7

相关知识：杨木为高大乔木，高可达 30 米，胸径可达 1 米。本属约有 100 种树种，广泛分布于欧洲、亚洲、北美洲。杨木是一种速生丰产树种，具有适应性强、生长速度快等特点，材质轻软，强度低，干缩小。加工容易，表面毛刺多；胶粘、油漆、染色、钉钉性能较好。不耐腐，干燥快，易开裂、翘曲。

进出口注意事项：杨木是《税则》中具体列名的阔叶木，主要流通规格原木、板材均有。

学名：桉木

科属：桃金娘科桉属

拉丁名：*Eucalyptus* spp.

主产地：广泛分布在亚洲、大洋洲地区

进出口税号：原木 4403.9800；板材 4407.9980

木材特性：散孔材。孔细，年轮标记清晰，有醒目的木射线。弹性较小，硬度大，耐磨性强，易劈开，有韧性，承载力大。材质轻、易断。气干密度约 0.69 克/立方厘米~1.12 克/立方厘米。（见图 3-4-8~图 3-4-10）

图 3-4-8

图 3-4-9

用途：适用于造纸，制作室内器件、装饰品、工具柄、货柜等。

相关知识：桉木是速生树种之一，木纹紧密而不规则。心材颜色因树种不同而不同，边材色浅。在橱柜和家具生产中有多种用途。

进出口注意事项：桉木是《税则》中具体列名的阔叶木，主要流通规格为原木。

图 3-4-10

第三章 木材树种介绍

学名：水曲柳

俗名：大叶梣、东北梣、白栓

科属：木犀科梣属（或白蜡木属）

拉丁名：*Fraxinus mandshurica*

主产地：俄罗斯、朝鲜、日本及我国东北、华北等地区

进出口税号：原木 4403.9950；板材 4407.9500

备注：俄罗斯产水曲柳列入 CITES 附录Ⅲ管制；国产水曲柳为国家二级重点保护野生植物

木材特性：环孔材。生长轮明显，宽窄均匀。心材呈浅黄色至浅黄褐色，与边材区别明显；边材呈黄白色，宽1厘米~2厘米。管孔肉眼下明显，早材管孔大，晚材管孔小，星散分布，在放大镜下略见。轴向薄壁组织在放大镜下明显，为环管束状及轮界状。木材光泽强，有酸臭味，略具蜡质感。纹理通直，结构粗且不均匀。气干密度0.6克/立方厘米~0.72克/立方厘米。（见图3-4-11、图3-4-12）

图 3-4-11

图 3-4-12

用途：适于制作高档家具、地板、胶合板、刨切薄木、运动器械、室内装修材料，还可作机械制造、船舶、车辆、军工用材等。

相关知识：水曲柳为落叶乔木，树高可达30米以上，胸径可达2米。木材重量和硬度中等，强度高，干缩中至大。加工容易，切面光滑；胶粘、油漆、着色性能良好；握钉力强。略耐腐，干燥较慢，略有翘曲、皱缩及裂纹。弹性、冲击韧性、硬度在同类木

材中较好。材质坚硬致密，纹理美观，是工业与民用高级用材。

因水曲柳与白蜡木同属于木犀科梣属（或白蜡木属），因此市面上经常有人将水曲柳叫作"白蜡木"，但两者非同一树种。白蜡木主产于俄罗斯及北美洲，这种木材通常平直，坚韧而富有弹性，带有粗糙均匀的纹理，因边材呈淡乳白色而得名。

进出口注意事项：税号 4403.9950 的"水曲柳"指单一树种，而税号 4407.9500 的"白蜡木"指包含"水曲柳"在内的木犀科梣属（或白蜡木属）的全部树种。俄罗斯产水曲柳（包括原木、锯材和饰面单板）已被列入 CITES 附录Ⅲ管制。

学名：樱桃木
俗名：黑樱桃
科属：蔷薇科樱桃属
拉丁名：*Prunus* spp.
主产地：北美洲、亚洲、欧洲等地区
进出口税号：樱桃属中树种 *Prunus servtina* 的原木归入税号 4403.9960、其他树种的原木归入税号 4403.9980；樱桃属树种的板材均归入 4407.9400

木材特性：半环孔材至散孔材。管孔略多，略小；在生长轮开始部位的管孔稍大，较密，排成明显的单列；单管孔及径列复管孔（2个~3个）。木射线密度中，略宽。心材呈红褐色，边材色浅。纹理通直，细纹里有狭长的棕色髓斑及微小的树胶囊；结构甚细且均匀。略有光泽；生材心部常有酸臭气味。生长轮明显。气干密度约 0.58 克/立方厘米。（见图 3-4-13~图 3-4-16）

图 3-4-13

图 3-4-14

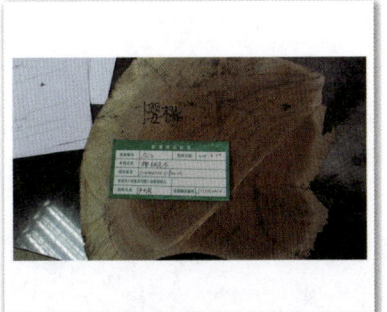

图 3-4-15

图 3-4-16

用途：适于制作拼花地板、烟斗、乐器、实木家具、橱柜、高级细木工件、船用内装饰、车件或雕刻件、家具饰面单板、橱柜饰面单板、护墙板、光面门等。

相关知识：樱桃木广泛分布于亚洲东南部、欧洲和北美洲地区，在北美洲别名"黑樱桃"。樱桃木纹理细腻、清晰；抛光性好，涂装效果好，适用于制作高档家居用品；机械加工性能好，对刀具的磨损程度低，握钉力、胶着力好；弯曲性能好，抗弯强度与耐冲击强度中等，但硬度较低；干燥较快，干燥时收缩量大，但干燥后尺寸稳定性好。

目前，家装市场中流行以樱桃木制成门和家具，但有时会存在用西南桦木等冒充樱桃木的作假现象。

进出口注意事项：樱桃木是《税则》中具体列名的阔叶木，主要流通规格原木和板材均有。

第三章 木材树种介绍

学名：椴木
科属：椴树科椴属
拉丁名：*Tilia* spp.
主产地：北美洲、欧洲及亚洲地区
进出口税号：属于北美硬阔叶木的原木归入税号 4403.9960，其他归入税号 4403.9980；属于北美硬阔叶木的板材归入税号 4407.9930，其他归入税号 4407.9980

木材特性：心材呈浅黄褐色，边材色浅，偶有深色条纹。细胞间质结构均匀致密。气干密度约 0.42 克/立方厘米~0.56 克/立方厘米。（见图 3-4-17、图 3-4-18）

图 3-4-17

图 3-4-18

用途：适于制作细木工板、木制工艺品等。

相关知识：椴木硬度适中，重量轻至中，耐磨、耐腐蚀；木性温和，不易开裂、变形；木纹细，易加工，韧性强。

进出口注意事项：椴木是典型的温带阔叶木，其中美国椴木和异叶椴木被列为北美硬阔叶木，主要流通规格为原木。

> 学名：桤木
> 俗名：赤杨、水冬瓜树
> 科属：桦木科桤木属
> 拉丁名：*Alnus* spp.
> 主产地：亚洲、欧洲、温带北美洲等地区
> 进出口税号：属于北美硬阔叶木的原木归入税号 4403.9960，其他归入税号 4403.9980；属于北美硬阔叶木的板材归入税号 4407.9930，其他归入税号 4407.9980

木材特性：散孔材至半环孔材。管孔密集排列，径列或成群。常见聚合射线，射线与导管间纹孔比较小。髓斑常见，髓心呈三角形。木材表面无光泽，有暗条和铁锈色斑纹。心材呈浅黄白色或浅褐色带红色，与边材区别不明显。结构细致，纹理直，有时不规则。气干密度约 0.43 克/立方厘米~0.53 克/立方厘米。（见图 3-4-19、图 3-4-20）

图 3-4-19

图 3-4-20

用途：常用于制作胶合板、箱盒、中档家具、鞋底、工业用滚轴等，也用作薪柴。

相关知识：桤木为乔木，树高可达 15 米~27 米，胸径可达 0.3 米~1.2 米。材质较松软，易干燥；不耐腐，但易防腐处理；加工性能好；易胶结、染色和涂刷；握钉力好，不易弯曲。

桤木属中欧洲桤木与灰桤木的材性相近，但灰桤木的颜色较欧洲桤木偏红。

进出口注意事项：桤木是典型的温带阔叶木，其中美洲绿桤木、俄勒冈桤木、菱叶桤木、红桤木、裂叶桤木、薄叶桤木被列为北美硬阔叶木。主要流通规格为板材。

> 学名：北美鹅掌楸
>
> 科属：木兰科鹅掌楸属
>
> 拉丁名：*Liriodendron tulipifera*
>
> 主产地：北美洲地区
>
> 进出口税号：原木 4403.9960，板材 4407.9930

木材特性：散孔材，宽度略均匀。单管孔或两至数个形成复管孔。木射线肉眼下明显，宽度几乎一致。心材呈黄褐色，有时带绿、红或紫色条纹；边材呈乳白色。气干密度约 0.4 克/立方厘米。

用途：适于制作胶合板、家具、缝纫机板、收音机壳、室内装修材料等。（见图 3-4-21、图 3-4-22）

图 3-4-21

图 3-4-22

相关知识：北美鹅掌楸树形高大，树高可达 30 米；秋季叶片为黄色，花朵为橘黄色，呈独特的郁金香形状。北美鹅掌楸是极佳的行道树、庭荫树种，因对有害气体的抵抗性较强，也是工矿区绿化用的优良树种之一。

北美鹅掌楸木材易进行机械加工，干燥容易，性能变化小，但抗腐力弱。多用于制作家具及室内木工制品、模制品、胶合板等。

进出口注意事项：北美鹅掌楸是典型的温带阔叶木，同时也被列为北美硬阔叶木，是欧美地区的主要家具用材，主要流通规格为板材。

学名：白木香

俗名：土沉香

科属：瑞香科沉香属

拉丁名：*Aquilaria sinensis*

主产地：中国及越南、印度尼西亚、马来西亚等东南亚地区

进出口税号：原木 4403.9980；板材 4407.9980

备注：列入 CITES 附录 II 管制，属于国家二级重点保护野生植物

木材特性：散孔材。心材与边材区别不明显，材色为黄白色或浅黄褐色，久置大气中转深。轴向薄壁组织为稀疏环管状。内含韧皮部，底部可见白色结晶体。气干密度 0.33 克/立方厘米～0.46 克/立方厘米。（见图 3-4-23～图 3-4-26）

图 3-4-23

图 3-4-24

图 3-4-25

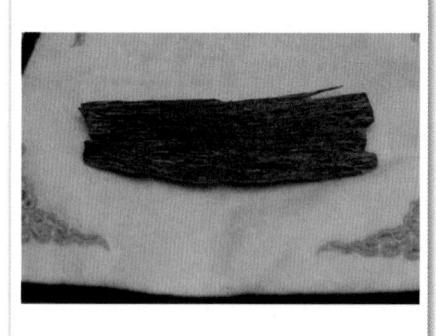

图 3-4-26

用途：以白木香树干节部或受伤部位的树脂分泌物制成的沉香可作香料原料，并可用于制药。此外，沉香还有很高的文玩收藏及工业价值。

相关知识：白木香属于常绿乔木，高可达 5 米～10 米，树皮呈暗灰色，纤维坚韧，多生于山地雨林或半常绿季雨林中，广泛分布于我国广东、海南、广西、福建等地和印度尼西亚、马来西亚、越南等东南亚地区。

白木香的木材与树脂可作细工用材及熏香料，但以其树干节部或受伤部位的树脂分泌物制成的沉香最有名也最重要。沉重是一种混合了树脂成分和木质成分的固态凝聚物，入水能沉，故称"沉香"，又名"沉水香""水沉香"。沉香香品高雅，而且十分难得，一般含较丰富油脂的沉香可用于雕刻，制成摆件或手串、念珠等，靠近则有淡淡香气。雕刻时产生的木屑可制成线香、盘香或塔香；木片可用于隔火熏香。

沉香入药在传统中医学中有着悠久的历史。沉香作为药物的记载最早见于《名医别录》（梁·陶弘景），后也见于《南方草木状》（晋·嵇含）、《新修本草》（唐·苏敬等）、《开宝本草》、《本草纲目》（明·李时珍）、《本草拾遗》等。

一般而言，沉香品级依产地、香气及树脂含量而分级；同一种的白木香在不同产地的出品，往往香气差异颇大，这与微生物、环境因子等有关。越南及海南等地所产沉香被认为品级较高，马来西亚所产沉香一般被认为是中等品，而印度尼西亚等地所产沉香被认为品级较低。

进出口注意事项：白木香是著名的香料用材，流通规格以其树脂分泌物制成的沉香为主，也包括少量以原木和碎木片制成的熏香料。沉香属所有种均被列入 CITES 附录 Ⅱ 管制，其进出口贸易涉及濒危证件管理。

> 学名：维腊木
>
> 俗名：绿檀
>
> 科属：蒺藜科维腊木属
>
> 拉丁名：*Bulnesia* spp.
>
> 主产地：拉丁美洲地区
>
> 进出口税号：原木 4403.9980；板材 4407.9980

木材特性：散孔材。心材与边材区别明显，新伐时呈黄褐色至深黄褐色，久则转为黄褐色带绿色，有黑色条纹；边材呈浅黄色。生长轮在放大镜下略见。管孔肉眼下不易见，甚小、甚多，内含沉积物。轴向薄壁组织为环管状，少数为星散状。纹理交错，结构细，有浓郁香气。气干密度 1.14 克/立方厘米～1.25 克/立方厘米。（见图 3-4-27、图 3-4-28）

图 3-4-27

图 3-4-28

用途：适于制作家具、地板、工艺品等。

相关知识：维腊木俗称"绿檀"，因带有香气及色如绿玉而得名，市场上亦有"玉檀香"之说。维腊木材质坚实，耐磨耐腐，置水则沉；香气浓郁而不刺鼻；花纹清晰、颜色变化明显，是上好的雕刻、装饰及家具用材。

维腊木通常高 12 米～15 米，最高可达 30 米；树干通直，胸径可达 35 厘米～50 厘米。维腊木含有较丰富的有机物质，在密闭薄膜下有机物质无法挥发，便会在木材表面形成晶莹剔透的絮状结晶，俗称"吐丝"，据此判断维腊木的真伪最有效、最简便。

进出口注意事项：维腊木的颜色特征非常明显，常有其他木材通过染色等方式来冒充。主要流通规格为大方料原木。维腊木属中萨米维腊木（*Bulnesia sarmientoi*）被列入 CITES 附录 II 管制，进出口贸易涉及濒危证件管理。

学名：黑黄蕊木

俗名：所罗门大叶紫檀、亚历山大紫檀

科属：桃金娘科黄蕊木属

拉丁名：*Xanthostemon melanoxylon*

主产地：所罗门群岛

进出口税号：原木 4403.9980；板材 4407.9980

木材特性：散孔材。管孔数多，肉眼下不明显，少数管孔内含有侵填体。生长轮不明显。轴向薄壁组织量多，肉眼下可见，为傍管带状、傍管状及轮界状。木射线中至多，极细至略细，在放大镜下明显。边材呈灰黄褐色或浅黄褐色；心材呈红褐色或深褐色，杂有黑褐色条纹。木材有光泽，无特殊滋味或气味。气干密度约 1.36 克/立方厘米。（见图 3-4-29～图 3-4-31）

图 3-4-29

图 3-4-30

用途：适于作建筑用材，还可用于雕刻、制作艉轴管等。

相关知识：黑黄蕊木是所罗门群岛的特有树种，生长在热带雨林中低密度和低海拔的铬镍镁矿区。该树种树高一般为 35 米或以上，直径为 0.3 米～1.2 米，生长极缓慢。由于生长周期长，数量不多，被该国政府列为濒危物种，管制出口。黑黄蕊木材质

图 3-4-31

重硬耐久，防虫防腐性佳，稳定性好，耐水侵蚀，油脂丰富，包浆效果好，纹路美观，抛光后不用上漆，用于制作家具和工艺品，制成的家具不易变形，具有一定的收藏价值。

黑黄蕊木自1958年首次被发现后一直未得到确认，直至2005年由植物学家Peter G. Wilson和Fred Pitisopa定名并收集于国际植物标本数据库中。因木材需求持续增长引发过量采伐和火灾、开矿导致地表土壤侵蚀，该树种已受所罗门群岛森林法保护。

进出口注意事项：黑黄蕊木在市面上俗称"所罗门大叶紫檀""亚历山大紫檀"，但是不属于红木，主要流通规格为原木。该树种是所罗门群岛的重点保护树种，出口受该国政府严格管控。木材采伐除需获得土地使用开发授权外，还需由政府许可和森林管理委员会认证，需要有濒危植物出口证书与森林资源部特许出口证书方可出口。

> **学名**：角香茶茱萸
> **俗名**：芸香木
> **科属**：茶茱萸科香茶茱萸属
> **拉丁名**：*Cantleya corniculata*
> **主产地**：马来西亚、印度尼西亚等东南亚地区
> **进出口税号**：原木 4403.9980；板材 4407.9980

木材特性：散孔材。心材呈黄褐色，与边材区别略明显；边材呈浅黄褐色。生长轮不明显。管孔在放大镜下略明显。轴向薄壁组织肉眼下可见。木射线在放大镜下明显。木材有光泽，新切面有浓郁香气，纹理交错，结构细而均匀；滋味微苦。气干密度约 0.93 克/立方厘米。（见图 3-4-32~图 3-4-34）

图 3-4-32

图 3-4-33

用途：可用于制作桥梁、地板、高档家具等，还可作码头、重型建筑用材。

相关知识：角香茶茱萸高可达 20 米，胸径可达 0.6 米；成材较慢，成材期需 80 年以上。木材硬度大、强度高、耐腐耐磨、抗白蚁蛀蚀。

进出口注意事项：主要流通规格原木、板材均有。

图 3-4-34

附录一 2021年版《税则》（节选）

税号	商品名称	最惠国税率（%）	进口暂定税率（%）	东盟协定税率（%）	增值/消费税税率（%）	监管证件代码[注1]	检验检疫类别[注2]
44.01	薪柴（圆木段、块、枝、成捆或类似形状）；木片或木粒；锯末、木废料及碎片，不论是否粘结成圆木段、块、片或类似形状：						
	- 薪柴（圆木段、块、枝、成捆或类似形状）：						
4401.1100	--针叶木	0			13	AB	P/Q
4401.1200	--非针叶木	0			13	AB	P/Q
	- 木片或木粒：						
4401.2100	--针叶木						
44012100.10	濒危针叶木木片或木粒	0			13	ABFE	P/Q
44012100.90	其他针叶木木片或木粒	0			13	AB	P/Q
4401.2200	--非针叶木						
44012200.10	濒危非针叶木木片或木粒	0			13	ABFE	P/Q
44012200.90	其他非针叶木木片或木粒	0			13	AB	P/Q
	- 锯末、木废料及碎片，粘结成圆木段、块、片或类似形状：						
4401.3100	--木屑棒	0			13	9AB	MP/Q
4401.3900	--其他	0			13	9AB	MP/Q
4401.4000	- 锯末、木废料及碎片，未粘结的	0			13	AB	MP/Q
44.02	木炭（包括果壳炭及果核炭），不论是否结块：						
4402.1000	- 竹的	6	2	0	13		
4402.9000	- 其他						
44029000.10	以木材为原料直接烧制的木炭	6	2	0	13	8	
44029000.90	其他木炭（包括果壳炭及果核炭，不论是否结块）	6	2	0	13		

续表1

税号	商品名称	最惠国税率（%）	进口暂定税率（%）	东盟协定税率（%）	增值/消费税税率（%）	监管证件代码	检验检疫类别
44.03	原木，不论是否去皮、去边材或粗锯成方：						
	－用油漆、着色剂、杂酚油或其他防腐剂处理：						
4403.1100	--针叶木						
44031100.10	油漆、着色剂等处理的红豆杉原木（包括用杂酚油或其他防腐剂处理）	0			9	8AF	MP/Q
44031100.20	油漆、着色剂等处理的其他濒危针叶木原木（包括用杂酚油或其他防腐剂处理）	0			9	8AF	MP/Q
44031100.90	其他油漆、着色剂等处理的针叶木原木（包括用杂酚油或其他防腐剂处理）	0			9	8A	MP/Q
4403.1200	--非针叶木						
44031200.10	油漆、着色剂等处理的濒危非针叶木原木（包括用杂酚油或其他防腐剂处理）	0			9	8AF	MP/Q
44031200.90	其他油漆、着色剂等处理的非针叶木原木（包括用杂酚油或其他防腐剂处理）	0			9	8A	MP/Q
	－其他，针叶木：						
	--松木（松属），截面尺寸在15厘米及以上：						
4403.2110	---红松和樟子松						
44032110.10	截面尺寸在15厘米及以上的红松原木（用油漆、着色剂、杂酚油或其他防腐剂处理的除外）	0			9	8AEF	MP/Q
44032110.90	截面尺寸在15厘米及以上的樟子松原木（用油漆、着色剂、杂酚油或其他防腐剂处理的除外）	0			9	8A	MP/Q
4403.2120	---辐射松	0			9	8A	MP/Q
4403.2190	---其他						
44032190.10	截面尺寸在15厘米及以上的濒危松木（松属）原木（用油漆、着色剂、杂酚油或其他防腐剂处理的除外）	0			9	8AF	MP/Q

续表2

税号	商品名称	最惠国税率（%）	进口暂定税率（%）	东盟协定税率（%）	增值/消费税税率（%）	监管证件代码	检验检疫类别
44032190.90	截面尺寸在15厘米及以上的其他松木（松属）原木（用油漆、着色剂、杂酚油或其他防腐剂处理的除外）	0			9	8A	MP/Q
	--其他松木（松属）：						
4403.2210	---红松和樟子松						
44032210.10	截面尺寸在15厘米以下的红松原木（用油漆、着色剂、杂酚油或其他防腐剂处理的除外）	0			9	8AEF	MP/Q
44032210.90	截面尺寸在15厘米以下的樟子松原木（用油漆、着色剂、杂酚油或其他防腐剂处理的除外）	0			9	8A	MP/Q
4403.2220	---辐射松	0			9	8A	MP/Q
4403.2290	---其他						
44032290.10	截面尺寸在15厘米以下的濒危其他松木（松属）原木（用油漆、着色剂、杂酚油或其他防腐剂处理的除外）	0			9	8AF	MP/Q
44032290.90	截面尺寸在15厘米以下的其他松木（松属）原木（用油漆、着色剂、杂酚油或其他防腐剂处理的除外）	0			9	8A	MP/Q
4403.2300	--冷杉和云杉，截面尺寸在15厘米及以上						
44032300.10	截面尺寸在15厘米及以上的濒危云杉和冷杉原木（用油漆、着色剂、杂酚油或其他防腐剂处理的除外）	0			9	8AF	MP/Q
44032300.90	截面尺寸在15厘米及以上的其他云杉和冷杉原木（用油漆、着色剂、杂酚油或其他防腐剂处理的除外）	0			9	8A	MP/Q
4403.2400	--其他冷杉和云杉						
44032400.10	截面尺寸在15厘米以下的濒危云杉和冷杉原木（用油漆、着色剂、杂酚油或其他防腐剂处理的除外）	0			9	8AF	MP/Q

续表3

税号	商品名称	最惠国税率（%）	进口暂定税率（%）	东盟协定税率（%）	增值/消费税税率（%）	监管证件代码	检验检疫类别
44032400.90	截面尺寸在15厘米以下的其他云杉和冷杉原木（用油漆、着色剂、杂酚油或其他防腐剂处理的除外）	0			9	8A	MP/Q
	--其他，截面尺寸在15厘米及以上：						
4403.2510	---落叶松	0			9	8A	MP/Q
4403.2520	---花旗松	0			9	8A	MP/Q
4403.2590	---其他						
44032590.10	截面尺寸在15厘米及以上的红豆杉原木（用油漆、着色剂、杂酚油或其他防腐剂处理的除外）	0			9	8A	MP/Q
44032590.20	截面尺寸在15厘米及以上的其他濒危针叶木原木（用油漆、着色剂、杂酚油或其他防腐剂处理的除外）	0			9	8AF	MP/Q
44032590.90	截面尺寸在15厘米及以上的其他针叶木原木（用油漆、着色剂、杂酚油或其他防腐剂处理的除外）	0			9	8A	MP/Q
	--其他：						
4403.2610	---落叶松	0			9	8A	MP/Q
4403.2620	---花旗松	0			9	8A	MP/Q
4403.2690	---其他						
44032690.10	截面尺寸在15厘米以下的红豆杉原木（用油漆、着色剂、杂酚油或其他防腐剂处理的除外）	0			9	8A	MP/Q
44032690.20	截面尺寸在15厘米以下的其他濒危针叶木原木（用油漆、着色剂、杂酚油或其他防腐剂处理的除外）	0			9	8AF	MP/Q
44032690.90	截面尺寸在15厘米以下的其他针叶木原木（用油漆、着色剂、杂酚油或其他防腐剂处理的除外）	0			9	8A	MP/Q
	- 其他，热带木：						

续表4

税号	商品名称	最惠国税率（%）	进口暂定税率（%）	东盟协定税率（%）	增值/消费税税率（%）	监管证件代码	检验检疫类别
4403.4100	--深红色红柳桉木、浅红色红柳桉木及巴栲红柳桉木	0			9	8A	MP/Q
	--其他：						
4403.4910	---柚木	0			9	8A	MP/Q
4403.4920	---奥克曼（奥克榄）	0			9	8A	MP/Q
4403.4930	---龙脑香木（克隆）						
44034930.10	东京龙脑香木	0			9	8AEF	MP/Q
44034930.90	其他龙脑香木、克隆原木	0			9	8A	MP/Q
4403.4940	---山樟（香木）	0			9	8A	MP/Q
4403.4950	---印茄木（波罗格）	0			9	8A	MP/Q
4403.4960	---大干巴豆（门格里斯或康派斯）	0			9	8A	MP/Q
4403.4970	---异翅香木	0			9	8A	MP/Q
4403.4980	---红木						
44034980.10	濒危热带红木原木（用油漆、着色剂、杂酚油或其他防腐剂处理的除外）	0			9	8AEF	MP/Q
44034980.90	其他热带红木原木（用油漆、着色剂、杂酚油或其他防腐剂处理的除外）	0			9	8A	MP/Q
4403.4990	---其他						
44034990.10	南美蒺藜木（玉檀木）原木（用油漆、着色剂、杂酚油或其他防腐剂处理的除外）	0			9	8AEF	MP/Q
44034990.20	其他濒危热带原木（用油漆、着色剂、杂酚油或其他防腐剂处理的除外）	0			9	8AF	MP/Q
44034990.90	其他热带原木（用油漆、着色剂、杂酚油或其他防腐剂处理的除外）	0			9	8A	MP/Q
	- 其他：						
4403.9100	--栎木（橡木）						
44039100.10	蒙古栎原木（用油漆、着色剂、杂酚油或其他防腐剂处理的除外）	0			9	8AEF	MP/Q

续表5

税号	商品名称	最惠国税率（%）	进口暂定税率（%）	东盟协定税率（%）	增值/消费税税率（%）	监管证件代码	检验检疫类别
44039100.90	其他栎木（橡木）原木（用油漆、着色剂、杂酚油或其他防腐剂处理的除外）	0			9	8A	MP/Q
4403.9300	--水青冈木（山毛榉木），截面尺寸在15厘米及以上	0			9	8A	MP/Q
4403.9400	--其他水青冈木（山毛榉木）	0			9	8A	MP/Q
4403.9500	--桦木，截面尺寸在15厘米及以上						
44039500.10	濒危的桦木，截面尺寸在15厘米及以上（用油漆、着色剂、杂酚油或其他防腐剂处理的除外）	0			9	8AF	MP/Q
44039500.90	其他桦木，截面尺寸在15厘米及以上（用油漆、着色剂、杂酚油或其他防腐剂处理的除外）	0			9	8A	MP/Q
4403.9600	--其他桦木						
44039600.10	濒危的桦木，截面尺寸在15厘米及以下（用油漆、着色剂、杂酚油或其他防腐剂处理的除外）	0			9	8AF	MP/Q
44039600.90	其他桦木，截面尺寸在15厘米及以下（用油漆、着色剂、杂酚油或其他防腐剂处理的除外）	0			9	8A	MP/Q
4403.9700	--杨木	0			9	8A	MP/Q
4403.9800	--桉木	0			9	8A	MP/Q
	--其他：						
4403.9930	---红木，但税号4403.4980所列热带红木除外						
44039930.10	濒危红木原木，但税号4403.4980所列热带红木除外（用油漆、着色剂、杂酚油或其他防腐剂处理的除外）	0			9	8AEF	MP/Q
44039930.90	其他红木原木，但税号4403.4980所列热带红木除外（用油漆、着色剂、杂酚油或其他防腐剂处理的除外）	0			9	8A	MP/Q

续表6

税号	商品名称	最惠国税率（%）	进口暂定税率（%）	东盟协定税率（%）	增值/消费税税率（%）	监管证件代码	检验检疫类别
4403.9940	---泡桐木	0			9	8A	P/Q
4403.9950	---水曲柳	0			9	8AF	MP/Q
4403.9960	---北美硬阔叶木	0			9	8A	MP/Q
4403.9980	---未列名的温带非针叶木						
44039980.10	其他未列名温带濒危非针叶木原木（用油漆、着色剂、杂酚油或其他防腐剂处理的除外）	0			9	8AF	MP/Q
44039980.90	其他未列名温带非针叶木原木（用油漆、着色剂、杂酚油或其他防腐剂处理的除外）	0			9	8A	MP/Q
4403.9990	---其他						
44039990.12	沉香木及拟沉香木原木（用油漆、着色剂、杂酚油或其他防腐剂处理的除外）	0			9	8AEF	MP/Q
44039990.19	其他未列名濒危非针叶原木（用油漆、着色剂、杂酚油或其他防腐剂处理的除外）	0			9	8AEF	MP/Q
44039990.90	其他未列名非针叶原木（用油漆、着色剂、杂酚油或其他防腐剂处理的除外）	0			9	8A	MP/Q
44.04	箍木；木劈条；已削尖但未经纵锯的木桩；粗加修整但未经车圆、弯曲或其他方式加工的木棒，适合制手杖、伞柄、工具把柄及类似品；木片条及类似品：						
4404.1000	- 针叶木的						
44041000.10	濒危针叶木的箍木等及类似品（包括木劈条、棒及类似品）	6	2	0	13	ABFE	P/Q
44041000.90	其他针叶木的箍木等及类似品（包括木劈条、棒及类似品）	6	2	0	13	AB	P/Q
4404.2000	- 非针叶木的						
44042000.10	濒危非针叶木箍木等（包括木劈条、棒及类似品）	6	2	0	13	ABFE	P/Q
44042000.90	其他非针叶木箍木等（包括木劈条、棒及类似品）	6	2	0	13	AB	P/Q
44.05	木丝；木粉：						

续表7

税号	商品名称	最惠国税率（%）	进口暂定税率（%）	东盟协定税率（%）	增值/消费税税率（%）	监管证件代码	检验检疫类别
4405.0000	木丝；木粉	6	2	0	13	AB	P/Q
44.06	铁道及电车道枕木：						
	- 未浸渍：						
4406.1100	--针叶木	0			13	4ABxy	P/Q
4406.1200	--非针叶木	0			13	4ABxy	P/Q
	- 其他：						
4406.9100	--针叶木						
44069100.10	濒危已浸渍的针叶木铁道及电车道枕木	0			13	FE	
44069100.90	其他已浸渍的针叶木铁道及电车道枕木	0			13		
4406.9200	--非针叶木						
44069200.10	濒危已浸渍的非针叶木铁道及电车道枕木	0			13	FE	
44069200.90	其他已浸渍的非针叶木铁道及电车道枕木	0			13		
44.07	经纵锯、纵切、刨切或旋切的木材，不论是否刨平、砂光或端部接合，厚度超过6毫米：						
	- 针叶木：						
	--松木（松属）：						
4407.1110	---红松和樟子松						
44071110.11	端部接合的红松厚板材（经纵锯、纵切、刨切或旋切的，厚度超过6毫米）	0			13	ABEF	MP/Q
44071110.19	端部接合的樟子松厚板材（经纵锯、纵切、刨切或旋切的，厚度超过6毫米）	0			13	AB	MP/Q
44071110.91	非端部接合的红松厚板材（经纵锯、纵切、刨切或旋切的，厚度超过6毫米）	0			13	4ABEFxy	MP/Q
44071110.99	非端部接合的樟子松厚板材（经纵锯、纵切、刨切或旋切的，厚度超过6毫米）	0			13	4ABxy	MP/Q
4407.1120	---辐射松						
44071120.10	端部接合的辐射松厚板材（经纵锯、纵切、刨切或旋切的，厚度超过6毫米）	0			13	AB	MP/Q

续表8

税号	商品名称	最惠国税率（%）	进口暂定税率（%）	东盟协定税率（%）	增值/消费税税率（%）	监管证件代码	检验检疫类别
44071120.90	非端部接合的辐射松厚板材（经纵锯、纵切、刨切或旋切的，厚度超过6毫米）	0			13	4ABxy	MP/Q
4407.1190	---其他						
44071190.11	端部接合的其他濒危松木厚板材（经纵锯、纵切、刨切或旋切的，厚度超过6毫米）	0			13	ABEF	MP/Q
44071190.19	端部接合的其他松木厚板材（经纵锯、纵切、刨切或旋切的，厚度超过6毫米）	0			13	AB	MP/Q
44071190.91	非端部接合的其他濒危松木厚板材（经纵锯、纵切、刨切或旋切的，厚度超过6毫米）	0			13	4ABEFxy	MP/Q
44071190.99	非端部接合的其他松木厚板材（经纵锯、纵切、刨切或旋切的，厚度超过6毫米）	0			13	4ABxy	MP/Q
4407.1200	--冷杉及云杉						
44071200.11	端部接合的濒危云杉及冷杉厚板材（经纵锯、纵切、刨切或旋切的，厚度超过6毫米）	0			13	ABEF	MP/Q
44071200.19	端部接合的其他云杉及冷杉厚板材（经纵锯、纵切、刨切或旋切的，厚度超过6毫米）	0			13	AB	MP/Q
44071200.91	非端部接合的濒危云杉及冷杉厚板材（经纵锯、纵切、刨切或旋切的，厚度超过6毫米）	0			13	4ABEFxy	MP/Q
44071200.99	非端部接合的其他云杉及冷杉厚板材（经纵锯、纵切、刨切或旋切的，厚度超过6毫米）	0			13	4ABxy	MP/Q
	--其他：						
4407.1910	---花旗松						
44071910.10	端部接合的花旗松厚板材（经纵锯、纵切、刨切或旋切的，厚度超过6毫米）	0			13	AB	MP/Q
44071910.90	非端部接合的花旗松厚板材（经纵锯、纵切、刨切或旋切的，厚度超过6毫米）	0			13	4ABxy	MP/Q
4407.1990	--其他						
44071990.11	端部接合的其他濒危针叶木厚板材（经纵锯、纵切、刨切或旋切的，厚度超过6毫米）	0			13	ABEF	MP/Q

续表9

税号	商品名称	最惠国税率（%）	进口暂定税率（%）	东盟协定税率（%）	增值/消费税税率（%）	监管证件代码	检验检疫类别
44071990.19	端部接合的其他针叶木厚板材（经纵锯、纵切、刨切或旋切的，厚度超过6毫米）	0			13	AB	MP/Q
44071990.91	非端部接合的其他濒危针叶木厚板材（经纵锯、纵切、刨切或旋切的，厚度超过6毫米）	0			13	4ABEFxy	MP/Q
44071990.99	非端部接合的其他针叶木厚板材（经纵锯、纵切、刨切或旋切的，厚度超过6毫米）	0			13	4ABxy	MP/Q
	－热带木：						
4407.2100	－－美洲桃花心木						
44072100.10	端部接合的美洲桃花心木（经纵锯、纵切、刨切或旋切的，厚度超过6毫米）	0			13	FEAB	MP/Q
44072100.90	非端部接合的美洲桃花心木（经纵锯、纵切、刨切或旋切的，厚度超过6毫米）	0			13	4ABEFxy	MP/Q
4407.2200	－－苏里南肉豆蔻木、细孔绿心樟及美洲轻木						
44072200.10	端部接合的苏里南肉豆蔻木、细孔绿心樟及美洲轻木（经纵锯、纵切、刨切或旋切的，厚度超过6毫米）	0			13	AB	MP/Q
44072200.90	非端部接合的苏里南肉豆蔻木、细孔绿心樟及美洲轻木（经纵锯、纵切、刨切或旋切的，厚度超过6毫米）	0			13	4ABxy	MP/Q
4407.2500	－－深红色红柳桉木、浅红色红柳桉木及巴栲红柳桉木						
44072500.10	端部接合的红柳桉木板材（指深红色、浅红色及巴栲红柳桉木，厚度超过6毫米）	0			13	AB	MP/Q
44072500.90	非端部接合的红柳桉木板材（指深红色、浅红色及巴栲红柳桉木，经纵锯、纵切、刨切或旋切的，厚度超过6毫米）	0			13	y4xAB	MP/Q
4407.2600	－－白柳桉木、白色红柳桉木、白色柳桉木、黄色红柳桉木及阿兰木						

续表10

税号	商品名称	最惠国税率（%）	进口暂定税率（%）	东盟协定税率（%）	增值/消费税税率（%）	监管证件代码	检验检疫类别
44072600.10	端部接合的白柳桉、其他柳桉木和阿兰木板材（经纵锯、纵切、刨切或旋切的，厚度超过6毫米）	0			13	AB	MP/Q
44072600.90	非端部接合的白柳桉、其他柳桉木和阿兰木板材（经纵锯、纵切、刨切或旋切的，厚度超过6毫米）	0			13	y4xAB	MP/Q
4407.2700	--沙比利						
44072700.10	端部接合的沙比利木板材（经纵锯、纵切、刨切或旋切的，厚度超过6毫米）	0			13	AB	MP/Q
44072700.90	非端部接合的沙比利木板材（经纵锯、纵切、刨切或旋切的，厚度超过6毫米）	0			13	4ABxy	MP/Q
4407.2800	--伊罗科木						
44072800.10	端部接合的伊罗科木板材（经纵锯、纵切、刨切或旋切的，厚度超过6毫米）	0			13	AB	MP/Q
44072800.90	非端部接合的伊罗科木板材（经纵锯、纵切、刨切或旋切的，厚度超过6毫米）	0			13	4ABxy	MP/Q
	--其他：						
4407.2910	---柚木						
44072910.10	端部接合的柚木板材（经纵锯、纵切、刨切或旋切的，厚度超过6毫米）	0			13	AB	P/Q
44072910.90	非端部接合的柚木板材（经纵锯、纵切、刨切或旋切的，厚度超过6毫米）	0			13	y4xAB	P/Q
4407.2920	---非洲桃花心木						
44072920.10	端部接合的非洲桃花心木板材（经纵锯、纵切、刨切或旋切的，厚度超过6毫米）	0			13	AB	MP/Q
44072920.90	非端部接合的非洲桃花心木板材（经纵锯、纵切、刨切或旋切的，厚度超过6毫米）	0			13	AB	MP/Q
4407.2930	---波罗格						
44072930.10	端部接合的波罗格Merban板材（经纵锯、纵切、刨切或旋切的，厚度超过6毫米）	0			13	AB	MP/Q

续表11

税号	商品名称	最惠国税率（%）	进口暂定税率（%）	东盟协定税率（%）	增值/消费税税率（%）	监管证件代码	检验检疫类别
44072930.90	非端部接合的波罗格 Merban 板材（经纵锯、纵切、刨切或旋切的，厚度超过6毫米）	0			13	AB	MP/Q
4407.2940	---红木						
44072940.11	端部接合的濒危热带红木厚板材（经纵锯、纵切、刨切或旋切的，厚度超过6毫米）	0			13	FEAB	MP/Q
44072940.19	端部接合的其他热带红木厚板材（经纵锯、纵切、刨切或旋切的，厚度超过6毫米）	0			13	AB	MP/Q
44072940.91	非端部接合的濒危热带红木厚板材（经纵锯、纵切、刨切或旋切的，厚度超过6毫米）	0			13	4ABEFxy	MP/Q
44072940.99	非端部接合的其他热带红木厚板材（经纵锯、纵切、刨切或旋切的，厚度超过6毫米）	0			13	4ABxy	MP/Q
4407.2990	---其他						
44072990.11	端部接合的拉敏木厚板材（经纵锯、纵切、刨切或旋切的，厚度超过6毫米）	0			13	FEAB	MP/Q
44072990.12	端部接合的南美蒴藜木（玉檀木）厚板材（经纵锯、纵切、刨切或旋切的，厚度超过6毫米）	0			13	FEAB	MP/Q
44072990.13	端部接合的其他未列名濒危热带木厚板材（经纵锯、纵切、刨切或旋切的，厚度超过6毫米）	0			13	FEAB	MP/Q
44072990.19	端部接合的其他未列名热带木厚板材（经纵锯、纵切、刨切或旋切的，厚度超过6毫米）	0			13	AB	MP/Q
44072990.91	非端部接合的南美蒴藜木（玉檀木）厚板材（经纵锯、纵切、刨切或旋切的，厚度超过6毫米）	0			13	y4xAFEB	MP/Q
44072990.92	非端部接合的其他未列名濒危热带木板材（经纵锯、纵切、刨切或旋切的，厚度超过6毫米）	0			13	y4xAFEB	MP/Q
44072990.99	非端部接合的其他未列名热带木板材（经纵锯、纵切、刨切或旋切的，厚度超过6毫米）	0			13	y4xAB	MP/Q

续表12

税号	商品名称	最惠国税率（%）	进口暂定税率（%）	东盟协定税率（%）	增值/消费税税率（%）	监管证件代码	检验检疫类别
	- 其他：						
4407.9100	--栎木（橡木）						
44079100.11	端部接合的蒙古栎厚板材（经纵锯、纵切、刨切或旋切的，厚度超过6毫米）	0			13	ABEF	P/Q
44079100.19	端部接合的其他栎木（橡木）厚板材（经纵锯、纵切、刨切或旋切的，厚度超过6毫米）	0			13	AB	P/Q
44079100.91	非端部接合的蒙古栎厚板材（经纵锯、纵切、刨切或旋切的，厚度超过6毫米）	0			13	4ABEFxy	P/Q
44079100.99	非端部接合的其他栎木（橡木）厚板材（经纵锯、纵切、刨切或旋切的，厚度超过6毫米）	0			13	y4xAB	P/Q
4407.9200	--水青冈木（山毛榉木）						
44079200.10	端部接合的水青冈木（山毛榉木）厚板材（经纵锯、纵切、刨切或旋切的，厚度超过6毫米）	0			13	ABE	P/Q
44079200.90	非端部接合的水青冈木（山毛榉木）厚板材（经纵锯、纵切、刨切或旋切的，厚度超过6毫米）	0			13	4ABExy	P/Q
4407.9300	--槭木（枫木）						
44079300.10	端部接合的槭木（枫木）厚板材（经纵锯、纵切、刨切或旋切，厚度超过6毫米）	0			13	AB	MP/Q
44079300.90	非端部接合的槭木（枫木）厚板材（经纵锯、纵切、刨切或旋切，厚度超过6毫米）	0			13	4ABxy	MP/Q
4407.9400	--樱桃木						
44079400.10	端部接合的樱桃木厚板材（经纵锯、纵切、刨切或旋切，厚度超过6毫米）	0			13	AB	MP/Q
44079400.90	非端部接合的樱桃木厚板材（经纵锯、纵切、刨切或旋切，厚度超过6毫米）	0			13	4ABxy	MP/Q
4407.9500	--白蜡木						

续表13

税号	商品名称	最惠国税率（%）	进口暂定税率（%）	东盟协定税率（%）	增值/消费税税率（%）	监管证件代码	检验检疫类别
44079500.11	端部接合的水曲柳厚板材（经纵锯、纵切、刨切或旋切的，厚度超过6毫米）	0			13	ABEF	MP/Q
44079500.19	端部接合的其他白蜡木厚板材（经纵锯、纵切、刨切或旋切的，厚度超过6毫米）	0			13	AB	MP/Q
44079500.91	非端部接合的水曲柳厚板材（经纵锯、纵切、刨切或旋切的，厚度超过6毫米）	0			13	4ABEFxy	MP/Q
44079500.99	非端部接合的其他白蜡木厚板材（经纵锯、纵切、刨切或旋切的，厚度超过6毫米）	0			13	4ABxy	MP/Q
4407.9600	--桦木						
44079600.11	端部接合的濒危桦木板材（经纵锯、纵切、刨切或旋切，厚度超过6毫米）	0			13	ABEF	MP/Q
44079600.19	端部接合的其他桦木厚板材（经纵锯、纵切、刨切或旋切，厚度超过6毫米）	0			13	AB	MP/Q
44079600.91	非端部结合的濒危桦木厚板材（经纵锯、纵切、刨切或旋切，厚度超过6毫米）	0			13	4ABEFxy	MP/Q
44079600.99	非端部接合的其他桦木厚板材（经纵锯、纵切、刨切或旋切，厚度超过6毫米）	0			13	4ABxy	MP/Q
4407.9700	--杨木						
44079700.10	端部接合的杨木厚板材（经纵锯、纵切、刨切或旋切，厚度超过6毫米）	0			13	AB	MP/Q
44079700.90	非端部接合的杨木厚板材（经纵锯、纵切、刨切或旋切，厚度超过6毫米）	0			13	4ABxy	MP/Q
	--其他：						
4407.9910	---红木，但税号4407.2940所列热带红木除外						
44079910.11	端部接合的濒危红木厚板材，但税号4407.2940所列热带红木除外（经纵锯、纵切、刨切或旋切的，厚度超过6毫米）	0			13	AFEB	MP/Q

续表14

税号	商品名称	最惠国税率（%）	进口暂定税率（%）	东盟协定税率（%）	增值/消费税税率（%）	监管证件代码	检验检疫类别
44079910.19	端部接合的其他红木厚板材，但税号4407.2940所列热带红木除外（经纵锯、纵切、刨切或旋切的，厚度超过6毫米）	0			13	AB	MP/Q
44079910.91	非端部接合的濒危红木厚板材，但税号4407.2940所列热带红木除外（经纵锯、纵切、刨切或旋切的，厚度超过6毫米）	0			13	y4xAFEB	MP/Q
44079910.99	非端部接合的其他红木厚板材，但税号4407.2940所列热带红木除外（经纵锯、纵切、刨切或旋切的，厚度超过6毫米）	0			13	4ABxy	MP/Q
4407.9920	---泡桐木						
44079920.10	端部接合的泡桐木厚板材（经纵锯、纵切、刨切或旋切的，厚度超过6毫米）	0			13	AB	P/Q
44079920.90	非端部接合的泡桐木厚板材（经纵锯、纵切、刨切或旋切的，厚度超过6毫米）	0			13	AB	P/Q
4407.9930	---北美硬阔叶木						
44079930.10	端部接合的北美硬阔叶材厚板材（经纵锯、纵切、刨切或旋切的，厚度超过6毫米）	0			13	AB	MP/Q
44079930.90	非端部接合的北美硬阔叶材厚板材（经纵锯、纵切、刨切或旋切的，厚度超过6毫米）	0			13	AB	MP/Q
4407.9980	---其他温带非针叶木						
44079980.11	端部接合的其他温带濒危非针叶板材（经纵锯、纵切、刨切或旋切的，厚度超过6毫米）	0			13	FEAB	MP/Q
44079980.19	端部接合的其他温带非针叶厚板材（经纵锯、纵切、刨切或旋切的，厚度超过6毫米）	0			13	AB	MP/Q
44079980.91	非端部结合的其他温带濒危非针叶厚板材（经纵锯、纵切、刨切或旋切的，厚度超过6毫米）	0			13	4ABEFxy	MP/Q
44079980.99	非端部接合的其他温带非针叶厚板材（经纵锯、纵切、刨切或旋切的，厚度超过6毫米）	0			13	4ABxy	MP/Q
4407.9990	---其他						

续表15

税号	商品名称	最惠国税率（%）	进口暂定税率（%）	东盟协定税率（%）	增值/消费税税率（%）	监管证件代码	检验检疫类别
44079990.12	端部接合的沉香木及拟沉香木厚板材（经纵锯、纵切、刨切或旋切的，厚度超过6毫米）	0			13	AFEB	MP/Q
44079990.15	端部接合的其他濒危木厚板材（经纵锯、纵切、刨切或旋切的，厚度超过6毫米）	0			13	AFEB	MP/Q
44079990.19	端部接合的其他木厚板材（经纵锯、纵切、刨切或旋切的，厚度超过6毫米）	0			13	AB	MP/Q
44079990.92	非端部接合的沉香木及拟沉香木厚板材（经纵锯、纵切、刨切或旋切的，厚度超过6毫米）	0			13	y4xAFEB	MP/Q
44079990.95	非端部接合的其他濒危木厚板材（经纵锯、纵切、刨切或旋切的，厚度超过6毫米）	0			13	y4xAFEB	MP/Q
44079990.99	非端部接合的其他木厚板材（经纵锯、纵切、刨切或旋切的，厚度超过6毫米）	0			13	y4xAB	MP/Q
44.08	**饰面用单板（包括刨切积层木获得的单板）、制胶合板或类似多层板用单板以及其他经纵锯、刨切或旋切的木材，不论是否刨平、砂光、拼接或端部结合，厚度不超过6毫米：**						
	－针叶木：						
	---饰面用单板：						
4408.1011	----用胶合板等多层板制的						
44081011.10	胶合板等多层板制濒危针叶木单板（厚度≤6毫米，饰面用）	6	2	5	13	ABFE	MP/Q
44081011.90	其他胶合板等多层板制针叶木单板（厚度≤6毫米，饰面用）	6	2	5	13	AB	MP/Q
4408.1019	----其他						
44081019.10	其他饰面濒危针叶木单板（厚度≤6毫米）	4	1	0	13	ABFE	MP/Q
44081019.90	其他饰面针叶木单板（厚度≤6毫米）	4	1	0	13	AB	MP/Q
4408.1020	---制胶合板用单板						
44081020.10	制胶合板用濒危针叶木单板（厚度≤6毫米）	4	1	0	13	ABFE	MP/Q
44081020.90	其他制胶合板用针叶木单板（厚度≤6毫米）	4	1	0	13	AB	MP/Q

续表16

税号	商品名称	最惠国税率(%)	进口暂定税率(%)	东盟协定税率(%)	增值/消费税税率(%)	监管证件代码	检验检疫类别
4408.1090	---其他						
44081090.10	其他濒危针叶木单板材（经纵锯、刨切或旋切的，厚度≤6毫米）	4	1	0	13	ABFE	MP/Q
44081090.90	其他针叶木单板材（经纵锯、刨切或旋切的，厚度≤6毫米）	4	1	0	13	AB	MP/Q
	- 热带木：						
	--深红色红柳桉木、浅红色红柳桉木及巴棒红柳桉木：						
	---饰面用单板：						
4408.3111	----用胶合板等多层板制的	6	2	5	13	AB	MP/Q
4408.3119	----其他	4	1	0	13	AB	MP/Q
4408.3120	---制胶合板用单板	4	1	0	13	AB	MP/Q
4408.3190	---其他	4	1	0	13	AB	MP/Q
	--其他：						
	---饰面用单板：						
4408.3911	----用胶合板等多层板制的						
44083911.10	胶合板多层板制饰面桃花心木单板（厚度≤6毫米）	6	2	5	13	ABFE	MP/Q
44083911.20	胶合板多层板制饰面拉敏木单板（厚度≤6毫米）	6	2	5	13	AB	MP/Q
44083911.30	胶合板多层板制饰面濒危热带木单板（厚度≤6毫米）	6	2	5	13	ABFE	MP/Q
44083911.90	胶合板多层板制饰面热带木单板（厚度≤6毫米）	6	2	5	13	AB	MP/Q
4408.3919	----其他						
44083919.10	其他饰面用桃花心木单板（厚度≤6毫米）	4	2	0	13	ABFE	MP/Q
44083919.30	其他濒危热带木制饰面用单板（厚度≤6毫米）	4	2	0	13	ABFE	MP/Q
44083919.90	其他热带木饰面用单板（厚度≤6毫米）	4	2	0	13	AB	MP/Q

续表17

税号	商品名称	最惠国税率（%）	进口暂定税率（%）	东盟协定税率（%）	增值/消费税税率（%）	监管证件代码	检验检疫类别
4408.3920	---制胶合板用单板						
44083920.10	其他桃花心木制的胶合板用单板（厚度≤6毫米）	4	1	0	13	ABFE	MP/Q
44083920.20	其他拉敏木制的胶合板用单板（厚度≤6毫米）	4	1	0	13	AB	MP/Q
44083920.30	其他濒危热带木制的胶合板用单板（厚度≤6毫米）	4	1	0	13	ABFE	MP/Q
44083920.90	其他列名热带木制的胶合板用单板（厚度≤6毫米）	4	1	0	13	AB	MP/Q
4408.3990	---其他						
44083990.10	其他桃花心木制的其他单板（厚度≤6毫米）	4	1	0	13	ABFE	MP/Q
44083990.30	其他列名濒危热带木制的其他单板（厚度≤6毫米）	4	1	0	13	ABFE	MP/Q
44083990.90	其他列名的热带木制的其他单板（厚度≤6毫米）	4	1	0	13	AB	MP/Q
	-其他：						
	---饰面用单板：						
4408.9011	----用胶合板等多层板制的						
44089011.10	胶合板多层板制饰面濒危木单板（厚度≤6毫米）	4	1		13	ABFE	MP/Q
44089011.90	胶合板多层板制饰面其他木单板（厚度≤6毫米，针叶木、热带木除外）	4	1		13	AB	MP/Q
4408.9012	----温带非针叶木制						
44089012.10	温带濒危非针叶木制饰面用木单板（厚度≤6毫米，针叶木、热带木除外）	3	1	0	13	ABFE	MP/Q
44089012.90	其他温带非针叶木制饰面用木单板（厚度≤6毫米，针叶木、热带木除外）	3	1	0	13	AB	MP/Q
4408.9013	----竹制						
44089013.10	濒危竹制饰面用单板（厚度≤6毫米）	4	1		13	ABE	MP/Q

续表18

税号	商品名称	最惠国税率（%）	进口暂定税率（%）	东盟协定税率（%）	增值/消费税税率（%）	监管证件代码	检验检疫类别
44089013.90	其他竹制饰面用单板（厚度≤6毫米）	4	1		13	AB	MP/Q
4408.9019	----其他						
44089019.11	家具饰面用濒危木单板（厚度≤6毫米）	3	1	0	13	ABFE	MP/Q
44089019.19	其他家具饰面用单板（厚度≤6毫米）	3	1	0	13	AB	MP/Q
44089019.91	其他饰面用濒危木单板（厚度≤6毫米）	3	1	0	13	ABFE	MP/Q
44089019.99	其他饰面用单板（厚度≤6毫米）	3	1	0	13	AB	MP/Q
	---胶合板用单板：						
4408.9021	----温带非针叶木制						
44089021.10	温带濒危非针叶木制胶合板用单板（厚度≤6毫米）	3	1	0	13	ABFE	MP/Q
44089021.90	其他温带非针叶木制胶合板用单板（厚度≤6毫米）	3	1	0	13	AB	MP/Q
4408.9029	----其他						
44089029.11	其他濒危木制胶合板用旋切单板（厚度≤6毫米）	3	1	0	13	ABFE	MP/Q
44089029.19	其他濒危木制胶合板用其他单板（厚度≤6毫米,旋切单板除外）	3	1	0	13	ABFE	MP/Q
44089029.91	其他木制胶合板用旋切单板（厚度≤6毫米）	3	1	0	13	AB	MP/Q
44089029.99	其他木制胶合板用其他单板（厚度≤6毫米,旋切单板除外）	3	1	0	13	AB	MP/Q
	---其他：						
4408.9091	----温带非针叶木制						
44089091.10	温带濒危非针叶木制其他单板材（经纵锯、刨切或旋切的，厚度≤6毫米）	3	1	0	13	ABFE	MP/Q
44089091.90	温带非针叶木制其他单板材（经纵锯、刨切或旋切的，厚度≤6毫米）	3	1	0	13	AB	MP/Q
4408.9099	----其他						
44089099.10	其他濒危木制的其他单板材（经纵锯、刨切或旋切的，厚度≤6毫米）	3	1	0	13	ABFE	MP/Q

续表19

税号	商品名称	最惠国税率（%）	进口暂定税率（%）	东盟协定税率（%）	增值/消费税税率（%）	监管证件代码	检验检疫类别
44089099.90	其他木材，但针叶木热带木除外（经纵锯、刨切或旋切的，厚度≤6毫米）	3	1	0	13	AB	MP/Q
44.09	任何一边、端或面制成连续形状（舌榫、槽榫、半槽榫、斜角、V形接头、珠榫、缘饰、刨圆及类似形状）的木材（包括未装拼的拼花地板用板条及缘板），不论其任意一边或面是否刨平、砂光或端部接合：						
	- 针叶木：						
4409.1010	---地板条（块）						
44091010.10	一边或面制成连续形状的濒危针叶木制地板条、块（包括未装拼的拼花地板用板条及缘板）	6	2	0	13/5	ABFE	P/Q
44091010.90	一边或面制成连续形状的其他针叶木地板条、块（包括未装拼的拼花地板用板条及缘板）	6	2	0	13/5	AB	P/Q
4409.1090	---其他						
44091090.10	一边或面制成连续形状的濒危针叶木材	6	2	0	13	ABFE	P/Q
44091090.90	其他一边或面制成连续形状的针叶木材	6	2	0	13	AB	P/Q
	- 非针叶木：						
	--竹的：						
4409.2110	---地板条（块）						
44092110.10	一边或面制成连续形状的濒危竹地板条（块）（包括未装拼的拼花竹地板用板条及缘板）	4	1	0	13	ABE	P/Q
44092110.90	一边或面制成连续形状的竹地板条（块）（包括未装拼的拼花竹地板用板条及缘板）	4	1	0	13	AB	P/Q
4409.2190	---其他						
44092190.10	一边或面制成连续形状的其他濒危竹材	4	1	0	13	ABE	P/Q
44092190.90	一边或面制成连续形状的其他竹材	4	1	0	13	AB	P/Q
	--热带木的：						
4409.2210	---地板条（块）						

续表20

税号	商品名称	最惠国税率（%）	进口暂定税率（%）	东盟协定税率（%）	增值/消费税税率（%）	监管证件代码	检验检疫类别
44092210.20	一边或面制成连续形状的桃花心木地板条、块（包括未装拼的桃花心木拼花地板用板条及缘板）	4	1	0	13/5	ABFE	P/Q
44092210.30	一边或面制成连续形状的其他濒危热带木地板条、块（包括未装拼的其他濒危热带木拼花地板用板条及缘板）	4	1	0	13/5	ABFE	P/Q
44092210.90	一边或面制成连续形状的其他热带木地板条、块（包括未装拼的其他热带木拼花地板用板条及缘板）	4	1	0	13/5	AB	P/Q
4409.2290	---其他						
44092290.20	一边或面制成连续形状的桃花心木	4	1	0	13	ABFE	P/Q
44092290.30	一边或面制成连续形状的其他濒危热带木	4	1	0	13	ABFE	P/Q
44092290.90	一边或面制成连续形状的其他热带木	4	1	0	13	AB	P/Q
	--其他：						
4409.2910	---地板条（块）						
44092910.30	一边或面制成连续形状的其他濒危木地板条、块（包括未装拼的其他濒危木拼花地板用板条及缘板）	4	1	0	13/5	ABFE	P/Q
44092910.90	一边或面制成连续形状的其他非针叶木地板条、块（包括未装拼的其他非针叶木拼花地板用板条及缘板）	4	1	0	13/5	AB	P/Q
4409.2990	---其他						
44092990.30	一边或面制成连续形状的其他濒危木	4	1	0	13	ABFE	P/Q
44092990.90	一边或面制成连续形状的其他非针叶木材	4	1	0	13	AB	P/Q
44.10	碎料板、定向刨花板（OSB）及类似板（例如，华夫板），木或其他木质材料制，不论是否用树脂或其他有机黏合剂黏合：						
	- 木制：						
4410.1100	--碎料板	4	1		13	AB	P/Q
4410.1200	--定向刨花板（OSB）	4	2		13	AB	P/Q

续表21

税号	商品名称	最惠国税率（%）	进口暂定税率（%）	东盟协定税率（%）	增值/消费税税率（%）	监管证件代码	检验检疫类别
4410.1900	--其他	4	1		13	AB	P/Q
	- 其他：						
	---碎料板：						
4410.9011	----麦稻秸秆制	6			13	AB	P/Q
4410.9019	----其他	6			13	AB	P/Q
4410.9090	---其他	6			13	AB	P/Q
44.11	木纤维板或其他木质材料纤维板，不论是否用树脂或其他有机黏合剂黏合：						
	- 中密度纤维板（MDF）：						
	--厚度不超过5毫米：						
	---密度超过每立方厘米0.8克：						
4411.1211	----未经机械加工或盖面的	4	1		13	AB	P/Q
4411.1219	----其他	6	1		13	AB	P/Q
	---密度超过每立方厘米0.5克，但未超过每立方厘米0.8克：						
4411.1221	----辐射松制的	4	1		13	AB	P/Q
4411.1229	----其他	4	1		13	AB	P/Q
	---其他：						
4411.1291	----未经机械加工或盖面的	6	1	5	13	AB	P/Q
4411.1299	----其他	4	1		13	AB	P/Q
	--厚度超过5毫米但未超过9毫米：						
	---密度超过每立方厘米0.8克：						
4411.1311	----未经机械加工或盖面的	4	1		13	AB	P/Q
4411.1319	----其他	6	3		13	AB	MP/Q
	---密度超过每立方厘米0.5克，但未超过每立方厘米0.8克：						
4411.1321	----辐射松制的	4	1		13	AB	P/Q
4411.1329	----其他	4	1		13	AB	P/Q
	---其他：						

续表22

税号	商品名称	最惠国税率（%）	进口暂定税率（%）	东盟协定税率（%）	增值/消费税税率（%）	监管证件代码	检验检疫类别
4411.1391	----未经机械加工或盖面的	6	2	5	13	AB	P/Q
4411.1399	----其他	4	1		13	AB	P/Q
	--厚度超过9毫米：						
	---密度超过每立方厘米0.8克：						
4411.1411	----未经机械加工或盖面的	4	1		13	AB	P/Q
4411.1419	----其他	6	3		13	AB	MP/Q
	---密度超过每立方厘米0.5克，但未超过每立方厘米0.8克：						
4411.1421	----辐射松制的	4	1		13	AB	P/Q
4411.1429	----其他	4	1		13	AB	P/Q
	---其他：						
4411.1491	----未经机械加工或盖面的	6	2	5	13	AB	P/Q
4411.1499	----其他	4	1		13	AB	P/Q
	- 其他：						
	--密度超过每立方厘米0.8克：						
4411.9210	---未经机械加工或盖面的	4	1		13	AB	P/Q
4411.9290	---其他	6	2		13	AB	MP/Q
	--密度超过每立方厘米0.5克，但未超过每立方厘米0.8克：						
4411.9310	---辐射松制的	4	1		13	AB	P/Q
4411.9390	---其他	4	1		13	AB	P/Q
	--密度未超过每立方厘米0.5克：						
4411.9410	---密度超过每立方厘米0.35克，但未超过每立方厘米0.5克	6	2	5	13	AB	P/Q
	---密度未超过每立方厘米0.35克：						
4411.9421	----未经机械加工或盖面的	6	2		13	AB	P/Q
4411.9429	----其他	4	1		13	AB	P/Q
44.12	胶合板、单板饰面板及类似的多层板：						
	-竹制的：						

续表23

税号	商品名称	最惠国税率（%）	进口暂定税率（%）	东盟协定税率（%）	增值/消费税税率（%）	监管证件代码	检验检疫类别
	---仅由薄板制的胶合板，每层厚度不超过6毫米：						
4412.1011	----至少有一表层是热带木						
44121011.11	至少有一表层为濒危热带木薄板制濒危竹胶合板（每层厚度≤6毫米）	6	2	5	13	ABFE	MP/Q
44121011.19	至少有一表层为濒危热带木薄板制其他竹胶合板（每层厚度≤6毫米）	6	2	5	13	ABFE	MP/Q
44121011.91	至少有一表层是其他热带木薄板制濒危竹胶合板（每层厚度≤6毫米）	6	2	5	13	ABEF	MP/Q
44121011.99	至少有一表层是其他热带木薄板制其他竹胶合板（每层厚度≤6毫米）	6	2	5	13	AB	MP/Q
4412.1019	----其他						
44121019.11	至少有一表层为濒危非针叶木薄板胶合板（至少有一表层为温带非针叶木制，每层厚度≤6毫米）	4	1		13	ABFE	MP/Q
44121019.19	其他至少有一表层为非针叶木薄板胶合板（至少有一表层为温带非针叶木制，每层厚度≤6毫米）	4	1		13	AB	MP/Q
44121019.21	濒危竹地板层叠胶合而成的多层板（每层厚度≤6毫米）	4	1		13	ABE	MP/Q
44121019.29	其他竹地板层叠胶合而成的多层板（每层厚度≤6毫米）	4	1		13	AB	MP/Q
44121019.91	其他濒危竹胶合板（每层厚度≤6毫米）	4	1		13	ABE	MP/Q
44121019.99	其他竹胶合板（每层厚度≤6毫米）	4	1		13	AB	MP/Q
4412.1020	---其他，至少有一表层是非针叶木						
44121020.11	至少有一表层是濒危非针叶木的濒危竹制多层板（每层厚度≤6毫米）	6	2	5	13	ABFE	MP/Q
44121020.19	至少有一表层是其他非针叶木的其他濒危竹制多层板（每层厚度≤6毫米）	6	2	5	13	ABEF	MP/Q

续表24

税号	商品名称	最惠国税率（%）	进口暂定税率（%）	东盟协定税率（%）	增值/消费税税率（%）	监管证件代码	检验检疫类别
44121020.91	至少有一表层是濒危非针叶木的其他竹制多层板（每层厚度≤6毫米）	6	2	5	13	ABEF	MP/Q
44121020.99	至少有一表层是其他非针叶木的其他竹制多层板（每层厚度≤6毫米）	6	2	5	13	AB	MP/Q
	---其他：						
4412.1091	----至少有一层是热带木						
44121091.10	至少有一层是热带木的濒危竹制多层板	6	2		13	ABEF	MP/Q
44121091.90	至少有一层是热带木的其他竹制多层板	6	2		13	AB	MP/Q
4412.1092	----至少含有一层木碎料板						
44121092.10	至少含有一层木碎料板的濒危竹制多层板	6	2		13	ABEF	MP/Q
44121092.90	至少含有一层木碎料板的其他竹制多层板	6	2		13	AB	MP/Q
4412.1099	----其他						
44121099.10	其他濒危竹制多层板	4	1	0	13	ABE	MP/Q
44121099.90	其他竹制多层板	4	1	0	13	AB	MP/Q
	- 其他仅由薄木板制的胶合板（竹制除外），每层厚度不超过6毫米：						
4412.3100	--至少有一表层是热带木						
44123100.10	至少有一表层为桃花心木薄板制胶合板（每层厚度≤6毫米）	6	2	5	13	ABFE	MP/Q
44123100.20	至少有一表层为拉敏木薄板制胶合板（每层厚度≤6毫米）	6	2	5	13	AB	MP/Q
44123100.30	至少有一表层为濒危热带木薄板制胶合板（每层厚度≤6毫米）	6	2	5	13	ABFE	MP/Q
44123100.90	至少有一表层是其他热带木制的胶合板（每层厚度≤6毫米，竹制除外）	6	2	5	13	AB	MP/Q
4412.3300	--其他，至少有一表层是下列非针叶木：桤木、白蜡木、水青冈木（山毛榉木）、桦木、樱桃木、栗木、榆木、桉木、山核桃、七叶树、椴木、槭木、栎木（橡木）、悬铃木、杨木、刺槐木、鹅掌楸或核桃木						

续表25

税号	商品名称	最惠国税率（%）	进口暂定税率（%）	东盟协定税率（%）	增值/消费税税率（%）	监管证件代码	检验检疫类别
44123300.10	至少有一表层是濒危的下列非针叶木：白蜡木、水青冈木（山毛榉木）、桦木、樱桃木、榆木、椴木、槭木、鹅掌楸木薄板制胶合板（每层厚度≤6毫米，竹制除外）	4	1		13	ABFE	MP/Q
44123300.90	至少有一表层是下列非针叶木：桤木、白蜡木、水青冈木（山毛榉木）、桦木、樱桃木、栗木、榆木、桉木、山核桃、七叶树、椴木、槭木、栎木（橡木）、悬铃木、杨木、刺槐木、鹅掌楸或核桃木薄板制胶合板（每层厚度≤6毫米，竹制除外）	4	1		13	AB	MP/Q
	--其他，至少有一表层为子目4412.33未具体列名的非针叶木：						
4412.3410	---其他，至少有一表层是温带非针叶木（税号4412.3300的非针叶木除外）						
44123410.10	至少有一表层是濒危温带非针叶木薄板制胶合板（每层厚度≤6毫米，竹制除外）	4	1		13	ABEF	MP/Q
44123410.90	至少有一表层是其他温带非针叶木薄板制胶合板（每层厚度≤6毫米，竹制除外）	4	1		13	AB	MP/Q
4412.3490	---其他						
44123490.10	至少有一表层是濒危其他非针叶胶合板（每层厚度≤6毫米，竹制除外）	4	1		13	ABEF	MP/Q
44123490.90	至少有一表层是其他非针叶胶合板（每层厚度≤6毫米，竹制除外）	4	1		13	AB	MP/Q
4412.3900	--其他，上下表层均为针叶木						
44123900.10	其他濒危薄板制胶合板，上下表层均为针叶木（每层厚度≤6毫米，竹制除外）	4	1	0	13	ABFE	MP/Q
44123900.90	其他薄板制胶合板，上下表层均为针叶木（每层厚度≤6毫米，竹制除外）	4	1	0	13	AB	MP/Q
	-其他：						

续表26

税号	商品名称	最惠国税率（%）	进口暂定税率（%）	东盟协定税率（%）	增值/消费税税率（%）	监管证件代码	检验检疫类别
	--木块芯胶合板，侧板条芯胶合板及板条芯胶合板：						
4412.9410	---至少有一表层是非针叶木						
44129410.10	至少有一表层是桃花心木的木块芯胶合板等（还包括侧板条芯胶合板及板条芯胶合板）	6	2	5	13	ABFE	MP/Q
44129410.20	至少有一表层是拉敏木的木块芯胶合板等（还包括侧板条芯胶合板及板条芯胶合板）	6	2	5	13	AB	MP/Q
44129410.30	至少有一表层是濒危热带木的木块芯胶合板等（还包括侧板条芯胶合板及板条芯胶合板）	6	2	5	13	ABFE	MP/Q
44129410.40	至少有一表层是濒危非针叶木的木块芯胶合板等（还包括侧板条芯胶合板及板条芯胶合板）	6	2	5	13	ABFE	MP/Q
44129410.90	至少有一表层是非针叶木的木块芯胶合板等（还包括侧板条芯胶合板及板条芯胶合板）	6	2	5	13	AB	MP/Q
	---其他：						
4412.9491	----至少有一层是热带木						
44129491.10	至少有一层是濒危热带木的针叶木面木块芯胶合板等（还包括侧板条芯胶合板及板条芯胶合板）	6	2		13	ABFE	MP/Q
44129491.90	至少有一层是热带木的针叶木面木块芯胶合板等（还包括侧板条芯胶合板及板条芯胶合板）	6	2		13	AB	MP/Q
4412.9492	----其他，至少含有一层木碎料板						
44129492.10	至少含有一层木碎料板的濒危针叶木面木块芯胶合板等（还包括侧板条芯胶合板及板条芯胶合板）	6	2		13	ABFE	MP/Q
44129492.90	至少含有一层木碎料板的针叶木面木块芯胶合板等（还包括侧板条芯胶合板及板条芯胶合板）	6	2		13	AB	MP/Q
4412.9499	----其他						

续表27

税号	商品名称	最惠国税率（%）	进口暂定税率（%）	东盟协定税率（%）	增值/消费税税率（%）	监管证件代码	检验检疫类别
44129499.10	其他濒危针叶木面木块芯胶合板等（还包括侧板条芯胶合板及板条芯胶合板）	4	1	0	13	ABEF	MP/Q
44129499.90	其他针叶木面木块芯胶合板等（还包括侧板条芯胶合板及板条芯胶合板）	4	1	0	13	AB	MP/Q
	--其他：						
4412.9910	---至少有一表层是非针叶木						
44129910.10	至少有一表层是桃花心木的多层板	6	2	5	13	ABFE	MP/Q
44129910.20	至少有一表层是拉敏木的多层板	6	2	5	13	ABFE	MP/Q
44129910.30	至少有一表层是濒危热带木的多层板	6	2	5	13	ABFE	MP/Q
44129910.40	其他至少有一表层是濒危非针叶木的多层板	6	2	5	13	ABFE	MP/Q
44129910.90	其他至少有一表层是非针叶木的多层板	6	2	5	13	AB	MP/Q
	---其他：						
4412.9991	----至少有一层是热带木						
44129991.10	其他至少有一层是濒危热带木的针叶木面多层板	6	2		13	ABFE	MP/Q
44129991.90	其他至少有一层是热带木的针叶木面多层板	6	2		13	AB	MP/Q
4412.9992	----其他，至少含有一层木碎料板						
44129992.10	其他至少含有一层木碎料板的濒危针叶木面多层板	6	2		13	ABFE	MP/Q
44129992.90	其他至少含有一层木碎料板的针叶木面多层板	6	2		13	AB	MP/Q
4412.9999	----其他						
44129999.10	其他濒危针叶木面多层板	4	1	0	13	ABFE	MP/Q
44129999.90	其他针叶木面多层板	4	1	0	13	AB	MP/Q
44.13	强化木，成块、板、条或异型的：						
4413.0000	强化木，成块、板、条或异型的	6	2	0	13	AB	MP/Q
44.14	木制的画框、相框、镜框及类似品：						
4414.0010	---辐射松制的	7	2		13	AB	P/Q
4414.0090	---其他						

续表28

税号	商品名称	最惠国税率（%）	进口暂定税率（%）	东盟协定税率（%）	增值/消费税税率（%）	监管证件代码	检验检疫类别
44140090.10	拉敏木制画框、相框、镜框及类似品	7			13	ABFE	P/Q
44140090.20	濒危木制画框、相框、镜框及类似品	7			13	ABFE	P/Q
44140090.90	其他木制的画框、相框、镜框及类似品	7			13	AB	P/Q
44.15	包装木箱、木盒、板条箱、圆桶及类似的包装容器；木制电缆卷筒；木托板、箱形托盘及其他装载用木板；木制的托盘护框：						
4415.1000	－箱、盒、板条箱、圆桶及类似的包装容器；电缆卷筒						
44151000.10	拉敏木制木箱及类似包装容器（电缆卷筒）	6	3	0	13	ABFE	P/Q
44151000.20	濒危木制木箱及类似包装容器（电缆卷筒）	6	3	0	13	ABFE	P/Q
44151000.90	木箱及类似的包装容器，电缆卷筒	6	3	0	13	AB	P/Q
	－木托板、箱形托盘及其他装载用木板；木制的托盘护框：						
4415.2010	---辐射松制的	6	2	5	13	AB	P/Q
4415.2090	---其他						
44152090.10	拉敏木托板、箱形托盘及装载木板（包括拉敏木制托盘护框）	6	3	5	13	AB	P/Q
44152090.20	濒危木托板、箱形托盘及装载木板（包括濒危木制托盘护框）	6	3	5	13	ABFE	P/Q
44152090.90	其他木制托板、箱形托盘及其他装载木板（包括其他木制托盘护框）	6	3	5	13	AB	P/Q
44.16	木制大桶、琵琶桶、盆和其他木制箍桶及其零件，包括桶板：						
4416.0010	---辐射松制的	12	5		13	AB	P/Q
4416.0090	---其他						
44160090.10	拉敏木制大桶、琵琶桶、盆和其他箍桶及其零件（包括拉敏木制桶板）	12			13	ABFE	P/Q
44160090.20	濒危木制大桶、琵琶桶、盆和其他箍桶及其零件（包括濒危木制桶板）	12			13	ABFE	P/Q

续表29

税号	商品名称	最惠国税率（%）	进口暂定税率（%）	东盟协定税率（%）	增值/消费税税率（%）	监管证件代码	检验检疫类别
44160090.90	其他木制大桶、琵琶桶、盆和其他箍桶及其零件（包括其他木制桶板）	12			13	AB	P/Q
44.17	木制的工具、工具支架、工具柄、扫帚及刷子的身及柄；木制鞋靴楦及楦头：						
4417.0010	---辐射松制的	12	5		13	AB	P/Q
4417.0090	---其他						
44170090.10	拉敏木制工具、工具支架、工具柄、扫帚及刷子的身及柄（包括拉敏木制鞋靴楦及楦头）	12			13	ABFE	P/Q
44170090.20	濒危木制工具、工具支架、工具柄、扫帚及刷子的身及柄（包括濒危木制鞋靴楦及楦头）	12			13	ABFE	P/Q
44170090.90	其他木制工具、工具支架、工具柄、扫帚及刷子的身及柄（包括其他木制鞋靴楦及楦头）	12			13	AB	P/Q
44.18	建筑用木工制品，包括蜂窝结构木镶板、已装拼的地板、木瓦及盖屋板：						
	- 窗、法兰西式（落地）窗及其框架：						
4418.1010	---辐射松制的	4	1		13	AB	LP/Q
4418.1090	---其他						
44181090.10	拉敏木制木窗、落地窗及其框架	4			13	ABFE	LP/Q
44181090.20	濒危木制木窗、落地窗及其框架	4			13	ABFE	LP/Q
44181090.90	其他木制木窗、落地窗及其框架	4			13	AB	LP/Q
4418.2000	- 门及其框架和门槛						
44182000.10	拉敏木制的木门及其框架和门槛	4	1	0	13	ABFE	P/Q
44182000.20	濒危木制的木门及其框架和门槛	4	1	0	13	ABFE	P/Q
44182000.90	木门及其框架和门槛	4	1	0	13	AB	LP/Q
4418.4000	- 水泥构件的模板	4	1	0	13	AB	P/Q
4418.5000	- 木瓦及盖屋板	6	2	0	13	AB	P/Q
4418.6000	- 柱和梁						
44186000.10	濒危木制柱和梁	4	1	0	13	FEAB	P/Q
44186000.90	其他木制柱和梁	4	1	0	13	AB	P/Q
	- 已装拼的地板：						
	--竹的或至少顶层（耐磨层）是竹的：						

续表30

税号	商品名称	最惠国税率（%）	进口暂定税率（%）	东盟协定税率（%）	增值/消费税税率（%）	监管证件代码	检验检疫类别
4418.7310	---马赛克地板用	4	1	0	13	AB	P/Q
4418.7320	---其他，竹制多层的	4	1	0	13	AB	P/Q
4418.7390	---其他	4	1	0	13	AB	P/Q
4418.7400	--其他，马赛克地板用						
44187400.10	已装拼的拉敏木制马赛克地板	4	1	0	13	ABFE	P/Q
44187400.20	已装拼的其他濒危木制马赛克地板	4	1	0	13	ABFE	P/Q
44187400.90	已装拼的其他木制马赛克地板	4	1	0	13	AB	P/Q
4418.7500	--其他，多层的						
44187500.10	已装拼的拉敏木制多层地板	4	1	0	13	ABFE	P/Q
44187500.20	已装拼的其他濒危木制多层地板	4	1	0	13	ABFE	P/Q
44187500.90	已装拼的其他木制多层地板	4	1	0	13	AB	P/Q
4418.7900	--其他						
44187900.10	已装拼的拉敏木制其他地板	4	1	0	13	ABFE	P/Q
44187900.20	已装拼的其他濒危木制地板	4	1	0	13	ABFE	P/Q
44187900.90	已装拼的木制其他地板	4	1	0	13	AB	P/Q
	- 其他：						
4418.9100	--竹的						
44189100.10	濒危竹制其他建筑用木工制品（包括蜂窝结构的木镶板）	4	1	0	13	ABE	P/Q
44189100.90	其他竹制其他建筑用木工制品（包括蜂窝结构的木镶板）	4	1	0	13	AB	P/Q
4418.9900	--其他						
44189900.10	拉敏木制其他建筑用木工制品（包括蜂窝结构的木镶板）	4	1	0	13	FEAB	P/Q
44189900.20	濒危木制其他建筑用木工制品（包括蜂窝结构的木镶板）	4	1	0	13	FEAB	P/Q
44189900.90	其他建筑用木工制品（包括蜂窝结构的木镶板）	4	1	0	13	AB	P/Q
44.19	木制餐具及厨房用具：						

续表31

税号	商品名称	最惠国税率（%）	进口暂定税率（%）	东盟协定税率（%）	增值/消费税税率（%）	监管证件代码	检验检疫类别
	－竹的：						
4419.1100	－－切面包板、砧板及类似板	0			13	AB	PR/Q
	－－筷子：						
4419.1210	－－－一次性筷子						
44191210.10	酸竹制一次性筷子	0			13	ABE	PR/Q
44191210.90	其他竹制一次性筷子	0			13	AB	PR/Q
4419.1290	－－－其他	0			13	AB	PR/Q
4419.1900	－－其他	0			13	AB	PR/Q
	－其他：						
4419.9010	－－－一次性筷子	0			13/5	AB	P/Q
4419.9090	－－－其他						
44199090.10	拉敏木制的其他餐具及厨房用具	0			13	FEAB	PR/Q
44199090.20	濒危木制的其他餐具及厨房用具	0			13	FEAB	PR/Q
44199090.90	其他木制其他餐具及厨房用具	0			13	AB	PR/Q
44.20	镶嵌木（包括细工镶嵌木）；装珠宝或刀具用的木制盒子和小匣子及类似品；木制小雕像及其他装饰品；第九十四章以外的木制家具：						
	－木制小雕像及其他装饰品：						
	－－－木刻及竹刻：						
4420.1011	－－－－木刻						
44201011.20	濒危木制的木刻	0			13	FEAB	P/Q
44201011.90	其他木刻	0			13	AB	P/Q
4420.1012	－－－－竹刻	0			13	AB	P/Q
4420.1020	－－－木扇						
44201020.20	濒危木制的木扇	0			13	FEAB	P/Q
44201020.90	木扇	0			13	AB	P/Q
4420.1090	－－－其他						
44201090.30	沉香木及拟沉香木制其他小雕像及其他装饰品	0			13	FEAB	P/Q

续表32

税号	商品名称	最惠国税率（%）	进口暂定税率（%）	东盟协定税率（%）	增值/消费税税率（%）	监管证件代码	检验检疫类别
44201090.40	其他濒危木制其他小雕像及其他装饰品	0			13	FEAB	P/Q
44201090.90	其他木制小雕像及其他装饰品	0			13	AB	P/Q
	－其他：						
4420.9010	---镶嵌木						
44209010.10	拉敏木制的镶嵌木	0			13	FEAB	P/Q
44209010.20	濒危木制的镶嵌木	0			13	FEAB	P/Q
44209010.90	镶嵌木	0			13	AB	P/Q
4420.9090	---其他						
44209090.10	拉敏木盒及类似品，非落地式木家具（前者用于装珠宝或家具，后者不包括第九十四章的家具）	0			13	FEAB	P/Q
44209090.20	濒危木盒及类似品，非落地式木家具（前者用于装珠宝或家具，后者不包括第九十四章的家具）	0			13	FEAB	P/Q
44209090.90	木盒子及类似品，非落地式木家具（前者用于装珠宝或家具，后者不包括第九十四章的家具）	0			13	AB	P/Q
44.21	其他木制品：						
4421.1000	－衣架						
44211000.10	拉敏木制木衣架	0			13	AB	P/Q
44211000.20	濒危木制木衣架	0			13	FEAB	P/Q
44211000.90	木衣架	0			13	AB	P/Q
	－其他：						
	--竹的：						
4421.9110	---圆签、圆棒、冰果棒、压舌片及类似一次性制品						
44219110.10	酸竹制圆签、圆棒、冰果棒、压舌片及类似一次性制品	0			13	ABE	P/Q

续表33

税号	商品名称	最惠国税率(%)	进口暂定税率(%)	东盟协定税率(%)	增值/消费税税率(%)	监管证件代码	检验检疫类别
44219110.90	其他竹制圆签、圆棒、冰果棒、压舌片及类似一次性制品	0			13	AB	P/Q
4421.9190	---其他						
44219190.10	其他未列名的濒危竹制品	0			13	FEAB	P/Q
44219190.90	其他未列名的竹制品	0			13	AB	P/Q
	--其他：						
4421.9910	---木制圆签、圆棒、冰果棒、压舌片及类似一次性制品						
44219910.10	拉敏木制圆签、圆棒、冰果棒、压舌片及类似一次性制品	0			13	FEAB	P/Q
44219910.20	濒危木制圆签、圆棒、冰果棒、压舌片及类似一次性制品	0			13	FEAB	P/Q
44219910.90	其他木制圆签、圆棒、冰果棒、压舌片及类似一次性制品	0			13	AB	P/Q
4421.9990	---其他						
44219990.10	拉敏木制的未列名的木制品	0			13	FEAB	P/Q
44219990.20	濒危木制的未列名的木制品	0			13	FEAB	P/Q
44219990.90	未列名的木制品	0			13	AB	P/Q

[注1] 4-出口许可证；8-禁止出口商品；9-禁止进口商品；A-检验检疫；B-电子底账；E-濒危物种允许出口证明书；F-濒危物种允许进口证明书；x-出口许可证（加工贸易）；y-出口许可证（边境小额贸易）。

[注2] L-民用商品入境验证；M-进口商品检验；P-进境动植物、动植物产品检疫；Q-出境动植物、动植物产品检疫；R-进口食品卫生监督检验。

附录二 热带木清单

引导名称	学　名	地方名[注]
梨状卡林玉蕊 （Abarco）	*Cariniana pyriformis* Miers.	委内瑞拉 Bacu
帽柱木 （Abura）	*Hallea ciliata* Leroy （Syn. *Mitragyna ciliata* Aubr. & Pellegr.） *Hallea rubrostipulata* F. Leroy （Syn. *Mitragyna rubrostipulata* Harv.） *Hallea stipulosa* O. Kuntze （Syn. *Mitragyna stipulosa* O. Ktze）	安哥拉 Mivuku 喀麦隆 Elolom 刚果 Vuku 科特迪瓦 Bahia 赤道几内亚 Elelon 加蓬 Elelom Nzam 加纳 Subaha 尼日利亚 Abura 塞拉利昂 Mboi 乌干达 Nzingu 刚果民主共和国 Mvuku 赞比亚 Nzingu 法国 Bahia
相思木 （Acacia）	*Acacia auriculiformis* A. Cunn. ex Benth. *Acacia mangium* Willd.	澳大利亚 Black Wattle, Brown Salwood 印度尼西亚 Mangge Hutan, Tongke Hutan 马来西亚 Kayu Safoda 巴布亚新几内亚 Arr 泰国 Kra Thin Tepa 英国 *Brown Salwood, Black Wattle* 美国 *Brown Salwood, Black Wattle*

续表1

引导名称	学　名	地方名
卡雅楝 (Acajou d'Afrique)	*Khaya* spp. *Khaya ivorensis* A. Chev. (Syn. *Khaya klainei* Pierre ex A. Chev.)	安哥拉 Undia Nunu 喀麦隆 N'Gollon 科特迪瓦 Acajou Bassam 赤道几内亚 Caoba del Galón 加蓬 Zaminguila 加纳 Takoradi Mahogany 尼日利亚 Ogwango 法国 *Acajou Bassam* 德国 *Khaya Mahagoni* 英国 *African Mahogany*
	Khaya anthotheca C. DC.	安哥拉 N'Dola 喀麦隆 Mangona 刚果 N'Dola 科特迪瓦 Acajou Blanc, Acajou Krala 加纳 Ahafo 乌干达 Munyama 法国 *Acajou Blanc* 德国 *Khaya Mahagoni*
	Khaya grandifoliola C. DC.	科特迪瓦 Acajou à Grandes Feuilles 尼日利亚 Akuk, Benin Mahogany 乌干达 Eri Kire 法国 *Acajou à Grandes Feuilles* 英国 *Heavy African Mahogany*
重蜡烛木 (Adjouaba)	*Dacryodes klaineana* (Pierre) H. J. Lam (Syn. *Pahylobus deliciosa* Pellegr.)	刚果民主共和国 Mouenqueri 刚果 Safukala 加蓬 Assia, Igaganga, Ossabel
铁青木 (Afina)	*Strombosia glaucescens* Engl. *Strombosia pustulata* Oliv.	科特迪瓦 Poe 尼日利亚 Itako, Otingbo
美木豆 (Afrormosia)	*Pericopsis elata* Van Meeuwen (Syn. *Afrormosia elata* Harms)	喀麦隆 Obang 中非共和国 Obang 科特迪瓦 Assamela 加纳 Kokrodua 刚果民主共和国 Ole, Bohala, Mohole 法国 *Assamela, Oleo Pardo*

续表2

引导名称	学　名	地方名
非洲橄榄 （Aielé）	*Canarium schweinfurtii* Engl.	安哥拉 M'bili 喀麦隆 Abel 中非共和国 Gberi 刚果 M'bili 加蓬 Abeul, Ovili 加纳 Bediwunua, Eyere 赤道几内亚 Abe 尼日利亚 Elemi 乌干达 Mwafu 刚果民主共和国 Bidikala, M'bidikala 塞拉利昂 Billi 英国 *Canarium*
二型（雄蕊）苏木 （Aiéouéko）	*Dimorphandra* spp.	
热非椴 （Akak）	*Duboscia viridiflora* (K. Schum.) Mildbr.	
箭毒木 （Ako）	*Antiaris toxicaria* subsp. *africana* (Engl.) C.C.Berg (Syn. *Antiaris africana* Engl.) *Antiaris toxicaria* subsp. *welwitschii* (Engl.) C.C.Berg. (Syn. *Antiaris welwitschii* Engl.)	安哥拉 Sansama 科特迪瓦 Ako, Akede 加纳 Chenchen, Kyenkyen 尼日利亚 Oro, Ogiovu 坦桑尼亚 Mlulu, Mkuzu 乌干达 Kirundu, Mumaka 刚果民主共和国 Bonkonko, Bonkongo 德国 *Antiaris* 英国 *Antiaris*
斯科大风子 （Akossika）	*Scottellia* spp. *Scottellia coriacea* A. Chev.	喀麦隆 Ngobisolo 中非共和国 Kelembicho 加蓬 Bilogh-Bi-Nkele 加纳 Koroko, Kruku 利比里亚 Korokon 尼日利亚 Odoko 德国 *Odoko* 意大利 *Odoko* 英国 *Odoko*
沙捞越娑罗双 （Alan）	*Shorea albida* Sym.	马来西亚 Alan-Batu, Red Selangan, Meraka, Selangan Merah, Alan-Paya

续表3

引导名称	学 名	地方名
德斯木 （Alep）	*Desbordesia glaucescens* A. Chev. ex Hutch. & Dalziel	喀麦隆 Omang 刚果 Benga 加蓬 Alep 尼日利亚 Kowo 刚果民主共和国 Benga
苦木裂榄 （Almácigo）	*Bursera simaruba* (L.) Sarg.	南美洲 Almácigo, Almácigo Blanco, Chacaj Chaca-Jiote, Desnudo, Gumo-Limbo, Indio Desnudo, Indo Desnudo, Jiñocuave 法国 Bois d'encens, Chiboue, Chique, Gommier blanc 英国 Gum tree, Mexican White Beach, Turpentine Tree, West Indian Birch
对生叶塔拉豆 （Almendrillo）	*Taralea oppositifolia* Aubl. （Syn. *Coumarouna oppositifolia* (Willd.) Taub.）	南美洲 Cumaru Rana, Shihuahuaco, Tarala
热非豆 （Alumbi）	*Julbernardia seretii* Troupin （Syn. *Berlinia seretii* De Wild.）	
帕氏饱食桑 （Amapa）	*Brosimum parinarioides* Ducke	巴西 Amapá Doce
龟纹木棉 （Amapola）	*Pseudobombax ellipticum* (Kunth) Dugand	
翅子树 （Amberoi）	*Pterocymbium beccarii* K. Schum.	印度尼西亚 Kelumbuk, Papita 马来西亚 Melembu, Teluto, Keluak 缅甸 Sawbya 菲律宾 Taluto 泰国 Oi-chang, Po-ikeng, Po-kradang
圭亚那饱食桑木 （Amourette）	*Brosimum guianense* (Aubl.) Huber	法属圭亚那 Lettre Mouchete, Mourette 秘鲁 Cashiba Playa, Waira Caspi 苏里南 Belokoro, Peni-Paia, Poevinga 委内瑞拉 Palo de Oro 英国 Snakewood

续表4

引导名称	学 名	地方名
甘蓝豆 （Andira）	*Andira* spp.	巴西 Acapurana, Almendo de Rio, Andira Uchi, Angelim 哥伦比亚 Congo 厄瓜多尔 Moton 法属圭亚那 Saint Martin Rouge 圭亚那 Bat Seed, Koraro 墨西哥 Maquilla 秘鲁 Quinillo Colorado 苏里南 Rode Kabbes 特立尼达和多巴哥共和国 Angelin 委内瑞拉 Sarrapio Montanero
蟹木楝 （Andiroba）	*Carapa guianensis* Aubl. *Carapa procera* DC.	巴西 Andiroba, Carapa, Andirobeira, Andiroba Branca, Andiroba Vermelha 哥伦比亚 Masabalo, Mazabalo 哥斯达黎加 Cedro Bateo, Cedro Macho 厄瓜多尔 Tangare, Figueroa 圭亚那 Crabwood 法属圭亚那 Carapa 洪都拉斯 Bastard Mahogany, Cedro Macho 巴拿马 Cedro Bateo, Cedro Macho 苏里南 Krappa 特立尼达和多巴哥共和国 Crappo 委内瑞拉 Carapa, Masabalo
单瓣豆木 （Andoung）	*Monopetalanthus* spp. *Monopetalanthus coriaceus* Morel *Monopetalanthus durandii* Hallé & Normand *Monopetalanthus hedinii* (A. Chev.) Aubrev. *Monopetalanthus heitzii* Pellegr. *Monopetalanthus letestui* Pellegr.	加蓬 Andjung, Andoung de heitz, Ekop, Ekop-mayo, N'Douma, Zoele
膜瓣豆 （Angelim）	*Hymenolobium* spp.	巴西 Angelim Amarelo, Angelim da Mata, Angelim Pedra, Angelim Rosa, Mirarena, Sapupira Amarella 法属圭亚那 Saint Martin Gris, Saint Martin Jaune 苏里南 Makkakabes, Saandoe
大理石豆木 （Angelim rajado）	*Marmaroxylon racemosum* (Ducke) Killip.	巴西 Angelim Rajado, Ingarana da Terra Firma, Ingarana 法属圭亚那 Bois Serpent 圭亚那 Snakewood 苏里南 Bostamarinde Sneki Oedoe

续表5

引导名称	学　名	地方名
异味豆 (Angelim vermelho)	*Dinizia excelsa* Ducke	巴西 Angelim Falso, Angelim Ferro, Angelim Pedra, Faveira Grande, Faveira Preta, Gurupa 圭亚那 Parakwa
西非铁青木 (Angueuk)	*Ongokea gore* Pierre	喀麦隆 Andjek, Angueuk 科特迪瓦 Kouero 加蓬 Andjek, Angueuk 刚果民主共和国 Boleko
阿林山榄 (Aniégré)(Aningré)	*Aningeria* spp. *Aningeria robusta* Aubr. & Pellegr. *Aningeria altissima* Aubr. & Pellegr. (Syn. *Sideroxylon altissimum* Hutch. & Dalz.) *Pouteria superba* A.Chev. (Syn. *Aningeria superba* A. Chev. Syn. *Malacantha superba* Verm.) *Chrysophyllum giganteum* A.Chev (Syn. *Gambeyobotrys gigantea* (A. Chev.) Aubrev.)	安哥拉 Mukali, Kali 中非共和国 M'Boul 刚果 Mukali, N'Kali 科特迪瓦 Aningueri blanc, Aniegre 埃塞俄比亚 Kararo 肯尼亚 Muna, Mukangu 尼日利亚 Landojan 乌干达 Osan 刚果民主共和国 Tutu 德国 Aningré-Tanganyika Nuss 意大利 Tanganyika Nuss 英国 Aningeria
长籽山榄 (Apobeaou)	*Breviea leptosperma* (Baehni) Heine	
刺片豆 (Araribà)	*Centrolobium* spp.	巴西 Ararauba, Ararauva 哥伦比亚 Guayacan Hobo, Balaustre 厄瓜多尔 Amarillo Guayaquil 巴拿马 Amarillo Guayaquil 巴拉圭 Morosimo 委内瑞拉 Balaustre, Guayacan Hobo
圭亚那瓦泰豆 (Arisauro)	*Vatairea guianensis* Aubl.	巴西 Amargoso, Gele Kabbes, Inkassa, Yonko
大果龙骨豆 (Aromata)	*Clathrotropis macrocarpa* Ducke	南美洲 Alma negra, Cabari, Sapan, Timbo Pau, Timbo Rana

续表6

引导名称	学　名	地方名
沙箱大戟木 （Assacù）	*Hura crepitans* L.	玻利维亚 Ochoco 巴西 Assacu 哥伦比亚 Ceiba Lechosa 厄瓜多尔 Habillo 圭亚那 Sandbox 法属圭亚那 Bois du Diable, Sablier 秘鲁 Catahua 苏里南 Possentrie, Possum, Ura Wood 委内瑞拉 Ceiba Habillo, Jabillo 美国 Possumwood
奥氏土密木 （Assas）	*Bridelia aubrevillei* Pellegr.	
杜花楝 （Avodiré）	*Turraeanthus africana* Pellegr.	科特迪瓦 Avodiré 加纳 Apapaye 利比里亚 Blimah-Pu 尼日利亚 Apaya 刚果民主共和国 M'Fube, Lusamba 比利时 *Lusamba*
赛鞋木豆 （Awoura）	*Julbernardia pellegriniana* Troupin（Syn. *Paraberlinia bifoliolata* Pellegr.）	喀麦隆 Ekop-Beli 加蓬 Awoura, Beli 法国 *Zebrali* 德国 *Zebrali*
白梧桐 （Ayous）（Obéché）	*Triplochiton scleroxylon* K. Schum.	喀麦隆 Ayous 中非共和国 M'Bado 科特迪瓦 Samba 赤道几内亚 Ayus 加纳 Wawa 尼日利亚 Arere, Obeche 法国 *Samba* 德国 *Abachi* 英国 *Wawa* 美国 *Obeche or Samba*

续表7

引导名称	学　名	地方名
翼红铁木 （Azobé）	*Lophira alata* Banks ex Gaertn. （Syn. *Lophira procera* A. Chev.）	喀麦隆 Bongossi 刚果 Bonkolé 科特迪瓦 Azobé 赤道几内亚 Akoga 加蓬 Akoga 加纳 Kaku 尼日利亚 Ekki, Eba 塞拉利昂 Hendui 德国 *Bonkole, Bongossi* 英国 *Ekki*
金叶木 （Balata pomme）	*Chrysophyllum sanguinolentum*（Pierre）Baehni	南美洲 Assopokballi, Balata Pommier, Balata Saignant, Barataballi, Bois Cochon, Suitiamini
重红娑罗双 （Balau red）	*Shorea* spp. *Shorea balangeran*（Korth.）Burck *Shorea collina* Ridl. *Shorea guiso* Blume *Shorea inaequilateralis* Sym. *Shorea kunstleri* King *Shorea ochrophloia* Strugnell ex Desch.	印度尼西亚 Belangeran, Balau Merah 马来西亚 Balau Laut Merah, Damar Laut Merah, Balau Membatu, Balau Merah, Red Selangan Batu, Membatu, Seri, Selangan Batu Merah, Seraya Sirup, Selangan Batu No. 1, Sengawan, Semayur, Empenit-Meraka 菲律宾 Guijo, Gisok 泰国 Makata, Chankhau 德国 *Red Balau* 英国 *Red Balau*
重黄娑罗双 （Balau yellow）	*Shorea* spp. *Shorea argentea* C.F.C. Fisher *Shorea atrinervosa* Sym. *Shorea balangeran*（Korth.）Burck *Shorea barbata* Brandis *Shorea ciliata* King *Shorea exelliptica* W. Meijer *Shorea foxworthyi* Sym. *Shorea gisok* Foxw. *Shorea glauca* King *Shorea laevis* Ridl. *Shorea laevifolia*（Parijs.）Endert *Shorea materialis* Ridl. *Shorea maxwelliana* King *Shorea obtusa* Wall. ex Blume *Shorea roxburghii* G. Don *Shorea seminis* V. Sl. *Shorea submontana* Sym. *Shorea sumatrana* Sym. *Shorea scrobiculata* Burck *Shorea superba* Sym.	印度 Sal 印度尼西亚 Bangkirai, Agelam, Benuas, Brunas, Selangan batu, Kumus, Kedawang, Pooti 马来西亚 Damar laut Kumus, Sengkawan Darat, Balau Kumus, Balau Simantok, Selangan Batu No. 1, Selangan Batu No.2 缅甸 Thitya 菲律宾 Yakal, Gisok, Malaykal 泰国 Chan, Ak or Aek, Pa-Yom Dong 德国 *Balau* 英国 *Balau, Selangan Batu*

续表8

引导名称	学　名	地方名
轻木 （Balsa）	*Ochroma lagopus* Sw. *Ochroma pyramidale* (Cav. ex Lam.) Urb.	玻利维亚 Tami 巴西 Pau de Balsa 哥伦比亚 Lanu 中美洲 Balsa 厄瓜多尔 Balsa 圣萨尔瓦多 Algodon 危地马拉 Lanilla 洪都拉斯 Guano, Balsa 尼加拉瓜 Gatillo 秘鲁 Balsa, Topa, Palo de Balsa 特立尼达和多巴哥共和国 Bois flot 委内瑞拉 Balso
香脂木豆 （Balsamo）	*Myroxylon balsamum* Harms.	墨西哥 Arbol del Bálsamo, Bálsamo, Bálsamo de Perú o de Tolu 秘鲁 Myroxylon 法国 Baumier du Pérou
钝棱豆木 （Banga-wanga）	*Amblygonocarpus andongensis* Exell & Torre (Syn. *Amblygonocarpus obtusangulus* (Oliv.) Harms)	
芳香垂冠木棉 （Baromalli）	*Catostemma fragrans* Benth.	南美洲 Baramalli, Baraman, Baramanni, Flambeau Rouge, Kajoewaballi
双柱苏木 （Basralocus）	*Dicorynia guianensis* Amshoff & Vouacapoua	巴西 Angelica do Para, Tapainuna 法属圭亚那 Angelique 苏里南 Basralokus, Barakaroeballi
南洋楹 （Batai）	*Paraserianthes falcataria* (L.) I. C.Nielsen (Syn. *Albizia falcataria* (L.) Fosberg)	菲律宾 Falcata, Moluccan sau 印度尼西亚 Jeungjing, Sengon laut, Sikat 马来西亚 Batai, Kayu machis, Puah 英国 Indonesiana albizia
尚氏象耳豆 （Batibatra）	*Enterolobium schomburgkii* Benth.	巴西 Batibatra, Fava de Rosca, Fava Orelha de Macaco, Fava Orelha de Negro, Timbauba, Timborana 法属圭亚那 Acacia Franc, Bougou Bati Batra 苏里南 Tamaren Prokoni
苏门答腊八果木 （Benuang）	*Octomeles sumatrana* Miq.	印度尼西亚 Benuang, Binuang Bini, Winuang 巴布亚新几内亚 Erima, Irima, Ilimo 菲律宾 Binuang
曼森梧桐 （Bété）（Mansonia）	*Mansonia altissima* A. Chev.	喀麦隆 Koul 科特迪瓦 Bété 加纳 Aprono 尼日利亚 Ofun

续表9

引导名称	学　名	地方名
重黄胆木 (Bilinga)	*Nauclea diderrichii* Merr. (Syn. *Sarcocephalus diderrichii* De Wild. Syn. *Nauclea trillesii* Merr.) *Nauclea xanthoxylon* (A. Chev.) Aubrév. (Syn. *Sarcocephalus xanthoxylon* A. Chev.) *Nauclea gilletii* De Wild. Merr.	安哥拉 Engolo 贝宁 Opepe 喀麦隆 Akondoc 中非共和国 Kilu 刚果 Linzi, Mokesse, N'Gulu-Maza 科特迪瓦 Badi 刚果民主共和国 Bonkingu, N'Gulu-Maza 赤道几内亚 Aloma 加纳 Kusia 加蓬 Bilinga 尼日利亚 Opepe 塞拉利昂 Bundui 乌干达 Kilingi 德国 *Aloma* 英国 *Opepe*
坤甸铁樟木 (Billian)	*Eusideroxylon zwageri* Teijsm. & Binn.	印度尼西亚 Onglen, Un 菲律宾 Tambulian
海棠木 (Bintangor)	*Calophyllum* spp.	印度尼西亚 Bintangur 马达加斯加 Vintanina 马来西亚 Bintangor, Penaga 缅甸 Sultan Champa 新喀里多尼亚 Tamanou 巴布亚新几内亚 Calophyllum 菲律宾 Bansanghal, Vutalau 所罗门群岛 Koila 斯里兰卡 Domba-Gass 泰国 Poon 越南 Cong, Mu-u 瓦努阿图 Tamanou
比蒂山榄 (Bitis)	*Madhuca* spp.	东南亚 Belian, Betis
克莱小红树 (Bodioa)	*Anopyxis klaineana* Pierre ex Engl. (Syn. *Anopyxis ealaensis* (De Wild) Sprague)	
安尼樟 (Bois rose femelle)	*Aniba rosaeodora* Ducke (Syn. *Aniba duckei* Kosterm.)	巴西 Pau-Rosa

续表10

引导名称	学名	地方名
软短盖豆 (Bomanga)	*Brachystegia laurentii* Louis. *Brachystegia mildbraedii* Harms (Syn. *Brachystegia nzang* Pellegr.) *Brachystegia zenkeri* Harms	喀麦隆 Ekop-Evene, Ekop-Leke 刚果 Bomanga 刚果民主共和国 Bomanga, Nzang 加蓬 Yegna 法国 *Ariella* 英国 *Ariella*
白驼峰楝木 (Bossé clair)	*Guarea cedrata* Pellegr. *Guarea laurentii* De Wild.	科特迪瓦 Bossé 加纳 Kwabohoro 尼日利亚 Obobo Nofua 刚果民主共和国 Bosasa 德国 *Bossé* 英国 Scented Guarea
黑驼峰楝木 (Bossé foncé)	*Guarea thompsonii* Sprague & Hutch.	科特迪瓦 Mutigbanaye 肯尼亚 Bolon 尼日利亚 Obobo Nekwi 刚果民主共和国 Diampi 德国 *Diampi* 英国 Black Guarea
滨玉蕊 (Botong)	*Barringtonia asiatica* (L.) Kurz.	东南亚 Fish Poison Tree, Sea Poison Tree
特拉榄木 (Breu-sucuruba)	*Trattinickia* spp.	巴西 Amesclão, Breu Preto, Mangue, Morcegueira, Ulu
古夷苏木 (Bubinga)	*Guibourtia* spp. *Guibourtia demeusei* (Harms) J. Léon. *Guibourtia pellegriniana* J. Léon. *Guibourtia tessmannii* (Harms) J. Léon.	喀麦隆 Essingang 加蓬 Buvenga 英国 *Kevasingo*
平地姜饼木 (Burada)	*Parinari campestris* Aubl.	巴西 Parinari 法属圭亚那 Fongouti Koko, Gaulette Blanc, Gris-Gris Blanc 圭亚那 Broad-Leaved Burada, Burada, Candlewood, Kupisini, Mahaicaballi, Makarai, Wamuk, Wamuku 苏里南 Behoerada, Foengoe, Koebesini 委内瑞拉 Guaray, Merecurillo
缅甸黄檀 (Burmese Ebony)	*Diospyros burmanica* Kurz.	缅甸 Burmese Ebony, Hpunmang, Maimakho-Ling, Mia-Mate-Si, Te
奥氏黄檀 (Burmese Rosewood)	*Dalbergia oliveri* Gamble ex Prain	缅甸 Ching-Chan, Ket-Daeng

续表11

引导名称	学　名	地方名
热非藤黄木 （Busehi）	*Lebrunia bushaie* Staner	
多叶脂果豆 （Cabreùva）	*Myrocarpus frondosus* Allem.	南美洲 Cabreùva Parda, Ibirà, Incienso, Oleo de Caboreiba, Oleo de Macaco, Oleo Pardo, Pagé, Payò
卡林玉蕊 （Cachimbo）	*Cariniana decandra* Ducke	
轴独蕊 （Cambara）（Jaboty）	*Erisma* spp. *Erisma uncinatum* Warm.	巴西 Quarubarana, Jaboty, Cedrinho, Cambara, Quarubatinga, Quaruba, Vermelha 法属圭亚那 Jaboty, Manonti Kouali, Felli Kouali 秘鲁 Cambara 苏里南 Singri-Kwari 委内瑞拉 Mureillo 德国 Cambara
破布木 （Canalete）	*Cordia* spp.	阿根廷 Loro Negro 巴西 Louro Pardo 哥伦比亚 Canalete 古巴 Anacahuite, Baria 墨西哥 Amapa Asta, Bocote, Cupane, Siricote 委内瑞拉 Canalete
尼克樟属（绿心樟属） （Canelo）	*Nectandra* spp. *Ocotea* spp.	巴西 Louro Louro Branco, Louro Inhamui 中美洲 Aguacatillo Laurel 哥伦比亚 Amarillo Laurel 厄瓜多尔 Canelo Amarillo, Jigua Amarillo Tinchi 法属圭亚那 Cedre Apici 圭亚那 Kereti-Silverballi 秘鲁 Moena Amarilla 苏里南 Pisi 特立尼达和多巴哥共和国 Laurier 委内瑞拉 Laurel
安尼樟 （Canelón）	*Aniba guianensis* Aubl.	
麦粉饱食桑 （Capomo）	*Brosimum alicastrum* Sw.	南美洲 Charo, Ramón
高腰果木 （Caracoli）	*Anacardium excelsum* Skeels	巴西 Caju Assu, Caju da Matta 哥伦比亚 Caracoli 厄瓜多尔 Maranon 尼加拉瓜 Espavel 委内瑞拉 Caracoli

续表12

引导名称	学 名	地方名
栗油果木 (Castanheiro Para)	*Bertholletia excelsa* Humb. & Bonpl.	巴西 Castanha-do-Brasil, Castanha-do Pará, Castanheira 哥伦比亚 Canstana do Brasil, Canstana do Pará, Castaña, Castanha-do-Maranhao, Nuez del Brasil 法国 *Châtaigne du brésil, Noix du brésil Noix du pará* 英国 *Brazil nut, Butter nut, Cream nut, Para nut*
锥木 (Castanopsis)	*Castanopsis* spp.	
巴西海木 (Catiguà)	*Trichilia catigua* A. Juss.	
脂苏木 (Cativo)	*Prioria copaifera* Griseb.	哥伦比亚 Cativo, Trementino Amasamujer Copachu 哥斯达黎加 Cativo, Camibar 巴拿马 Cativo 委内瑞拉 Muramo, Curucai
洋椿 (Cedro)	*Cedrela* spp. *Cedrela angustifolia* DC. (Syn. *Cedrela lilloi* C. de Candolle) *Cedrela fissilis* Vell. *Cedrela odorata* L.	巴西 Cedro 法属圭亚那 Cedrat, Cedro 圭亚那 Red Cedar 洪都拉斯 Cedro, Cigarbox 苏里南 Ceder
(圭亚那) 塔皮漆木 (Cedroi)	*Tapirira* spp. *Tapirira guianensis* Aubl.	圭亚那 Warimia
朴木 (Celtis d'Afrique) (Diania, Ohia)	*Celtis* spp. *Celtis adolfi-friderici* Engl. *Celtis brieyi* De Wild. *Celtis gomphophylla* Baker (Syn. *Celtis durandii* Engl.) *Celtis mildbraedii* Engl. *Celtis tessmannii* Rendle *Celtis zenkeri* Engl.	贝宁 Bawe 喀麦隆 Odou, Odou Vrai 中非共和国 Balze 刚果民主共和国 Bolunde, Diania, Kayombo 刚果 Edou, Kiliakamba 科特迪瓦 Asan, Ba, Lohonfe 加蓬 Engo 加纳 Celtis, Esa-Kokoo, Esa-Kosua 肯尼亚 Shiunza 利比里亚 Lokonfi 尼日利亚 Dunki, Ita, Zuwo 乌干达 Ekembe-Bakaswa, Namanuka 德国 *Celtis* 英国 *Red-Fruited White- Stinkwood*
巴西良木豆 (Cerejeira)	*Amburana cearensis* (Allemão) A. C. Sm.	阿根廷 Roble Criollo, Roble del País, Roble, Palo Trébol, Trébol 玻利维亚 Roble Americano 巴西 Amburana, Cerejeira, Cumarú de Cheiro, Umburana 巴拉圭 Trébol 秘鲁 Ishipingo, Sorioco

续表13

引导名称	学 名	地方名
白兰 (Champak)	*Michelia* spp. (Syn. *Magnolia* spp.)	缅甸 Saga, Sagawa, Sanga 菲律宾 Hangilo, Sandit
黑毒漆木 (Checham)	*Metopium brownei* Roxb.	中美洲和南美洲 Caribbean Rose wood Black Poison-wood
新棒果香 (Chengal)	*Balanocarpus heimii* King.	印度尼西亚 Penak-Bunga, Penak-Sabut, Penak-Tembaga 马来西亚 Chengal 泰国 Takian Chan
苹婆 (Chicha/Xixa)	*Sterculia* spp. *Sterculia apetala* (Jacq.) Karst.	玻利维亚 Mani 巴西 Achicha, Chicha, Tacacazeiro 哥伦比亚 Camajura 古巴 Anacaguita 厄瓜多尔 Cacao de Mote, Sapote, Saput, Zapote 法属圭亚那 Kobe 圭亚那 Maho 墨西哥 Bellota, Chiapas 秘鲁 Huarmi-Caspi, Zapote Silvestre 波多黎各 Anacaguita 苏里南 Jahoballi, Kobehe, Okro-Oedoe 特立尼达和多巴哥共和国 Mahoe 委内瑞拉 Camoruco, Mayagua, Sunsun
微凹黄檀 (Cocobolo)	*Dalbergia retusa* Hemsl.	
考姆安尼樟 (Comino Crespo)	*Aniba perutilis* Hemsl.	玻利维亚 Coto, Coto Piquiante 巴西 Laurel Amarelo, Pau Rosa 哥伦比亚 Aceite de Palo, Caparrapi, Chachajo, Comino, Comino Canelo, Comino Real, Laurel Comino, Punte 秘鲁 Comino, Ishpingo Chico, Moena Amarilla, Muena Negro 英国 Keriti
莱特山榄 (Congotali)	*Letestua durissima* Lecomte	刚果 Congotali 加蓬 Kong-Afane
香脂树 (Copaiba)	*Copaifera* spp.	阿根廷 Timbo-y-Ata 巴西 Copaibarana, Copahyba 哥伦比亚 Canime, Copaiba 巴拿马 Cabino Blanco, Camiba 委内瑞拉 Cabimo, Palo de Aceite

续表14

引导名称	学 名	地方名
非洲破布木 (Cordia d'Afrique)	*Cordia* spp. *Cordia africana* Lam. (Syn. *Cordia abyssinica* R. Br. Syn. *Cordia holstii* Gürke ex Engl.) *Cordia millenii* Baker *Cordia platythyrsa* Baker	喀麦隆 Ebais, Ebe 中非共和国 Sumba 刚果 Makobokobo, Mringamringa, Mringaringa, Mukumari 埃塞俄比亚 Auhi, Awhi, Ekhi 加蓬 Ebais, Ebe 尼日利亚 Omo 乌干达 Mukebu 英国 *African Cordia, East African cordia, Large-leafed cordia, Sudan teak*
柯拉铁青木 (Coula)	*Coula edulis* Baill.	
蟹木楝 (Crabwood d'Afrique)	*Carapa* spp. *Carapa grandiflora* Sprague	科特迪瓦 Alla, Dona 加纳 Bete, Krupi 利比里亚 Toon-kor-dah 尼日利亚 Agogo 塞拉利昂 Gobi, Kowi 乌干达 Mujogo, Mutongana 美国 *African Crabwood* 英国 *African Crabwood*
阔变豆木 (Cristobal granadillo)	*Platymiscium pleiostachyum* Donn. Sm.	南美洲 Jacaranda do brejo
二翅豆 (Cumaru)	*Dipteryx* spp.	玻利维亚 Almendrillo 巴西 Cumaru, Cumaru Ferro, Cumarurana 哥伦比亚 Sarrapia 圭亚那 Kumaru, Tonka Bean 法属圭亚那 Gaiac de Cayenne, Tonka 洪都拉斯 Ebo 秘鲁 Charapilla, Shihuahuaco Amarillo 苏里南 Koemaroe, Tonka 委内瑞拉 Sarrapia
光毛药树 (Cupiuba)	*Goupia glabra* Aubl.	巴西 Cachaceiro, Copiuva, Cupiuba 哥伦比亚 Chaquiro, Saino, Sapino 法属圭亚那 Goupi 圭亚那 Copi, Kabukalli 秘鲁 Capricornia 苏里南 Koepi 委内瑞拉 Congrio Blanco 英国 *Kabulalli*
蛇状柯拉豆 (Curupay)	*Anadenanthera colubrina* (Vell.) Brenan	南美洲 Angico, Cebil, Huilco, Vilca, Wilco

续表15

引导名称	学　名	地方名
腺瘤豆 （Dabéma）	*Piptadeniastrum africanum* Brenan （Syn. *Piptadenia africana* Hook. f.）	喀麦隆 Atui 刚果 N'Singa 科特迪瓦 Dabema 赤道几内亚 Tom 加蓬 Toum 加纳 Dahoma 利比里亚 Mbeli 尼日利亚 Agboin, Ekhimi 乌干达 Mpewere 塞拉利昂 Mbele, Guli 刚果民主共和国 Bokungu, Likundu 英国 *Dahoma, Ekhimi*
虎斑楝 （Dibétou）	*Lovoa* spp. *Lovoa brownii* Sprague *Lovoa swynnertonii* Baker f. *Lovoa trichilioides* Harms （Syn. *Lovoa klaineana* Pierre）	喀麦隆 Bibolo 科特迪瓦 Dibétou 赤道几内亚 Nivero, Embero 加蓬 Eyan 加纳 Dubini-Biri, Mpengwa 肯尼亚 Mukongoro Mukusu 尼日利亚 Apopo, Sida 塞拉利昂 Anamenila 刚果民主共和国 Wnaimei Lifaki-Maindu, Bombulu 乌干达 Nkoba 法国 *Noyer d'Afrique, Noyer du Gabon* 英国 *African Walnut, Tigerwood* 美国 *Tigerwood, Uganda Walnut Congowood*
乳白桑木 （Difou）	*Morus lactea* Mildbr. *Morus mesozygia* Stapf	葡萄牙 *Chocobondo* 法国 *Mûrier du Sénégal* 英国 *East African mulberry, African mulberry, Uganda mulberry*
蒜皮苏木 （Divida）	*Scorodophloeus zenkeri* Harms	
铁刀木 （Djohar）	*Senna siamea*（Lam.）H.S.Irwin & Barneby. （Syn. *Cassia siamea*（Lam.）H.S.Irwin & Barneby）	东南亚 Bombay Blackwood, Iron Wood, Kassod Tree, Siamese Senna, Thailand Shower, Yellow Cassia 法国 *Casse de Siam*

续表16

引导名称	学　名	地方名
猴子果 (Douka) (Makoré)	*Tieghemella* spp. *Tieghemella africana* Pierre (Syn. *Dumoria africana* Dubard) *Tieghemella heckelii* Pierre ex Dubard (Syn. *Mimusops heckelii* Hutch. & Dalz.)	科特迪瓦 Makoré 加纳 Baku, Abacu 赤道几内亚 Okola 加蓬 Douka
缅茄木 (Doussié)	*Afzelia africana* Smith *Afzelia pachyloba* Eggeling & Dale *Afzelia bipindensis* Harms (Syn. *Afzelia bella* Harms) *Afzelia cuanzensis* Oliv.	安哥拉 N'kokongo Uvala 喀麦隆 M'Banga, Doussié 刚果 N'Kokongo 科特迪瓦 Lingue, Azodau 加纳 Papao 莫桑比克 Mussacossa, Chanfuta 尼日利亚 Apa, Aligna 塞内加尔 Lingue 塞拉利昂 Kpendei 坦桑尼亚 Mkora, Mbembakofi 刚果民主共和国 Bolengu 德国 *Afzelia* 葡萄牙 *Chafuta* 英国 *Afzelia* 美国 *Afzelia*
药用紫檀 (Drago)	*Pterocarpus officinalis* Jacq.	南美洲 Lagunero, Pallo de Poyo, Sangre, Sangre de Drago, Sangrillo 法国 *Mangle-médaille, Mangle-rivière Palétuvier* 英国 *Sang-dragon Blood-wood, Dragon's-blood*
八宝木 (Duabanga)	*Duabanga grandiflora* (Roxb. ex DC.) Walpers	印度 Lampati Ramdala 印度尼西亚 Kalam 马来西亚 Magas, Magaswith, Phay-Sung, Tagahas 缅甸 Myaukngo 巴布亚新几内亚 Duabanga 菲律宾 Loktob 泰国 Linkwai 越南 Phay
簇生胶竹桃木 (Dukali)	*Parahancornia fasciculata* (Poir.) Benoist	
杜里木棉 (Durian)	*Durio* spp.	印度尼西亚 Durian 马来西亚 Apa-Apa, Bengang, Durian, Durian Isa, Punggai 法国 *Durion* 英国 *Durian*

续表17

引导名称	学　名	地方名
乌木 （Ebène d'Afrique） （Ebène Madagascar）	*Diospyros* spp. *Diospyros crassiflora* Hiern. （Syn. *Diospyros evila* Pierre ex A. Chev.） *Diospyros perrieri* Jum.	贝宁 Cubaga, Ebène 喀麦隆 Epinde-pinde, Mavini, Mevini, Ndou 中非共和国 Bingo, Ngoubou 刚果 Mopini 赤道几内亚 Ébano 加蓬 Evila 尼日利亚 Abokpo, Kanran, Nyareti Osibin 德国 Afrikanisches Ebenholz 英国 African ebony, Madagascar ebony
乌木 （Ebène noire d'Asie）	*Diospyros ebenum* J. Koen. *Diosyros vera* (Lour.) A.Chev. （Syn. *Diospyros ferrea* Willd.） *Diospyros melanoxylon* Roxb. *Diospyros mollis* Griff. *Diospyros mun* A.Chev. & Lecomte	
乌木 （Ebène veinée d'Asie）	*Diospyros celebica* Bakh. *Diospyros marmorata* R.Park. *Diospyros rumphii* Bakh.	
鞋木 （Ebiara）	*Berlinia bracteosa* Benth. *Berlinia confusa* Hoyle. *Berlinia grandiflora* Hutch. & Delz.	安哥拉 M'possa 贝宁 Bagbe 喀麦隆 Abem, Essabem 刚果 M'Possa 刚果民主共和国 M'Possa 科特迪瓦 Melegba, Pocouli 加蓬 Ebiara 加纳 Berlinia 尼日利亚 Ekpogoi 塞拉利昂 Sarkpei 德国 Berlinia 英国 Berlinia
四鞋木 （Ekaba）	*Tetraberlinia* spp. *Tetraberlinia bifoliolata* (Harms) Hauman （Syn. *Berlinia bifoliolata* Harms） *Tetraberlinia tubmaniana* J. León.	喀麦隆 Ekop-Ribi 刚果 Eko-Andoung 赤道几内亚 Ekop 加蓬 Ekop-Andoung 利比里亚 Hoh, Sikon 德国 Ekop 荷兰 Ekop 西班牙 Ekaban 英国 Tetraberlinia

续表18

引导名称	学　名	地方名
凹果豆蔻 (Ekoune)	*Coelocaryon preussii* Warb.	喀麦隆 Nom Eteng 中非共和国 Kolomeko 刚果 Kikubi-Lomba 刚果民主共和国 Lomba-Kumbi 赤道几内亚 Ekoune, Ekun 加蓬 Ekoune, Ekun 尼日利亚 Egbenrin
灯架木 (Emien)	*Alstonia boonei* De Wild. *Alstonia congensis* Engl. (Syn. *Alstonia gilletii* De Wild.)	尼日利亚 Awun, Egbu 乌干达 Mubajangalabi, Mujua, Mukoge, Musoga 英国 Alstonia, Pattern wood, Stool wood
乔蓖麻 (Essessang)	*Ricinodendron* spp. *Ricinodendron africanum* Müll. Arg. *Ricinodendron heudelotii* Pierre ex Henckel *Ricinodendron rautanenii* Schinz.	贝宁 Muawa 刚果 Erimado 科特迪瓦 Erimado 加纳 Erimado 莫桑比克 Muawa 多哥 Erimado 英国 African Nut Tree, African Wood, African Wood-Oil Nut Tree, Cork Wood
大果皮特玉蕊 (Essia)	*Petersianthus macrocarpus* Liben (Syn. *Petersia africana* Welw.)	英国 Esia
非洲斜柱戟木 (Essoula)	*Plagiostyles africana* Prain ex De Wild.	
香脂树 (Etimoé)	*Copaifera mildbraedii* Harms *Copaifera salikounda* Heckel	贝宁 Akpaflo 喀麦隆 Essak 中非共和国 Bilombi 刚果 Yama 科特迪瓦 Etimoé 刚果民主共和国 Bofelele 加蓬 Andem-Evine 加纳 Entedua 尼日利亚 Ovbialeke
克莱木 (Eveuss)	*Klainedoxa buesgenii* Engl. *Klainedoxa gabonensis* Pierre ex Engl.	喀麦隆 Ngon 中非共和国 Oboro 刚果 Kuma-kuma 科特迪瓦 Kroma 刚果民主共和国 Ikele, Kuma-kuma 赤道几内亚 Eves 加蓬 Eveuss 加纳 Kruma 尼日利亚 Odudu

续表19

引导名称	学　名	地方名
厚叶牡荆木 （Evino）	*Vitex ciliata* Pellegr. *Vitex pachyphylla* Baker	
厚腔苏木 （Eyek）	*Pachyelasma tessmannii* Harms	
黄苹婆 （Eyong）	*Eribroma oblongum* Pierre ex A. Chev. （Syn. *Sterculia oblonga* Masters）	喀麦隆 Bongele, Eyong 中非共和国 Bongo 科特迪瓦 Bi 赤道几内亚 N'Chong, N'Zong 加蓬 N'Chong, N'Zong 加纳 Ohaa 尼日利亚 Okoko 英国 White Sterculia, Yellow Sterculia
摘亚木 （Eyoum）	*Dialium* spp. *Dialium bipindense* Harms. *Dialium dinklagei* Harms. *Dialium aubrevillei* Pellegr. *Dialium pachyphyllum* Harms.	喀麦隆 Mfang, M'Fan 刚果 Penzi 科特迪瓦 Afambeou, Kofina 加蓬 Eyoum, Omvong 几内亚比绍 Pau Veludo 利比里亚 Ciania, Gbelle-Flu, Gia Kaba 莫桑比克 Ziba 刚果民主共和国 Bongola, Kasudu
西非苏木 （Faro）	*Daniellia* spp. *Daniellia klainei* Pierre *Daniellia ogea* Rolfe *Daniellia thurifera* Bennet	贝宁 Jatin 喀麦隆 Nsou 刚果 Singa N'Dola 科特迪瓦 Faro 刚果民主共和国 Bolengu 赤道几内亚 N'Su 加蓬 Lonlaviol 加纳 Ogea 尼日利亚 Oziya 塞拉利昂 Gnessi 德国 Daniellia 英国 Ogea
多叶球花豆 （Faveira）	*Parkia multijuga* Benth.	巴西 Fava Araba Tucupi, Fava Bolota, Faveira, Parica, Visgueiro 哥伦比亚 Huarango, Rayo 厄瓜多尔 Tangama 法属圭亚那 Dodomissinga, Kouatakaman 圭亚那 Black Manariballi, Ipanai, Uya 秘鲁 Goma Pashaco 苏里南 Kwatakama 委内瑞拉 Cascaron

续表20

引导名称	学 名	地方名
巴西瓦泰豆 (Faveira Amargosa)	*Vatairea paraensis* Ducke	巴西 Angelim Amargoso, Aracuy, Fava Amarela, Fava Amargosa, Faveria Amarela, Faveira Amargosa, Faveria Bolacha 哥伦比亚 Guerra, Maqui 圭亚那 Arisauro, Bastard Purpleheart, Bauwau 法属圭亚那 Inkassa, Yongo 洪都拉斯 Amargo 巴拿马 Amargo 秘鲁 Mari-Mari, Marupa del Bajo 苏里南 Arisoeroe, Gele Kabbes, Geli-Kabissi
苹婆木 (Fijian Sterculia)	*Sterculia vitiensis* Seem.	大洋洲 Waciwaci
科特迪瓦榄仁 (Framiré)	*Terminalia ivorensis* A. Chev.	喀麦隆 Lidia 科特迪瓦 Framiré 加纳 Emeri 利比里亚 Baji 尼日利亚 Idigbo, Black Afara 塞拉利昂 Baji 英国 Idigbo
蓼木 (Formigueiro)	*Triplaris cumingiana* Fisch. & C. A.Mey. (Syn. *Triplaris guayaquilensis* Wedd.)	厄瓜多尔 Fernansanchez
亚马孙破布木 (Freijo)	*Cordia goeldiana* Hub.	巴西 Freijo Frei-Jorge
吉贝 (Fuma) (Fromager)	*Ceiba pentandra* (L.) Gaertn. (Syn. *Ceiba thonningii* A. Chev. Syn. *Bombax pentandrum* L.)	喀麦隆 Doum 刚果 Fuma 科特迪瓦 Enia, Fromager 加纳 Onyina 利比里亚 Ghe 尼日利亚 Okha, Araba 塞拉利昂 Ngwe, Banda 刚果民主共和国 Fuma 法国 *Fromager* 德国 *Ceiba* 英国 *Ceiba*

续表21

引导名称	学 名	地方名
愈疮木 (Gaiac)	*Guaiacum* spp.	墨西哥 Palo Santo, Guayacancillo 委内瑞拉 Guayacán 法国 *Gaiac* 德国 *Mexiko-Pockholz* 荷兰 *Pockhout* 西班牙 *Guayacán* 英国 *Guaiacum Wood*
南美洲蒺藜木 (Galacwood)	*Bulnesia sarmientoi* Lorentz ex Griseb.	
白背安尼樟 (Gale Silverballi)	*Aniba hypoglauca* Sandwith (Syn. *Aniba ovalifolia* Mez.)	南美洲 Gale Silverballi, Garl, Kawioi, Kurero Shiruaballi, Kurero Silverballi, Moena Puchiri, Silverballi, Yellow Silverballi, Yellow Sweetwood
裂瓣苏木 (Gavilan)	*Schizolobium amazonicum* Huber ex Ducke	Pashaco, Pino Chuncho
翅果欧热胡桃 (Gavilán Blanco)	*Oreomunnea pterocarpa* Oerst.	
轻黄牛木 (Geronggang)	*Cratoxylum arborescens* (Vahl) Bl. *Cratoxylum arborescens* var. *miquelli* King *Cratoxylum glaucum* Korth. *Cratoxylum lingustrinum* Bl. *Cratoxylum polyanthum* Korth.	印度尼西亚 Gerunggang Mapat Mulu Selunus 马来西亚 Gonggang Serungan
赛罗双 (Gerutu)	*Parashorea densiflora* Slooten & Sym. *Parashorea lucida* (Miq.) Kurz *Parashorea parvifolia* Wyatt-Smith ex P.S.Ashton *Parashorea smythiesii* Wyatt-Smith ex P.S.Ashton	印度 Tavoy Wood 印度尼西亚 White Meranti 老挝 Mai Hao 马来西亚 Gerutu, Gerutu Pasir, Heavy White Seraya, Meranti Gerutu, Meruyun, Urat Mata Batu, Urat Mata Bukit, Urat Mata Daun Kechil 泰国 Khai Khieo
赛油楠 (Gheombi)	*Sindoropsis letestui* (Pellegr.) J. Léon. (Syn. *Copaifera letestui* Pellegr.)	喀麦隆 Lumbandjii 加蓬 Gheombi, Ngom
黄山榄 (Goiabao)	*Chrysophyllum lucentifolium* Cronquist (Syn. *Planchonella pachycarpa* Pires Syn. *Pouteria pachycarpa* Pires Syn. *Syzygiopsis pachycarpa* Ducke)	巴西 Abiu Casca, Abiurana, Abiurana Amarela, Abiurana Goiaba, Goiabao, Goyabao

续表22

引导名称	学　名	地方名
（重）代德苏木 （Gombé）	*Didelotia africana* Baill. *Didelotia idae* Oldem., de Wit & Léon. *Didelotia letouzeyi* Pellegr.	喀麦隆 Ekop-Gombe, Gombe 科特迪瓦 Broutou 加蓬 Angok 利比里亚 Bondu 塞拉利昂 Timba
绿心木 （Greenheart）	*Chlorocardium rodiei* (Schomb.) Rohwer, H.G.Richt. & van der Werff	巴西 Bibiru, Itauba Branca 圭亚那 Bibiru, Demerara, Greenheart 苏里南 Beeberoe Groenhart Sipiroe 委内瑞拉 Viruviru
东非黑黄檀 （Grenadille d'Afrique）	*Dalbergia melanoxylon* Gutif. & Perr.	乍得 Tabum 刚果民主共和国 Kafundula 埃塞俄比亚 Zobbi, Zebe 肯尼亚 Kikwaju, Mpingo, Poyi 纳米比亚及南非 Driedoring Ebbehout, Mokelete, Sebrahout, Swartdriedoring, Umbambangwe 乌干达 Motangu 赞比亚 Chinsale, Kasalusalu, Mfwankomo, Mkelete, Mkumudwe, Msalu, Mukelete, Musonkomo 津巴布韦 Murwiti, Pulupulu 英国 African blackwood, African ebony, Mugembe, Poyi
里卡木 （Grigri）	*Licania* spp.	巴西 Anauerá, Caraipé, Turiuva 哥伦比亚 Carbonero 哥斯达黎加 Zapote 圭亚那 Kautaballi, Konoko 墨西哥 Zapote 秘鲁 Carbonero, Zapote 委内瑞拉 Carbonero
西印度箬棕 （Guágara）	*Sabal mauritiiformis* Griseb. & H. Wendl.	南美洲 Catarata, Palma Amarga, Palma de Guagara, Palma de Vaca, Palmiche
克拉桑 （Guariuba）	*Clarisia racemosa* Ruiz. & Pav.	玻利维亚 Murure 巴西 Guariuba, Oiticica Amarela, Oiticica da Mata 哥伦比亚 Aji, Guariuba 厄瓜多尔 Mata Palo, Moral Bobo, Pituca 秘鲁 Capinuri, Guariuba, Murere, Turupay Amarillo
护卫豆 （Haiari）	*Alexa* spp.	巴西 Melancieira 圭亚那 Haiariballi 苏里南 Nekoe-Oedoe

续表23

引导名称	学　名	地方名
心叶水黄棉 (Hard Alstonia) (Pulaï)	*Haldina cordifolia* (Roxb.) Ridsdale (Syn. *Adina cordifolia* (Roxb.) Hook. f.)	柬埔寨 Khvao, Kwao 印度 Haldu 印度尼西亚 Lasi 老挝 Thom 马来西亚 Meraga 缅甸 Hnaw 菲律宾 Adina, Haldu 斯里兰卡 Kolon 泰国 Kwao, Tong Lueang 越南 Gao-Vang
灯架木 (Hard Alstonia) (Pulaï)	*Alstonia angustiloba* Miq. *Alstonia macrophylla* Wall. ex G. Don. *Alstonia spatulata* Bl. *Alstonia scholaris* (L.) R. Br. *Alstonia pneumatophora* Back. ex Den Berger	印度尼西亚 Pulai, Sepati 马来西亚 Pulai 缅甸 Letok, Sega 巴布亚新几内亚 White Cheese Wood, Mike Wood 菲律宾 Dita 泰国 Thia 越南 Mo-Cua 澳大利亚 White Cheese Wood, Mike Wood 印度 *Chaitanwood, Chatian* 英国 *Pagoda Tree, Patternwood*
橡胶木 (Hevea)	*Hevea brasiliensis* (Willd. ex A. Juss.) Müll.Arg.	巴西 Mapalapa, Seringa, Seringueira 圭亚那 Hatti 马来西亚 Hevea Wood 秘鲁 Jeve, Shirenga 泰国 Rubber Tree 委内瑞拉 Arbol de Caucho 英国 *Para Rubber Tree* 美国 *Rubber Wood*
亚马孙光亮蔓薛 (Higuerilla)	*Micandra spruceana* (Baill.) R. Shultes	哥伦比亚 Reventillo, Yetcha 秘鲁 Carapacho, Higuerilla Negra, Shiringa Masha 委内瑞拉 Cunuri
阿巴豆 (Huruasa)	*Abarema jupunba* (Willd.) Britton & Killip	圭亚那 Ingarana, Tento Azul

续表24

引导名称	学　名	地方名
锈合欢 （Iatandza）	*Albizia angolensis* Welw. *Albizia ferruginea* Benth.	安哥拉 Zanzangue 贝宁 Agla Nyinfun 喀麦隆 Evouvous 刚果 Sifou-Sifou 科特迪瓦 Yatanza 加蓬 Iatandza 加纳 Awiemfo-Samina, Okuro 利比里亚 Musase 尼日利亚 Ayinre-Ogo 乌干达 Mugavu, Nongo 刚果民主共和国 Elongwamba, Okuru 英国 West African Albizia
双翼苏木 （Ibirù Pytâ）	*Peltophorum dubium* (Spreng.) Taub (Syn. *Peltophorum vogelianum* Benth.)	阿根廷 Canafístula 巴西 Guarucaia 巴拉圭 Yvyrapyta
单叶单链豆 （Idewa）	*Haplormosia monophylla* Harms	利比里亚 Black Gum, Liberian Black Gum
蜡烛木 （Igaganga）	*Dacryodes igaganga* Aubr. & Pell.	
安哥拉丛花树 （Ilomba）	*Pycnanthus angolensis* (Welw.) Warb. (Syn. *Pycnanthus kombo* Baill.) Warb.	安哥拉 Ilomba 喀麦隆 Eteng 刚果 Ilomba 科特迪瓦 Walélé 赤道几内亚 Calabo 加蓬 Eteng 加纳 Otié 尼日利亚 Akomu 塞拉利昂 Kpoyéi 刚果民主共和国 Lolako, Lejonclo
细孔绿心樟 （Imbuia）	*Ocotea porosa* Barosso (Syn. *Phoebe porosa* (Nees & Mart.) Mez.)	巴西 Canela, Imbuia, Embuia 南美洲 Laurel 英国 Brazilian Walnut 美国 Imbuya, Brazilian Walnut

续表25

引导名称	学　名	地方名
因加豆 (Inga)	*Inga* spp.	阿根廷 Inga 巴西 Inga, Ingazeira, Inga-Chi-Chi, Inga-Chi-Chica 法属圭亚那 Bois Pagode, Bougouni, Lebi Oueko, Oueko 圭亚那 Kurang, Kwari, Kwarye, Maporokon, Yokar 洪都拉斯 Guama 秘鲁 Shimbillo 苏里南 Abonkini, Prokonie
钝叶娑罗双 (Ingyin)	*Pentacme siamensis* (Miq.) Kurz	
巴圭马钱木 (Inyak)	*Antonia ovata* Pohl	
重蚁木 (Ipé)	*Handroanthus heptaphyllus* (Vell.) Mattos (Syn. *Tabebuia ipe* (Mart.) Standl.) *Handroanthus capitatus* (Bur & K. Schum) Sanwith (Syn. *Tabebuia capitata* Sandw.) *Handroanthus serratifolius* (Vahl) S. O.Grose (Syn. *Tabebuia serratifolia* Nichols) *Handroanthus impetiginosus* (Mart. ex DC.) Mattos (Syn. *Tabebuia impetiginosa* (Mart.) Standl.)	阿根廷 Lapacho 玻利维亚 Ipé, Lapacho, Tajibo 巴西 Ipé, Ipé Roxo, Pau d'Arco 中美洲 Amapa, Prieta, Cortez, Guayacan, Cortés 哥伦比亚 Canaguate, Polvillo, Roble Morado 法属圭亚那 Ebene verte 圭亚那 Hakia, Ironwood 巴拉圭 Lapacho Negro 秘鲁 Tahuari Negro, Ebano Verde 苏里南 Groenhart 特立尼达和多巴哥共和国 Poui, Yellow Poui 委内瑞拉 Acapro, Araguaney
绿柄桑 (Iroko)	*Milicia* spp. *Milicia excelsa* C.C. Berg (Syn. *Chlorophora excelsa* (Welw.) Benth.) *Milicia regia* C.C. Berg (Syn. *Chlorophora regia* A. Chev.)	安哥拉 Moreira 喀麦隆 Abang 刚果 Kambala 科特迪瓦 Iroko 东非 Mvuli, Mvule 赤道几内亚 Abang 加蓬 Abang, Mandji 加纳 Odum 利比里亚 Semli 莫桑比克 Tule Mufula 尼日利亚 Iroko 塞拉利昂 Semli 刚果民主共和国 Lusanga, Molundu, Mokongo 比利时 Kambala

续表26

引导名称	学　名	地方名
热美樟 (Itaùba)	*Mezilaurus* spp.	巴西 Louro Itauba 法属圭亚那 Taoub Jaune 苏里南 Kaneelhout
特斯金莲木 (Izombé)	*Testulea gabonensis* Pellegr.	喀麦隆 Rone 刚果 N'Gwaki 加蓬 Ake, Akewe, Izombe, N'Komi
巴西海棠木 (Jacareuba)	*Calophyllum brasiliense* Cambess.	巴西 Árbol de santa María, Calophylle du Brésil, Guanandi, Maria, Santa Maria
孪叶苏木 (Jatoba)	*Hymenaea courbaril* L.	巴西 Jatobá 法属圭亚那 Gomme Animée, Pois Confiture 中美洲和南美洲、加勒比海 Algarrobo, Algarrobo de la Antillas, Algarrobo das Antilhas, Azucar, Cuapinol, Curbaril, Guapinol, Huayo, Jataí, Jutaby 苏里南 Rode Lokus 英国 Brazilian Cherry, Brazilian Copal, Cayenne Copal, Copal, Demarara Copal, Kerosene Tree, Stinking Toe, Latin American Locust, West Indian Locust
夹竹桃木 (Jelutong)	*Dyera costulata* Hook. f. *Dyera polyphylla* (Miq.) Steenis (Syn. *Dyera lowii* Hook. f.)	印度尼西亚 Jelutong, Djelutong, Melabuwai 马来西亚 Jelutong, Andjaroetoeng, Letoeng, Pantoeng, Jelutong Bukit, Jelutong Paya 新加坡 Red and/or White Jelutong
卡林玉蕊 (Jequitiba)	*Cariniana legalis* O. Ktze (Syn. *Cariniana brasiliensis* Casar.) *Allantoma integrifolia* (Ducke) S. A.Mori (Syn. *Cariniana integrifolia* Ducke)	玻利维亚 Yesquero 巴西 Jequitiba, Jequitiba Branco, Jequitiba Rosa, Jequitiba Vermelho, Estopeiro
拉美驼峰楝 (Jito)	*Guarea guidonia* (L.) Sleumer (Syn. *Guarea guara* (Jacq.) P. Wils. Syn. *Guarea trichilioides* L.)	
钟康木 (Jongkong)	*Dactylocladus stenostachys* Oliv.	印度尼西亚 Mentibu, Sampinur 马来西亚 Medang-Tabak, Jongkong, Medang, Merubong
斯沃铁豆木 (Jorori)	*Swartzia jorori* Harms	
牛角拉美君木 (Jùraco)	*Bucida buceras* L.	墨西哥、中美洲和南美洲 Black Olive, Bois Gris-Gris, Bois Margot, Gregre, Júcaro, Oxhorn Bucida, Ucar
苞芽树 (Kabok)	*Irvingia malayana* Oliv. ex A. Benn.	马来西亚 Pau Kijang 泰国 Kabok 英国 Wild Almond

269

续表27

引导名称	学名	地方名
团花木 (Kadam)	*Neolamarckia* spp. *Neolamarckia cadamba* (Roxb.) Bosser (Syn. *Anthocephalus cadamba* (Roxb.) Miq.) *Neolamarckia macrophylla* (Roxb.) Bosser (Syn. *Anthocephalus macrophyllus* (Kuntze) Havil.)	印度尼西亚 Jabon, Kelempajan 马来西亚 Kalempayn Kelampo, Kelepayan, Ludai, Kelempayan 缅甸 Mau, Yemau, Maukadon, Mau-Lettan-She 菲律宾 Kaatoan Bangkal
琼楠木 (Kanda) (Kanda brun, Kanda rose)	*Beilschmiedia* spp. *Beilschmiedia congolana* Robyns & Wilczek *Beilschmiedia gaboonensis* Benth. & Hook. *Beilschmiedia hutchinsoniana* Robyns & Wilczek *Beilschmiedia letouzeyi* Robyns & Wilczek *Beilschmiedia mannii* Robyns & Wilczek *Beilschmiedia oblongifolia* Robyns & Wilczek	喀麦隆 Kanda 中非共和国 Bonzale 科特迪瓦 Bitehi 加蓬 Nkonengu 坦桑尼亚 Mfimbo
西非木棉 (Kapokier)	*Bombax buonopozense* P. Beauv. (Syn. *Bombax flammeum* Ulbr.)	
冰片香木 (Kapur)	*Dryobalanops* spp. *Dryobalanops sumatrensis* (J.F. Gmel.) Kosterm. (Syn. *Dryobalanops aromatica* C.F. Gaertn.) *Dryobalanops beccarii* Dyer *Dryobalanops fusca* V. St. *Dryobalanops lanceolata* Burck *Dryobalanops oblongifolia* Dyer *Dryobalanops rappa* Becc.	文莱 Kapur Bukit, Kapur Peringii, Kapur Anggi 印度尼西亚 Kapur Singkel, Kapur Sintuk, Kapur Empedu, Kapur Tanduk, Kapur Kayatan, Petanang 马来西亚 Kapur-Kejatan, Keladan, Swamp Kapur, Borneo Camphorwood-Paigie 法国 Capur 英国 Borneo Camphor, Borneo Camphorwood, Borneo Camphorwood-Paigie
黄油木 (Karité)	*Vitellaria paradoxa* C.F.Gaertn. (Syn. *Butyrospermum paradoxum* (C. F. Gaertn.) Hepper Syn. *Butyrospermum parkii* (G. Don) Kotschy)	非洲 Shea Butter Tree, Shea Tree, Shi Tree

续表28

引导名称	学　名	地方名
番龙眼木 （Kasai）	*Pometia* spp.	巴布亚新几内亚 Taun 缅甸 Sibu 菲律宾 Malugai 越南 Truong 法国 *Bois de Pieux* 西班牙 *Longán de Fiji* 英国 *Fiji Longan, Island Lychee*
肉豆蔻木 （Kaudamu）	*Myristica castaneifolia* A. Gray	东南亚 Fiji Nutmeg
橄榄木 （Kedondong）	*Canarium* spp. *Dacryodes* spp. *Santiria* spp.	印度 Dhuwhite, White Dhup 印度尼西亚 Kenari, Kiharpan 马来西亚 Kedondong, Upi 菲律宾 Dulit, Pili 泰国 Ma-Kerm 越南 Cham
喃喃果木 （Kekatong）	*Cynometra* spp.	斐济 Moivi 马来西亚 Belangkan, Kekatong 缅甸 Myinga 菲律宾 Oringen 泰国 Mang-kha
古榆 （Kékélé）	*Holoptelea grandis* Mildbr.	贝宁 Sayo 喀麦隆 Avep-Ele 中非共和国 Gomboul 刚果 Mbosso 科特迪瓦 Kékélé 刚果民主共和国 Nemba-Mbobolo 加纳 Onakwa 尼日利亚 Olazo 乌干达 Mumuli
番樱桃木 （Kelat）	*Eugenia* spp.	印度 Jaman 印度尼西亚 Jaman, Jambu, Jamun, Meralu, Nir-Naval 马来西亚 Black Kelat, Common Kelat, Kelat 缅甸 Tabye 巴布亚新几内亚 Water Gum 菲律宾 Makasin 泰国 Chomphu 越南 Plong, Tram
波罗蜜 （桂木） （Keledang）（Terap）	*Artocarpus* spp.	印度尼西亚 Teureup 马来西亚 Pudau, Terap 菲律宾 Antipolo 泰国 Ka-ok

续表29

引导名称	学　名	地方名
船形木 (Kembang semangkok)	*Scaphium* spp.	马来西亚 Kembang semangkok, Selayar 缅甸 Thitlaung 泰国 Samrong
甘巴豆 (Kempas)	*Koompassia malaccensis* Maing. ex Benth.	印度尼西亚 Menggeris, Toemaling 马来西亚 Kempas, Mengris, Impas 巴布亚新几内亚 Kempas 泰国 Yuan
摘亚木 (Keranji)	*Dialium* spp.	柬埔寨 Xoay, Kralanh 印度尼西亚 Kerandji 缅甸 Taung-Kaye 泰国 Kaki-Khao, Khleng, Yi-Thongbung 越南 Xoay 英国 *Keranji, Kranji*
柔毛绿心樟 (Keriti Silverballi)	*Ocotea puberula* (Rich.) Nees	阿根廷 Canela Guaica, Guaicá 巴西 Canela-de-Corvo, Guaica, Canela-Parda, Canela-Pimenta, Canela Pinho, Canela-Sebo 秘鲁 Moraja Kaspi 巴拉圭 Laurel Guaika, Guaika 苏里南 Keretiballi
龙脑香 (Keruing)	*Dipterocarpus* spp. *Dipterocarpus acutangulus* Vesque *Dipterocarpus appendiculatus* Scheff. *Dipterocarpus alatus* A. DC. *Dipterocarpus baudii* Korth. *Diptrocarpus gracilis* Blume (Syn. *Dipterocarpus pilosus* Roxb.) *Dipterocarpus cornutus* Dyer *Dipterocarpus costulatus* V. Sl. *Dipterocarpus kerrii* King *Dipterocarpus verrucosus* Foxw. ex Slooten	柬埔寨 Chloeuteal, Dau, Khlong, Thbeng 印度 Gurjun 印度尼西亚 Keroeing 老挝 Nhang 马来西亚 Keruing Gaga, Keruing Bajak, Keruing Beras 缅甸 Yang, Kanyin 菲律宾 Apitong 斯里兰卡 Hora 泰国 Yang 越南 Dau (Yaou), Tro
奶油藤黄木 (Kiasose)	*Pentadesma butyracea* Sabine *Pentadesma lebrunii* Staner	
香大瓣苏木 (Kibakoko)	*Anthonotha fragrans* (Baker f.) Exell & Hillc. (Syn. *Macrolobium fragrans* Baker f.)	
东非绿心樟 (Kikenzi)	*Ocotea usambarensis* Engl.	

续表30

引导名称	学 名	地方名
大叶合欢 (Kokko)	*Albizia lebbek* (L.) Benth.	孟加拉国 Sirish, Sirisha 菲律宾 Aninapla, Langil 印度 Siris, Sirs 印度尼西亚 Kitoke, Tarisi, Tekik 马来西亚 Batai, Batai Batu, Kungkur, Oriang 尼泊尔 Kalo Siris 泰国 Cha Kham, Chamchuri, Kampu, Phruek, Suek 越南 Lim Xanh 法国 Bois noir, Bois savane, Tcha Tcha 西班牙 Acacia Chachá, Algarroba de Olor, Amor Plantónico, Aroma, Aroma Fracesca, Cabellos de Ángel, Faurestina, Florestina, Lengua de Mujer, Lengua Viperina 英国 Acacia Amarilla, East Indian Walnut, English Woman's Tongue, Fry wood, Indian Siris, Lebbeck, Siris Tree, Woman's Tongue Tree
红木棉 (Kondroti)	*Rhodognaphalon brevicuspe* Roberty (Syn. *Bombax brevicuspe* Sprague) *Rhodognaphalon schumannianum* A. Robyns (Syn. *Bombax rhodognaphalon* K. Schum.) *Bombax chevalieri* Pellegr.	贝宁 Kpatin Dehun 喀麦隆 Ovong 刚果 N'Demo 科特迪瓦 Kondroti 加蓬 Alone, Ogumalanga 加纳 Bombax 莫桑比克 Meguza, Mungusa 尼日利亚 Awori 坦桑尼亚 Mfume 英国 East African Bombax
大非洲楝 (Kosipo)	*Entandrophragma candollei* Harms	安哥拉 Lifuco 喀麦隆 Atom-Assie 科特迪瓦 Kosipo 加纳 Penkwa-Akowaa 尼日利亚 Omu, Heavy Sapelle 刚果民主共和国 Impompo 德国 Kosipo-Mahagoni 英国 Omu
尼索桐 (Kotibé)	*Nesogordonia* spp. *Nesogordonia kabingaensis* var. *kabingaensis* (K.Schum.) Capuron (Syn. *Nesogordonia papaverifera* R. Capuron Syn. *Cistanthera papaverifera* A. Chev.)	安哥拉 Kissinhungo 喀麦隆 Ovoe, Ovoui 中非共和国 Naouya 科特迪瓦 Kotibé 加蓬 Aborbora 加纳 Danta 尼日利亚 Otutu 刚果民主共和国 Kondofindo 英国 Danta

续表31

引导名称	学 名	地方名
翅苹婆 (Koto)	*Pterygota* spp. *Pterygota macrocarpa* K. Schum. *Pterygota bequaertii* De Wild.	中非共和国 Kakende 科特迪瓦 Koto 加蓬 Ake 加纳 Kyere, Awari 尼日利亚 Kefe, Poroposo 刚果民主共和国 Ikame 德国 Anatolia 英国 African Pterygota, Pterygota
蒜果木 (Kulim)	*Scorodocarpus borneensis* (Baillon) Becc.	马来西亚 Bawang Hutan
韦氏厚皮树 (Kumbi)	*Lannea welwitschii* (Hiern) Engl.	科特迪瓦 Baiséguma, Kakoro, Loloti 加纳 Kumenini 尼日利亚 Ekika
雨木 (Kungkur)	*Albizia saman* (Jacq.) Merr.	
马蹄榄 (Kurokaï)	*Protium* spp.	玻利维亚 Carano 巴西 Almecega, Aruru, Breu 哥伦比亚 Anime, Carano, Currucay 厄瓜多尔 Anime Blanco 法属圭亚那 Encens Blanc, Gris Rouge 圭亚那 Haiawa, Kurokay, Porokay 秘鲁 Copal-Caspi 苏里南 Tinguimoni 委内瑞拉 Anime, Carano, Azucarito
曼氏古柯 (Landa)	*Erythroxylum mannii* Oliv.	喀麦隆 Landa 刚果 Lukienzo 科特迪瓦 Dabe 加蓬 Landa 刚果民主共和国 Nkanza 塞拉利昂 Bimini
双雄苏木 (Lati)	*Amphimas* spp. *Amphimas pterocarpoides* Harms	喀麦隆 Edjin, Edzil 科特迪瓦 Lati 加纳 Edzui 刚果 Muzui, Bokanga

续表32

引导名称	学　名	地方名
毛榄仁 (Laurel, Indian)	*Terminalia tomentosa* (Roxb.) Wight & Arn.	柬埔寨 Chhlik Snaeng 印度尼西亚 Arjun, Jaha, Jelawai, Talisai, Telinsi, Kumbuk 老挝 Suak Dam 缅甸 Taukyan, Thinsein 菲律宾 Indian Laurel 泰国 Hok Fa 越南 Chieu-Lieu
艳丽榄仁 (Limba)	*Terminalia superba* Engl. & Diels	喀麦隆 Akom 中非共和国 N'Ganga 刚果 Limba 科特迪瓦 Fraké 赤道几内亚 Akom 加纳 Ofram 尼日利亚 Afara, White Afara 塞拉利昂 Kojagei 刚果民主共和国 Limba 法国 *Limbo, Fraké, Noyer du Mayombé* 美国 Korina
大瓣苏木 (Limbali)	*Gilbertiodendron* spp. *Gilbertiodendron dewevrei* (De Wild.) J. Léon (Syn. *Macrolobium dewevrei* De Wild.) *Gilbertiodendron preussii* J. Léon	喀麦隆 Ekobem 中非共和国 Molapa 刚果 Epal 科特迪瓦 Vaa 刚果民主共和国 Ditshipi, Ligudu 加蓬 Limbali 加纳 Abeum 利比里亚 Tetekon, Sehmeh
苹果金叶木 (Limonaballi)	*Chrysophyllum pomiferum* (Eyma) T. D.Penn.	
韦氏木犀榄木 (Loliondo)	*Olea welwitschii* (Knobl.) Gilg. & G. Schellenb. (Syn. *Steganthus welwitschii* Knobl.)	英国 *Elgon olive*

续表33

引导名称	学 名	地方名
甘比山榄 (Longhi)	*Chrysophyllum* spp. (Syn. *Gambeya* spp.) *Chrysophyllum africanum* G.Don (Syn. *Gambeya africana* Pierre) *Chrysophyllum lacourtianum* De Wild. (Syn. *Gambeya lacourtiana* Aubrev. & Pellegr.) *Chrysophyllum subnudum* Baker (Syn. *Gambeya subnuda* Pierre)	喀麦隆 Abam 中非共和国 Bopambu 刚果 Longhi 科特迪瓦 Akatio, Anandio, Aningueri Rouge 加蓬 M'bebame 加纳 Akasa 尼日利亚 Ekpiro, Osan
褐苹婆 (Lotofa)	*Sterculia rhinopetala* Schum.	喀麦隆 N'Kanang 科特迪瓦 Lotofa 加纳 Wawabima 尼日利亚 Aye 英国 Brown Sterculia
红尼克樟 (Louro vermelho)	*Ocotea rubra* Mez.	巴西 Gamela, Louro Gamela, Louro Vermelho 法属圭亚那 Grignon Franc 圭亚那 Baaka, Determa, Red Louro, Wanu 苏里南 Teteroma 英国 Determa
郝瑞木棉 (Lupuna)	*Chorisia* spp.	南美洲 Árbol botella, Árbol de lana, Paina de seda, Painera, Palo Borracho, Palo Barrigudo, Palo Botella
老猫尾木 (Lusambya)	*Markhamia lutea* (Benth.) K. Schum. (Syn. *Markhamia platycalyx* Sprague)	
铁线子 (Maçaran-duba)	*Manilkara* spp. *Manilkara bidentata* A Chev. (Syn. *Manilkara surinamensis* (Miq.) Dubard) *Manilkara huberi* (Ducke) Standl. Dubard	巴西 Maçaranduba, Maparajuba, Paraju 哥伦比亚 Balata, Nispero 法属圭亚那 Balata franc, Balata rouge, Balata gomme 圭亚那 Balata, Bulletwood, Beefwood 巴拿马 Nispero 秘鲁 Pamashto, Quinilla Colorada 苏里南 Bolletrie 委内瑞拉 Balata Massarandu 英国 Bulletwood 美国 Bulletwood, Beefwood

续表34

引导名称	学　名	地方名
杧果木 (Machang)	*Mangifera* spp.	印度 Mangga, Mango 印度尼西亚 Membacang 马来西亚 Asam, Machang, Sepam 缅甸 Mangowood, Thayet 巴基斯坦 Mango 巴布亚新几内亚 Mango 菲律宾 Ailai, Asai, Pahutan 所罗门群岛 Ma-Muang-Pa 泰国 Ma-Muang-Pa, Pamutan 越南 Xoai *法国 Manguier* *英国 Mangowood*
合生果木 (Machiche)	*Lonchocarpus lanceolatus* Benth.	中美洲 Black Cabbagebark, Chaprerno, Sindjaplé
楝状黄皮木 (类崖椒木) (Mafu)	*Clausena melioides* Hiern. *Fagaropsis angolensis* H.M.Gardn	坦桑尼亚 Mfu, Mkunguni, Mtongoti 肯尼亚 Muyinja
布氏纽敦豆木 (Mafumati)	*Newtonia buchananii* Gilb. & Bout (Syn. *Piptadenia buchananii* Bak.)	
桃花心木 (Mahogany)	*Swietenia macrophylla* King (Syn. *Swietenia candollei* Pitt. Syn. *Swietenia tessmannii* Harms. Syn. *Swietenia krukovii* Gleason) *Swietenia mahagoni* (L.) Jacq. *Swietenia humilis* Zucc.	玻利维亚 Caoba, Mara 巴西 Aguano, Mogno Araputanga 中美洲 Caoba, Caoba del Sur, Caoba del Atlantica 哥伦比亚 Caoba 古巴 Caoba 多米尼加共和国 Mahogani 危地马拉 Chacalte 海地 Mahogani 墨西哥 Zopilote, Baywood 尼加拉瓜 Mahogani 秘鲁 Aguano, Caoba 委内瑞拉 Caoba, Orura *法国 Acajou d'Amérique* *意大利 Mogano* *荷兰 Mahonie* *西班牙 Caoba* *英国 Mahogany, Brazilian Mahogany* *美国 Mahogany, Brazilian Mahogany*
铁樟木 (Malagangai)	*Eusideroxylon melagangai* (Symington) Kosterm.	

续表35

引导名称	学　名	地方名
天料木 （Malas）	*Homalium* spp.	印度尼西亚 Dlingsem, Gia, Melmas, Momala 马来西亚 Banisian, Padang, Selimbar, Takaliu, Aranga 菲律宾 Myaukchaw, Myaukugo 缅甸 Khen Nang 老挝 Kha Nang
荚髓苏木 （Manbodé）	*Detarium macrocarpum* Harms *Detarium senegalense* J.F. Gmel.	中非和西非 Dankh, Petit Détar, Sweet Dattock
夸雷木 （Mandio-queira）	*Qualea* spp.	巴西 Mandio, Mandioqueira, Quaruba 法属圭亚那 Gronfolo Gris Grignon Fou, Kouali 苏里南 Gronfoeloe 委内瑞拉 Florecillo
球花西姆藤黄 （Manil）	*Symphonia globulifera* L.f.	玻利维亚 Azufre, Bolivia 巴西 Anani, Canadi, Mani 哥伦比亚 Azufre, Machare 厄瓜多尔 Machare, Puenga, Zaputi 法属圭亚那 Manil, Manil Marecage 圭亚那 Manni 秘鲁 Azufre, Brea-Caspi 苏里南 Mani, Mataki 特立尼达和多巴哥共和国 Mangue 委内瑞拉 Mani, Paraman, Peramancillo 美国 Boarwood
深红默罗（藤黄木） （Manil Montagne）	*Moronobea coccinea* Aubl.	巴西 Anani Da Terra Firme, Bacuri de Anta 法属圭亚那 Manil Montagne, Manil Peou, Parcouri-Manil 圭亚那 Coronobo, Morombo-Rai, Moronobo 苏里南 Manniballi, Matakkie
正苦木 （Marupa）	*Simarouba amara* Aubl.	玻利维亚 Chiriuana 巴西 Marupa, Marupauba, Parahyba, Paraiba, Tamanquiera 哥伦比亚 Simaruba 厄瓜多尔 Cedro Amargo, Cuna, Guitarro 法属圭亚那 Simarouba 圭亚那 Simaruba 秘鲁 Marupa 苏里南 Soemaroeba 委内瑞拉 Cedro Blanco, Simarouba 英国 Bitterwood

续表36

引导名称	学　名	地方名
拉美玉蕊 (Mata-Mata)	*Eschweilera* spp. *Eschweilera amara* Mart. ex O. Berg	巴西 Mata-Mata, Matamata Preto 法属圭亚那 Baakalaka, Baikaaki, Balibon, Kouanda, Maho, Mahot Noir, Mahou 圭亚那 Black Kakaralli, Kakaralli 苏里南 Hoogland Barklak, Manbarklak
柯库木 (Mata Ulat)	*Kokoona* spp.	
雄穗戟 (Mecrussé)	*Androstachys johnsonii* Prain	莫桑比克 Cimbirre 南非 Lebombo Ironwood, Nsimbitsi
木姜子 (Medang)	*Litsea* spp.	澳大利亚 Bollywood 马来西亚 Medang Padang 缅甸 Ondon 菲律宾 Bagaoring, Batikuling 越南 Boi loi 印度尼西亚 Huru 老挝 Chick Dong 缅甸 Kyese
硬椴 (Melunak)	*Pentace* spp.	马来西亚 Baru Baran, Melunak, Takalis 缅甸 Baru Baran 泰国 Sisiat
石栎 (Mempening)	*Lithocarpus* spp.	
软银叶树 (Mengkulang)	*Heritiera* spp. (Syn. *Tarrietia* spp.) *Heritiera albiflora* (Ridl.) Kosterm. *Heritiera borneensis* (Merr.) Kosterm. *Heritiera simplicifolia* (Mast.) Kosterm. *Heritiera javanica* (Bl.) Kosterm. *Heritiera kuenstleri* (King) Kosterm. *Heritiera sumatrana* (Miq.) Kosterm. *Tarrietia perakensis* King	柬埔寨 Don-Chem 印度尼西亚 Palapi, Teraling 马来西亚 Mengkulang, Kembang 缅甸 Kanze 菲律宾 Lumbayau 泰国 Chumprag 越南 Huynh 澳大利亚 Red or Brown Tulip Oak
乌干达合欢木 (Mepepe)	*Albizia adianthifolia* W.F. Wight *Albizia gummifera* A.C. Sm. (Syn. *Albizia fastigiata* Oliv.) *Albizia zygia* J.F. Macbr.	
竹节木 (Meransi)	*Carallia* spp. *Carallia borneensis* Oliv.	东南亚 Karibas Kemuning Hutan Magtungod

续表37

引导名称	学　名	地方名
深红娑罗双 (Meranti, Dark red)	*Shorea* spp. *Shorea curtisii* Dyer ex King *Shorea pauciflora* King *Shorea platyclados* Sloten ex Endert *Shorea argentifolia* Sym. *Shorea ovata* Dyer ex King *Shorea parvifolia* King *Shorea singkawang* (Miq.) Burck *Shorea pachyphylla* Ridl. ex Sym. *Shorea acuminata* Dyer *Shorea hemsleyana* King *Shorea leprosula* Miq. *Shorea macrantha* Brandis *Shorea hemsleyana* (King) King ex Foxw. *Shorea platycarpa* Heim. *Shorea polysperma* (Blanco) Merr.	印度尼西亚 Red Meranti, Red Mertih, Meranti Ketung, Meranti Bunga, Meranti Merah-Tua 马来西亚 Nemesu, Meranti Bukit, Meranti Daun Basar, Dark Red Seraya, Obar Suluk, Seraya Bukit, Seraya Daun, Binatoh, Engbang-Chenak, Meranti Bunga Sengawan 菲律宾 Tanguile, Bataan, Red Lauan 英国 Red Lauan, Dark Red Seraya 美国 Dark Meranti
浅红娑罗双 (Meranti, Light red)	*Shorea* spp. *Shorea acuminata* Dyer *Shorea dasyphylla* Foxw. *Shorea hemsleyana* (King) King ex Foxw. *Shorea macrantha* Brandis *Shorea johorensis* Foxw. *Shorea lepidota* (Korth.) Bl. *Shorea leprosula* Miq. *Shorea macroptera* Dyer *Shorea sandakanensis* Sym. *Shorea ovalis* (Korth.) Bl. *Shorea parvifolia* Dyer *Shorea palembanica* Miq. *Shorea platycarpa* Heim. *Shorea teysmanniana* Dyer ex Brandis *Shorea revoluta* Ashton *Shorea argentifolia* Sym. *Shorea leptoclados* Sym. *Shorea smithiana* Sym. *Shorea albida* Sym. *Shorea macrophylla* (de Vriese) Ashton *Shorea quadrinervis* Slooten. *Shorea gysbertsiana* Burck *Shorea pachyphylla* Ridl. ex Sym.	印度尼西亚 Red Meranti, Meranti Merah-Muda, Meranti Bunga Damar Siput 马来西亚 Meranti-Hantu, Meranti Kepong, Meranti Langgang, Meranti Melanthi, Meranti Paya, Meranti Rambai, Meranti Tembaga, Meranti Tengkawang, Meranti Sengkawang, Engkawang, Seraya Batu, Seraya Punai Seraya Bunga, Kawang Almon, Light Red Luan 菲律宾 Saya Khao, Saya Lueang 泰国 Chan Hoi

续表38

引导名称	学　名	地方名
白娑罗双 (Meranti, White)	*Shorea* spp. *Shorea agami* Ashton *Shorea assamica* Dyer *Shorea bracteolata* Dyer *Shorea dealbata* Foxw. *Shorea henryana* Lanessan *Shorea lamellata* Foxw. *Shorea resinosa* Foxw. *Shorea roxburghii* G. Don *Shorea stalura* Roxb. *Shorea hypochra* Hance *Shorea hentonyensis* Foxw. *Shorea sericeiflora* C.E.C. Fischer & Hutch. *Shorea farinosa* C.E.C. Fischer *Shorea gratissima* Dyer *Shorea ochracea* Sym. *Parashorea malaanonan* (Blco.) Merr. *Shorea polita* S. Vidal	柬埔寨 Lumber, Koki Phnom 印度尼西亚 Meranti Putih, Damar Puthi 马来西亚 Meranti Jerit, Meranti Lapis, Meranti Pa'ang or Kebon Tang, Meranti Temak, Melapi, White Meranti 缅甸 Makai 菲律宾 White Lauan, White Meranti 泰国 Pendan, Pa Nong, Sual, Kabak Kau 越南 Xen, Chai
黄娑罗双 (Meranti, Yellow)	*Shorea* spp. *Shorea faguetiana* Heim. *Shorea dolichocarpa* Slooten. *Shorea maxima* (King) Sym. *Shorea longisperma* Roxb. *Shorea gibbosa* Brandis *Shorea multiflora* (Burck) Sym. *Shorea hopeifolia* (Heim.) Sym. *Shorea resina-nigra* Foxw. *Shorea peltata* Sym. *Shorea acuminatissima* Sym. *Shorea blumutensis* Foxw. *Shorea faguetioides* Ashton	印度尼西亚 Meranti Kuning, Kunyit, Damar Hitam 马来西亚 Meranti Telepok, Meranti Kelim, Yellow Meranti, Meranti Damar Hitam, Yellow Seraya, Seraya Kuning, Selangan Kuning, Selangan Kacha, Seraya Kuning, Lun Kuning, Lun Gajah, Lun Merat, Lun Siput 泰国 Kalo
湿生娑罗双 (Meranti Bakau)	*Shorea rugosa* F. Heim *Shorea uliginosa* Foxw.	

续表39

引导名称	学　名	地方名
轻坡垒 (Merawan)	*Hopea* spp. *Hopea apiculata* Sym. *Hopea griffithii* Kurz *Hopea lowii* Dyer *Hopea mengarawan* Miq. *Hopea nervosa* King *Hopea odorata* Roxb. *Hopea papuana* Diels *Hopea sangal* Korth. *Hopea sulcata* Sym.	柬埔寨 Koki 印度尼西亚 Merawan/Sengal 马来西亚 Merawan/Sengal Gagil Selangan, Selangan-Kasha 缅甸 Thingan 巴布亚新几内亚 Light Hopea 菲律宾 Manggachapui 泰国 Takhian 越南 Sao, Sau
印茄木 (Merbau)	*Intsia palembanica* Miq. (Syn. *Intsia bakeri* Prain.) *Intsia palembanica* (Miq.) *Intsia bijuga* (Colebr.) Kuntze (Syn. *Intsia retusa* (Kurz.) O. Kuntze.)	斐济 Vesi 印度尼西亚 Merbau 马达加斯加 Hintsy 马来西亚 Merbau 新喀里多尼亚 Komu 巴布亚新几内亚 Kwila 菲律宾 Ipil, Ipil Laut 泰国 Lum-Paw 越南 Gonuo 澳大利亚 *Kwila* 中国 *Kalabau* 英国 *Moluccan Ironwood*
斯文漆木 (Merpauh)	*Swintonia* spp. *Swintonia floribunda* Griff. *Swintonia schwenkii* Teijsm. & Binn. ex Hook. f. *Swintonia penangiana* King *Swintonia pierrei* Hance *Swintonia spicifera* Hook. f.	柬埔寨 Muom 印度 Thayet-Kin 马来西亚 Merpau Merpauh 缅甸 Taung Thayet Civit Taungthayet 巴基斯坦 Civit 越南 Muom
异翅香 (Mersawa)	*Anisoptera* spp. *Anisoptera curtisii* King *Anisoptera costata* Korth. (Syn. *Anisoptera oblonga* Dyer) *Anisoptera laevis* Ridl. *Anisoptera marginata* Korth. Anisoptera thurifera Blume	柬埔寨 Phdiek 印度尼西亚 Mersawa 老挝 Mai Bak 马来西亚 Mersawa, Pengiran 缅甸 Kaunghmu 巴布亚新几内亚 Mersawa 菲律宾 Palosapis 泰国 Krabak, Pik 法国 Ven-Ven 英国 *Krabak* 美国 *Bella Rosa*

续表40

引导名称	学　名	地方名
种状短盖豆木 （Messassa）	*Brachystegia spiciformis* Benth.	
非洲棒状苏木 （Metondo）	*Cordyla africana* Lour.	坦桑尼亚 Mroma, Mpachamu, Mgwata
亚马孙格里大戟 （Mirindiba-Doce）	*Glycydendron amazonicum* Ducke	巴西 Mirindiba-Doce, Pau-de-Casca-Doce
波氏短盖豆木 （Mjombo）	*Brachystegia boehmii* Taub.	非洲 Miombo
毒籽山榄 （Moabi）	*Baillonella toxisperma* Pierre (Syn. *Mimusops djave* Engl.)	喀麦隆 Adjap, Ayap 刚果 Dimpampi 赤道几内亚 Ayap 加蓬 M'Foi 刚果民主共和国 Muamba jaune 英国 African Pearwood
绿花恩南（番荔枝） （Moambé jaune）	*Enantia* spp. *Enantia chlorantha* Oliv.	英国 African Whitewood
亚洲（小花） 牡荆木 （Molave）	*Vitex parviflora* Juss.	印度尼西亚 Fuli Kaa, Kayu Kula 菲律宾 Amugauan, Molave, Sagat
泊氏苏木 （Momoqui）	*Caesalpinia pluviosa* DC.	南美洲 False Brazilwood, Sibipiruna
马尼山榄（属） （Monghinza）	*Manilkara mabokeensis* Aubr. *Manilkara obovata* J.H. Hemsley *Manilkara sylvestris* Aubt. & Pellegr.	
可乐豆木 （Mopaani）	*Colophospermum mopane* (J. Kirk ex Benth.) J. Léonard. (Syn. *Copaifera mopane* Kirk & Benth.)	
黄槟榔青 （Mopé）	*Spondias mombin* L.	南美洲 Coolie Plum Gully Plum, Hog Plum, Jobo, Mopé, Prunier Mombin, Spanish Plum
鳕苏木 （Mora）	*Mora* spp.	南美洲 Alcornoque, Morabukea, Nato, Nato Rojo, Pracuba Branca, Pracuuba

续表41

引导名称	学 名	地方名
染料绿柄桑木 (Moral)	*Maclura tinctoria* (L.) D. Don ex Steud. (Syn. *Chlorophora tinctoria* (L) Gaudich.)	阿根廷 Tatayiva-Saiyu 玻利维亚 Amarillo 巴西 Amarello, Taiuva 哥伦比亚 Dinde, Palo Amarillo 哥斯达黎加 Palo de Mora 墨西哥 Barossa, Moral 特立尼达和多巴哥共和国 Bois d'Orange
莫罗鸭脚木 (Morototo)	*Schefflera morototoni* (Aubl.) Maguire, Steyerm. & Frodin (Syn. *Didymopanax morototoni* (Aubl.) Decne. & Planch)	阿根廷 Ambayguazu 巴西 Mandioqueira 哥伦比亚 Yarumero 古巴 Yagrumo Macho 多米尼加共和国 Yagrumo Macho 墨西哥 Chancaro Blanco 波多黎各 Yagrumo Macho 苏里南 Kasavehout, Morototo 委内瑞拉 Tinajero
两蕊苏木 (Movingui)	*Distemonanthus benthamianus* Baill.	贝宁 Ayan 喀麦隆 Eyen 科特迪瓦 Barre 赤道几内亚 Eyen 加蓬 Eyen, Movingui 加纳 Ayan 尼日利亚 Ayan, Ayanran 英国 Ayan, Distemonanthus
球花（肉豆）蔻木 (Mtambara)	*Cephalosphaera usambarensis* Warb.	
(疣状) 粗裂苏木 (Mtandarusi)	*Trachylobium verrucosum* Oliv.	英国 East African copal
大叶五山柳苏木 (Mubala)	*Pentaclethra macrophylla* Benth.	
非洲肾果木 (Mueri)	*Prunus africana* (Hook.f.) Kalk. (Syn. *Pygeum africanum* Hook.f.)	英国 Red Stinkwood Bitter almond
杜鹃花状密花木 (Mugaita)	*Rapanea rhododendroides* Mez.	
小球水团花木 (Mugonha)	*Adina microcephala* Hiern.	非洲 Matumi Rhodesian Redwood

续表42

引导名称	学　名	地方名
哈氏短被菊 （Mühühü）	*Brachylaena huillensis* O.Hoffm. （Syn. *Brachylaena hutchinsii* Hutch.）	刚果 Mkalambaki, Mkarambati, Muhugu, Muhuhu, Mvumo 肯尼亚 Mkalambaki, Mkarambati, Muhugu, Muhuhu, Mvumo 南非 Laeveldvaalbos 坦桑尼亚 Mkalambaki, Mkarambati, Muhugu, Muhuhu, Mvumo 乌干达 Mkalambaki, Mkarambati, Muhugu, Muhuhu, Mvumo 英国 Low Veld Brachyleana, Low Veld Silver Oak, Silver Oak
红饱食桑 （Muira-piranga）	*Brosimum rubescens* Taub.	巴西 Amapa Rana, Conduru, Falso Pao Brasil, Muirapiranga, Pau Rainha 法属圭亚那 Satine, Satine Rouge, Satine Rubaine, Siton Paya 圭亚那 Satinwood 苏里南 Doekaliballi, Satijnhout 意大利 Legno Satino, Ferolia 西班牙 Palo de Oro 英国 Bloodwood
革叶马奎桑 （Muiratinga）	*Maquira coriacea* (H. Karst.) C.C.Berg	巴西 Capinuri, Muiratinga
伯克苏木 （Mukarati）	*Burkea africana* Hook.	
奥特山榄 （Mukulungu）	*Autranella congolensis* A. Chev.（Syn. *Mimusops congolensis* De Wild.）	安哥拉 Kungulu 喀麦隆 Elang, Elanzok 中非共和国 Bouanga 刚果 Mfua 刚果民主共和国 Mukulungu 加蓬 Akola 尼日利亚 Uku
安哥拉紫檀 （Muninga）	*Pterocarpus angolensis* DC.	
坛罐花（木） （Muniridan）	*Siparuna spp.*	
东非木犀榄木 （Musharagi）	*Olea hochstetteri* Baker	英国 East African olive
大果巴豆木 （Musine）	*Croton megalocarpus* Hutch.	

续表43

引导名称	学 名	地方名
阿诺（鞘籽）古夷苏木 (Mussibi) (Mutenyé)	*Guibourtia coleosperma* J. Léon (Syn. *Copaifera coleosperma* Benth.) *Guibourtia arnoldiana* J. Léon	津巴布韦 Muzaule 英国 African Rosewood, Copalier, False Mopane, Mushibi, Musibi, Mussive, Muzaule, Muxibe, Rhodesian copalwood
类坚非洲楝 (Mutaco)	*Entandrophragma spicatum* (C.DC.) Sprague (Syn. *Entandrophragma ekebergioides* (Harms) Sprague Syn. *Wulfhorstia ekebergioides* Harms)	
野橡胶树 (Mutondo)	*Funtumia africana* (Benth.) Stapf *Funtumia elastica* (P.Preuss) Stapf *Funtumia latifolia* (Stapf) Stapf	
乌干达类樟 (Muziga)	*Warburgia ugandensis* Sprague	
神圣香脂树 (N'téné)	*Copaifera religiosa* J. Léon.	非洲 Anzem, Bengi
短盖豆 (Naga)	*Brachystegia cynometroides* Harms *Brachystegia eurycoma* Harms. *Brachystegia leonensis* Hutch. & Davy *Brachystegia nigerica* Hoyle & A. P. D. Jones	喀麦隆 Ekop-Naga 科特迪瓦 Meblo 加蓬 Mendou 利比里亚 Tebako 尼日利亚 Okwen 塞拉利昂 Bogdei 英国 Okwen
黄褐榄仁 (Nargusta)	*Terminalia amazonia* (J. F. Gmel.) Exell. *Terminalia guyanensis* Eichler	巴西 Pau-Mulato Brancho 哥伦比亚 Guayabo Leon 洪都拉斯 Almendro 墨西哥 Canshan 巴拿马 Amarillo Carabazuelo 委内瑞拉 Pardillo Negro
喀麦隆喃喃果 (Nganga)	*Cynometra* spp. *Cynometra hankei* Harms	
银叶木 (Niangon)	*Tarrietia utilis* (Sprague) Sprague (Syn. *Heritiera utilis* (Sprague) Sprague) *Tarrietia densiflora* Aubr. & Normand (Syn. *Heritiera densiflora* (Pellegr.) Kosterm.	科特迪瓦 Niangon 加蓬 Ogoue 加纳 Nyankom 利比里亚 Whismore 塞拉利昂 Yami

续表44

引导名称	学　名	地方名
迪氏菲拉豆 （Nieuk）	*Fillaeopsis discophora* Harms	
非洲肉豆蔻 （Niové）	*Staudtia gabonensis* Warb. *Staudtia kamerunensis* Warb. *Staudtia stipitata* Warb.	安哥拉 Menga-Menga 喀麦隆 M'Bonda, Menga-Menga 中非共和国 Molanga 赤道几内亚 Bokapi 加蓬 M'Boun, Niove 刚果民主共和国 Kamashi, Susumenga
纳托山榄 （Nyatoh）	*Palaquium* spp. *Palaquium gutta* (Hook.) Burck (Syn. *Palaquium acuminatum* Burck) *Palaquium hexandrum* (Griff.) Baill. *Palaquium maingayi* Engl. *Palaquium rostratum* (Miq.) Burck *Palaquium xanthochymum* Pierre ex Burck *Payena* spp. *Payena maingayi* C.B. Clarke *Madhuca motleyana* (de Vriese) J.F. Macbr. (Syn. *Ganua motleyana* (de Vriese) Pierre ex Dubard)	印度 Pali 印度尼西亚 Nyatoh 马来西亚 Nyatoh, Mayang Taban, Riam 巴布亚新几内亚 Pencil Cedar 菲律宾 Nato 泰国 Kha-Nunnok 越南 Chay 荷兰 Balam 英国 Padang
光亮赤非竹桃木 （Obéro）	*Picralima nitida* (Stapf) T.Durand (Syn. *Picralima klaineana* Pierre)	
萨托玉蕊（木） （Odzikouna）	*Scytopetalum* spp.	
加蓬圆盘豆 （Okan）	*Cylicodiscus gabunensis* Harms	喀麦隆 Adoum, African Greenheart, Bokoka 刚果 N'Duma 科特迪瓦 Bouemon 加蓬 Edoum, Oduma 加纳 Adadua, Benya, Denya 尼日利亚 Okan
杂色豆木 （Okoué）	*Baphia nitida* Lodd. *Baphia pubescens* Hook.f.	
奥克榄 （Okoumé）	*Aucoumea klaineana* Pierre	刚果 N'Kumi 赤道几内亚 Okumé, N'Goumi 加蓬 Okoumé, Angouma 英国 Gaboon

续表45

引导名称	学　名	地方名
软崖椒 （Olon）	*Fagara heitzii* Aubrev. & Pellegr.	喀麦隆 Bongo 刚果 M'Banza 刚果民主共和国 Kamasumu 赤道几内亚 Olong 加蓬 Olon
硬崖椒 （Olonvogo）	*Zanthoxylum gilletii*（De Wild.）P. G.Waterman （Syn. *Fagara inaequalis* Engl. Syn. *Fagara macrophylla* Engl. Syn. *Fagara tessmannii* Engl.）	
洞果漆 （Onzabili）	*Antrocaryon micraster* A. Chev. & Guill. *Antrocaryon klaineanum* Pierre *Antrocaryon nannanii* De Wild.	安哥拉 N'Gongo 喀麦隆 Angonga 科特迪瓦 Akoua 赤道几内亚 Anguekong 加蓬 Onzabili 加纳 Aprokuma 刚果民主共和国 Mugongo 葡萄牙 *Mongongo*
籽漆木 （Orey）	*Campnosperma panamense* Standl. *Campnosperma gummifera*（L）. March. *Pteleopsis hylodendron* Mildbr.	喀麦隆 Sikon 科特迪瓦 Koframire 刚果民主共和国 Osanga
（白果）纽敦豆木 （Ossimiale）	*Newtonia leucocarpa* Gilb. & Bout. （Syn. *Piptadenia leucocarpa* Harms）	
杯头蔻 （Ossoko）	*Scyphocephalium ochocoa* Warb. *Scyphocephalium mannii* Warb.	加蓬 Ossoko, Sogho
爱里古夷苏木 （Ovengkol）	*Guibourtia ehie*（A.Chev.）J. Léonard	科特迪瓦 Amazakoue 赤道几内亚 Palissandro 加蓬 Ovengkol 加纳 Hyeduanini, Anokye 美国 *Mozambique*
（油）赤非红树木 （Ovoga）	*Poga oleosa* Pierre	喀麦隆 Ngale 加蓬 Afo, Ovoga 尼日利亚 Inoi
蜡烛木 （Ozigo）	*Dacryodes buettneri*（Engl.）H. J. Lam. （Syn. *Pachylobus buettneri* Engl.）	赤道几内亚 Assia 加蓬 Ozigo, Assia 德国 *Assia*

续表46

引导名称	学　名	地方名
加蓬囊舌木 （Ozouga）	*Sacoglottis gabonensis* Urb.	喀麦隆 Bedwa, Bidou, Bodoua, Edoue, Eloue 刚果 Niuka 科特迪瓦 Akouapo, Tougbi 加蓬 Essoua, Ozouga 加纳 Ozouga 尼日利亚 Atala, Tala, Ugu 塞拉利昂 Kpowuli
喷嚏楝 （Paco）	*Ptaeroxylon obliquum* Radlk.	
印度紫檀 （Padauk Amboyna）	*Pterocarpus indicus* Willd. （Syn. *Pterocarpus vidalianus* Rolfe）	印度 Andaman-Padauk 印度尼西亚 Sena, Sonokembang Linggua Angsana Amboina 马来西亚 Sena 缅甸 Pashu-Padauk 巴布亚新几内亚 Png-Rosewood 菲律宾 Manila-Padauk, Narra Vitali 法国 *Amboine/Amboyna or Padouk* 德国 *Amboine/Amboyna or Padouk* 英国 *Amboyna or Padouk* 日本 *Karin*
亚花梨或花梨 （符合《红木》国家标准） （Padouk d'Afrique）	*Pterocarpus osun* Craib. *Pterocarpus soyauxii* Taub. *Pterocarpus tinctorius* Welw.	安哥拉 Tacula 喀麦隆 Mbel 刚果 Kisese 赤道几内亚 Palo rojo 加蓬 Mbel 尼日利亚 Osun 中非共和国 Padouk 刚果民主共和国 Mongola, Mukula, N'Gula 德国 *Padauk* 比利时 *Corail* 意大利 *Paduk* 荷兰 *Padoek* 英国 *African Padauk, Barwood, Camwood, Padauk*
人面子木 （Paldao）	*Dracontomelon dao*（Blanco）Merr. & Rolfe *Dracontomelon edule* Skeeis. *Dracontomelon sylvestre* Bl.	马来西亚 Sengkulang 菲律宾 Dao, Ulandug, Lamio

续表47

引导名称	学名	地方名
红酸枝 (Palissandre d'Asie)	*Dalbergia bariensis* Pierre *Dalbergia cambodiana* Pierre *Dalbergia cochinchinensis* Pierre *Dalbergia latifolia* Roxb. *Dalbergia oliveri* Prain *Dalbergia sissoo* Roxb.	柬埔寨 East Indian Palisander 老挝 East Indian rosewood 泰国 Neang Nuon 越南 Palissandre d'Asie Tamalan
危地马拉黄檀 (Palissandre de Guatemala)	*Dalbergia tucurensis* Donn. Sm.	
黄檀 (Palissandre de Madagascar)	*Dalbergia* spp. *Dalbergia louveli* R.Vig. *Dalbergia monticola* Bosser & R. Rabev. *Dalbergia normandii* Bosser & R. Rabev. *Dalbergia purpurascens* Baill. *Dalbergia xerophila* Bosser & R. Rabev.	法国 Bois de rose de Madagascar 英国 Madagascar rosewood
巴西黄檀 (Palissandre de Rose)	*Dalbergia decipularis* Rizz. & Matt.	巴西 Pau Rosa 法属圭亚那 Bois de rose femelle
硬木军刀豆 (Palissandre de Santos)	*Machaerium scleroxylon* Tul.	巴西 Caviuna, Jacarand, Pau Ferro 玻利维亚 Morado 法属圭亚那 Palissandre de Santos
洪都拉斯黄檀 (Palissandre Honduras)	*Dalbergia stevensonii* Standl.	
达里黄檀 (Palissandre Panama)	*Dalbergia darienensis* Rudd.	
亚马孙黄檀 (Palissandre Para)	*Dalbergia spruceana* Benth.	巴西 Caviuna We-We Jacaranda 法国 Palissandre Rio 德国 Palissander 西班牙 Palisandro 英国 Brazilian Rosewood Jacaranda Pardo 美国 Brazilian Rosewood 日本 Shitan
巴西黑黄檀 (Palissandre Rio)	*Dalbergia nigra* (Vell.) Allem. ex Benth.	

续表48

引导名称	学　名	地方名
平萼铁木豆 (Panacoco)	*Swartzia leiocalycina* Benth.	巴西 Carrapatinho, Coraçao de Negro, Gombeira 法属圭亚那 Bois Perdrix, Ferreol, Panacoco 圭亚那 Agui, Banya, Wamara 苏里南 Gandoe, Ijzerhart, Zwart Parelhout 德国 Wamara 英国 Ironwood, Wamara
葱叶斯沃 (平滑果斯沃) 铁木豆 (Pao rosa)	*Bobgunnia fistuloides* (Harms) J.H. Kirkbr. & Wiersema (Syn. *Swartzia fistuloides* Harms) *Bobgunnia madagascariensis* (Desv.) J.H. Kirkbr. & Wiers. (Syn. *Swartzia madagascariensis* Desv.)	喀麦隆 Nom Nsas 刚果 Kisasambra 科特迪瓦 Boto 中非共和国 N'Guessa 刚果民主共和国 Nsakala 加蓬 Oken 莫桑比克 Pau Ferro 尼日利亚 Udoghogho
柯比蓝花楹 (Parapara)	*Jacaranda copaia* Aubl.	巴西 Carnauba da Matta, Para-Para 哥伦比亚 Chingale 法属圭亚那 Copaia, Faux Simarouba 巴拿马 Gualandai 苏里南 Goebaja 委内瑞拉 Abey, Cupay
普拉藤黄 (Parcouri)	*Platonia insignis* Mart.	巴西 Bacuri, Bacuri-Açu, Bacuriuba 厄瓜多尔 Matazama 法属圭亚那 Parcouri 圭亚那 Pakuri 苏里南 Goelhart, Pakoeli
短绒球花豆 (Pashaco)	*Parkia velutina* Benoist	
帕拉州芸香木 (Pau amarelo)	*Euxylophora paraensis* Huber	

续表49

引导名称	学　名	地方名
盾籽木 (Pau marfim) (Peroba rosa)	*Aspidosperma* spp.	伯利兹 My Lady 玻利维亚 Gavetillo 巴西 Araracanga, Ararauba, Jacamin 哥伦比亚 Copachi Quillo Caspi 法属圭亚那 Kiantioutiou, Koumanti Oudou 危地马拉 Chichica 圭亚那 Shibadan 洪都拉斯 Chaperna, Chapel 墨西哥 Volador 巴拿马 Alcarreto 秘鲁 Pumaquiro 苏里南 Kormanti kopi 委内瑞拉 Nielillo Negro
萼叶茜草 (Pau mulato)	*Calycophyllum spruceanum* (Benth.) K. Schum.	厄瓜多尔 Capirona
仔氏鼠李 (Pau rosapau)	*Rhamnus zeyheri* Sond.	英国 *Pink Ivory*
巴西紫芯苏木 (Pau Roxo)	*Peltogyne maranhensis* Ducke	巴西 Jatobazinho, Guarabu, Roxinho 哥伦比亚 Tananeo 圭亚那 Koroborelli, Merawayana, Saka 墨西哥 Palo de Rosa, Pau Morado 苏里南 Dastan, Kocolorelli, Malako 法国 *Bois Pourpre Bois Violet* 荷兰 *Purpurheart* 英国 *Amarant, Purpleheart, Violetwood* 美国 *Amarant, Purpleheart, Violetwood*
铁力木 (Penaga)	*Mesua ferrea* L.	印度 Agacuram, Atha, Mallaynangai, Naga Sampige, Nagappu, Nangil, Nangu, Nangul, Suruli 马来西亚 Churuli, Nagacampakam, Nagapoovu, Nanku, Vayanavu 英国 *Iron wood tree*
巴西苏木 (Pernambouc)	*Caesalpinia echinata* Lam.	巴西 Brasileto, Ibirapitanga, Orabutá, Pernambuco, Pau Brasil, Pau Rosado
胡椒肖乳香木 (Peruvian Pepper)	*Schinus molle* L.	南美洲 Arveira Pimienta Pirul 法国 *Poivre Rosé* 英国 *California Pepper Tree, Chilean Pepper Tree, Mastic Tree, Molle, Pepper Berry Tree, Pepper Tree, Peruvian Mastic, Peruvian Pepper Tree, Pink Pepper, Weeping Pepper*

续表50

引导名称	学　名	地方名
柱红木 (Pillarwood)	*Cassipourea* spp. *Cassipourea malosana* (Baker) Alston (Syn. *Cassipourea elliottii* (Engl.) Alston)	
海厄大戟木 (Pilon)	*Hieronyma* spp.	伯利兹 Suradanni 巴西 Acuarana, Sangue De Boi, Urucurana 哥伦比亚 Mascarey 厄瓜多尔 Mascaré 洪都拉斯 Rosita 尼加拉瓜 Nanciton 委内瑞拉 Trompillo
油桃木 (Piquia)	*Caryocar* spp. *Caryocar costaricense* Donn. Sm.	巴西 Piquia 哥伦比亚 Almendrillo, Almendron, Cagui 哥斯达黎加 Aji, Ajillo 圭亚那 Pekia 苏里南 Sawarie
桃榄 (Platano)	*Pouteria* spp.	
灌状琴木 (Pombeira)	*Citharexylum fruticosum* L.	东南亚 Fiddlewood
唐氏蚁木 (Primavera)	*Tabebuia donnell-smithii* Rose	英国 Gold Tree
四籽木 (Punah)	*Tetramerista glabra* Miq.	印度尼西亚 Punal, Bang Kalis, Paya 马来西亚 Punam, Ponga, Peda, Entuyut, Amat, Tuyut
木荚豆 (Pyinkado)	*Xylia* spp.	
独蕊木 (Quaruba)	*Vochysia* spp. *Vochysia guatemalensis* Don. Sm. *Vochysia schomburgkii* Warm.	圭亚那 Iteballi, San Juán
棱柱木 (Ramin)	*Gonystylus bancanus* (Miq.) Kurz *Gonystylus macrophyllus* (Miq.) Airy Shaw (Syn. *Gonystylus philippinensis* Elm.) *Gonystylus reticulatus* (Elm.) Merr.	印度尼西亚 Garu-Buaja, Akenia, Medang Keram 马来西亚 Melawis, Ramin Batu, Ramin Telur, Ahmin 菲律宾 Lantunan-Bagio 所罗门群岛 Ainunura, Latareko, Petata, Fungunigalo 瑞士 Akenia
任嘎漆 (Rengas)	*Gluta* spp.	马来西亚 Jalang, Kerbau, Rengas 缅甸 Thayet-Thitsi 印度尼西亚 Rengas, Tembaga 泰国 Rakban

续表51

引导名称	学　名	地方名
青皮 (Resak)	*Vatica* spp.	
异态木 (Rikio)	*Uapaca* spp. *Uapaca guineensis* Müll. Arg.	喀麦隆 Borikio, Rikio, Rikio Riviere 科特迪瓦 Borikio, Rikio, Rikio Riviere 尼日利亚 Abo Emido, Yeye
斐济石梓 (Rosawa)	*Gmelina vitiensis* (Seem) A.C. Sm.	
委内瑞拉玫瑰 (Rose of the Mountain)	*Brownea* spp.	
宽长果马肉豆木 (Sabicu)	*Lysiloma latisiliquum* (L.) Benth.	中美洲 False Tamarind, Tsalam, Tzalam
铁木豆 (Saboarana)	*Swartzia benthamiana* Miq.	圭亚那 Guyana Rosewood, Wamara
毛蜡烛木 (Safukala)	*Dacryodes pubescens* H.J. Lam (Syn. *Pachylobus pubescens* Engl.)	
重黄娑罗双木 (Sal)	*Shorea obtusa* Wall. *Shorea robusta* C.F. Gaertn.	东南亚 Rang
四榄木 (Sali)	*Tetragastris* spp.	巴西 Almesca 哥伦比亚 Aguarras, Palo de Cerdo 法属圭亚那 Encens rouge, Gommier 圭亚那 Haiawaballi 尼加拉瓜 Kerosen 波多黎各 Masa, Palo de aceite
檀香木 (Sandalwood)	*Santalum album* L.	东南亚 Indian Sandalwood, Santal Blanc
筒状非洲楝 (Sapelli)	*Entandrophragma cylindricum* Sprague	安哥拉 Undianuno 喀麦隆 Assié-Sapelli 中非共和国 M'Boyo 刚果 Undianuno 科特迪瓦 Aboudikro 加纳 Penkwa 尼日利亚 Sapele 乌干达 Muyovu 刚果民主共和国 Lifaki 德国 Sapelli-Mahagoni 英国 Sapele

续表52

引导名称	学 名	地方名
正玉蕊木 (Sapucaia)	*Eschweilera grandiflora* (Aubl.) Sandwith (Syn. *Lecythis grandiflora* Aubl.) *Lecythis pisonis* Cambess.	南美洲 Sapucaia Sapukaina
类木棉 (Saqui-Saqui)	*Bombacopsis quinata* (Jacq.) Dugand	中美洲 Cedro Espino, Cedro Espinoso, Cedro Tolua, Pochote 哥伦比亚 Cedro Tolua, Ceiba Tolua, Cedro Macho 委内瑞拉 Saqui Saqui, Cedro Dulce, Murea
缎绿木 (Satin Ceylan)	*Chloroxylon swietenia* DC.	亚洲 Buruta, Ceylon Satinwood, East Indian Satinwood
油楠 (Sepetir)	*Sindora* spp. *Sindora affinis* De Wit *Sindora coriacea* (Baker) Prain *Sindora echinocalyx* Prain *Sindora siamensis* Teijsm. ex Miq. *Sindora velutina* Baker (Syn. *Sindora parvifolia* Backer) *Pseudosindora palustris* Sym. (Syn. *Copaifera palustris* (Sym.) De Wit)	柬埔寨 Krakas 印度尼西亚 Sindur 马来西亚 Sepetir, Meketil, Saputi, Sepeteh, Petir, Petir-Sepetir Pay or Swamp-Sepetir, Sepetir Nin-Yaki 菲律宾 Supa 泰国 Krathon, Maka-Tea
轻赛罗双 (Seraya, white) (White Lauan)	*Parashorea malaanonan* Merr. *Parashorea plicata* Brandis *Parashorea macrophylla* Wyatt-Smith ex Ashton *Parashorea tomentella* Sym. Meijer	印度尼西亚 Pendan, Urat Mata, Belutu, White Seraya 马来西亚 Urat Mata 缅甸 Thingadu 菲律宾 Bagtikan, White Lauan 越南 Cho-Chi
黄桐 (Sesendok)	*Endospermum* spp.	斐济 Kauvula 印度尼西亚 Bakota, Sendok-Sendok 马来西亚 Ekor, Sendok-Sendok, Terbulan 菲律宾 Gubas 巴布亚新几内亚 Basswood, Endospermum
五桠果 (Simpoh)	*Dillenia* spp. *Dillenia aurea* Sm. *Dillenia eximia* Miq.	印度尼西亚 Sempur, Simpur 马来西亚 Simpor 缅甸 Mai-Masan, Zinbyum 菲律宾 Katmon, Masan 泰国 San

续表53

引导名称	学　名	地方名
良木非洲楝 (Sipo)	*Entandrophragma utile* Sprague	安哥拉 Kalungi 喀麦隆 Asseng-Assié 科特迪瓦 Sipo 赤道几内亚 Abebay 加蓬 Assi 加纳 Utile 尼日利亚 Utile 乌干达 Mufumbi 刚果民主共和国 Liboyo 德国 Sipo-Mahagoni 英国 Utile
蛇木歪翅漆 (Slangehout)	*Loxopterygium sagotii* Hook f.	苏里南 Hububalli
闭鳞番荔枝 (Sobu)	*Cleistopholis patens* Engl. & Diels. *Cleistopholis glauca* Pierre ex Engl.& Diels.	
大姜饼木 (Sougué)	*Parinari excelsa* A. Chev, ssp. *holsti* Engl. (Syn. *Parinari tenuifolia* A. Chev.)	利比里亚 Kpar 尼日利亚 Esagko, Inyi 塞内加尔 Mampata 坦桑尼亚 Mubura 乌干达 Mubura
鲍迪豆 (Sucupira)	*Bowdichia nitida* Benth. *Diplotropis martiusii* Benth. *Diplotropis purpurea* (Rich.) Amsh.	巴西 Sucupira, Sapurira 哥伦比亚 Arenillo, Zapan Negro 法属圭亚那 Coeur dehors, Baaka 圭亚那 Tatabu 秘鲁 Chontaquiro, Huasai-Caspi 苏里南 Zwarte Kabbes 委内瑞拉 Congrio, Alcornoque
吉贝 (Sumauma)	*Ceiba pentandra* (L.) Gaertn. *Ceiba samauma* (Mart. & Zucc.) K. Schum.	玻利维亚 Ceiba, Mapajo Toborochi 巴西 Sumauma Paneira 中美洲 Ceiba, Ceibon, Inup, Piton, Panya 哥伦比亚 Ceiba, Bonga 厄瓜多尔 Ceiba Uchuputu, Guambush 法属圭亚那 Mahot coton, Fromager, Bois coton 圭亚那 Kumaka, Silk Cotton 秘鲁 Ceiba, Huimba 苏里南 Kankantrie, Koemaka 委内瑞拉 Ceiba Yucca, Ceiba

续表54

引导名称	学　名	地方名
红椿 （Suren）	*Toona sureni*（Bl.）Merr. （Syn. *Toona febrifuga* Roem.） *Toona ciliata* M. Roem. （Syn. *Cedrela toona*（Roxb. ex Rottler） *Toona calantas* Merr. & Rolfe *Toona australis*（F. Muell.）Harms	柬埔寨 Chomcha 印度 Toon 印度尼西亚 Surian, Limpagna 马来西亚 Surea-Bawang 缅甸 Thitkado 巴布亚新几内亚 Red Cedar 菲律宾 Calantas 泰国 Toon, Yomham 越南 Xoan-Moc 澳大利亚 Red Cedar 英国 *Moulmein Cedar, Burma Cedar* 美国 *Moulmein Cedar, Burma Cedar*
美丽桃榄木 （Suya）	*Pouteria speciosa*（Ducke）Baehni	巴西 Pajura, Pajura de Obidos 圭亚那 Chuya, Durban Pine, Por, Suya
格木 （Tali）	*Erythrophleum* spp. *Erythrophleum suaveolens* Brenan （Syn. *Erythrophleum guineense* G. Don.） *Erythrophleum ivorense* A. Chev.	喀麦隆 Elone 刚果 N'Kassa 科特迪瓦 Alui, Tali 刚果民主共和国 Eloun 赤道几内亚 Elondo 加蓬 Eloun 加纳 Potrodom 几内亚比绍 Mancone 莫桑比克 Missanda 尼日利亚 Sasswood 塞内加尔 Tali 塞拉利昂 Gogbei 坦桑尼亚 Mwavi 赞比亚 Muave 英国 *Missandra*
非洲螺穗木 （Tamboti）	*Spirostachys africana* Sond.	
斯氏隐萼豆木 （Tani）	*Cryptosepalum staudtii* Harms	
布肯使君子木 （Tanimbuca）	*Buchenavia* spp.	
三脉山麻秆 （Tapiá）	*Alchornea triplinervia*（Spreng.）Müll. Arg.	巴西 Kanakudiballi
阿摩楝 （Tasua）	*Aglaia* spp. （Syn. *Amoora* spp.）	

续表55

引导名称	学　名	地方名
圭亚那乳桑 （Tatajuba）	*Bagassa guianensis* Aubl.	巴西 Amapa-Rana, Tatajuba 法属圭亚那 Bagasse Jaune 苏里南 Gele Bagasse
纤皮玉蕊 （Tauari）	*Couratari* spp.	巴西 Imbirena 圭亚那 Wadara 法属圭亚那 Couatari, Inguipipa, Maho Cigare, Tabari 苏里南 Ingipipa 委内瑞拉 Capa de Tabaco, Tampipio
尖柱苏木 （Tchitola）	*Oxystigma oxyphyllum* （Harms J. Léon.） （Syn. *Pterygopodium oxyphyllum* Harms）	安哥拉 Tola Chinfuta 喀麦隆 Nom Sinedon 刚果 Kitola, Tchitola 刚果民主共和国 Akwakwa, Tshibudimbu 加蓬 Emola, M'Babou 尼日利亚 Lolagbola
柚木 （Teak）	*Tectona grandis* L.f.	印度 Sagwan 印度尼西亚 Jati, Tek 老挝 May Sak 缅甸 Kyun 泰国 May Sak 越南 Giati, Teck 法国 Teck 德国 Burma-Rangoon-Java Teak
香灰莉 （Tembusu）	*Fagraea fragrans* Roxb.	柬埔寨 Tatro, Trai 斐济 Buabua 马来西亚 Temasuk 缅甸 Anan, Ananma 菲律宾 Urung
南美红豆木 （Tento）	*Ormosia* spp. *Ormosia coutinhoi* Ducke	巴西 Buiucu, Tento 哥伦比亚 Chocho, Choco 法属圭亚那 Agui, Caconnier Rouge, Neko-Oudou 圭亚那 Barakaro 秘鲁 Huaryoro 波多黎各 Palo de Matos 苏里南 Kokriki 委内瑞拉 Peonia
安达曼榄仁 （Terminalia, brown）	*Terminalia catappa* L.	
榄仁 （Terminalia, yellow）	*Terminalia complanata* Schum. *Terminalia longispicata* V. Sl. *Terminalia sogerensis* Baker f.	

续表56

引导名称	学　名	地方名
崖豆木 (Thinwin)	*Phaseolodes pendulum* (Benth.) Kuntze (Syn. *Millettia pendula* Benth.)	
非洲楝 (Tiama)	*Entandrophragma angolense* C. DC. *Entandrophragma congoense* A. Chev.	安哥拉 Acuminata, Livuité 刚果 Kiluka 科特迪瓦 Tiama 赤道几内亚 Dongomanguila 加蓬 Abeubêgne 加纳 Edinam 尼日利亚 Gêdu-Nohor 乌干达 Mukusu 刚果民主共和国 Lifaki, Vovo 德国 *Tiama-Mahagoni* 英国 *Gêdu-Nohor*
旋果象耳豆 (Timbo)	*Enterolobium contortisiliquum* (Vell.) Morong	南美洲 Caro-Caro, Orejero, Pacara Earpod Tree, Tamboril, Timbo-Colorado, Timbo
阿玻同名豆木 (Tipa)	*Tipuana tipu* O. Ktze	
香脂苏木 (Tola) (Oduma)	*Gossweilerodendron balsamiferum* Harms *Gossweilerodendron joveri* Normand ex Aubrev.	安哥拉 Tola branca 喀麦隆 Sinedon 刚果 Tola, Tola blanc 加蓬 Emolo 尼日利亚 Agba 刚果民主共和国 Ntola 德国 *Agba, Tola branca* 英国 *Agba*
锥花代德苏木 (Toubaouaté)	*Didelotia brevipaniculata* J. Léon.	
阔变豆木 (Trebol)	*Platymiscium* spp. *Platycyamus regnellii* Benth. *Platymiscium pinnatum* (Jacq.) Dugand *Platymiscium trinitatis* Benth. (Syn. *Platymiscium duckei* Hub.) *Platymiscium ulei* Harms.	伯利兹 Granadillo 巴西 Jacaranda do Brejo, Macacauba 哥伦比亚 Guayacan trebol, Trebol 哥斯达黎加 Coyote, Cristobal 圣萨尔瓦多 Granadillo 洪都拉斯 Granadillo 墨西哥 Granadillo 秘鲁 Cumaseba 委内瑞拉 Roble

续表57

引导名称	学　名	地方名
棒花木 （Tsanya）	*Pausinystalia macroceras* Pierre ex Beille （Syn. *Corynanthe bequaertii* De Wild.） *Corynanthe paniculata* Welw.	
大干巴豆 （Tualang）	*Koompassia excelsa*（Becc.）Taub.	东南亚 Honey Bee Tree, Mangaris, Mengaris, Toale
多小叶红苏木 （Umgusi）	*Baikiaea plurijuga* Harms	东非 Mukusi, Rhodesian Teak, Zambian Teak, Zambesi Redwood
香正核果木 （Umiri）	*Humiria balsamifera* var. *floribunda*（Mart.）Cuatrec. （Syn. *Humiria floribunda* Mart.）	巴西 Umiri 哥伦比亚 Oloroso 厄瓜多尔 Chanul 法属圭亚那 Bois Rouge, Houmiri 圭亚那 Bastard Bulletwood, Meri, Tauaranru, Tauroniro 秘鲁 Quinilla Colorado 苏里南 Basra Bolletrie, Blakaberi, Tawanonero 委内瑞拉 Nina
斑纹漆 （Urunday）	*Astronium balansae* Engl. *Astronium concinnum* Schott *Astronium graveolens* Jacq. *Astronium urundeuva* Engl.	阿根廷 Urunday del Noroeste, Urunday-Mi, Urundel 玻利维亚 Cuchi 巴西 Arindeúva, Aroeira-do-Sertão, Aroeira Preta, Urindeúva 巴拉圭 Urunde'y Mi 中美洲和南美洲 Bois de Zèbre, Bossona Mura, Tigerwood, Urunday-Para, Zebrano Zebrawood, Zorrowood
刺猬紫檀 （Vene）	*Pterocarpus erinaceus* Poir. （Syn. *Pterocarpus africanus* Hook.）	布基纳法索 Goni, Guenin 赤道几内亚 Pau Sangue 几内亚 Ven 几内亚比绍 Pau Sangue 马里 Goni, Ven, Vene 尼日利亚 Vene 塞内加尔 Ven, Vene
热非奥德大戟木 （Vésàmbata）	*Oldfieldia africana* Benth. & Hook.f.	

续表58

引导名称	学　名	地方名
维罗蔻 （Virola）	*Virola* spp.	中美洲 Banak, Sangre, Palo de Sangre, Bogamani, Cebo, Sangre Colorado 哥伦比亚 Sebo, Nuanamo 厄瓜多尔 Chaliviande, Shempo 法属圭亚那 Yayamadou, Moulomba 圭亚那 Dalli 洪都拉斯 Banak 秘鲁 Cumala 苏里南 Baboen, Pintri 特立尼达和多巴哥共和国 Cajuea 委内瑞拉 Virola Cuajo, Sangrino, Camaticaro, Otivo 英国 *Dalli*
沃埃苏木 （Wacapou）	*Vouacapoua* spp.	巴西 Acapu, Ritangueira 法属几内亚 Bois Perdrix, Bounaati, Epi de Blé 圭亚那 Sara, Sarabebeballi, Tatbu 苏里南 Brunihart, Wacapoe 英国 *Tatbu* 美国 *Partridgewood*
木荚苏木 （Walaba）	*Eperua* spp.	巴西 Apa, Apazeiro, Copaibarana, Espadeira 法属圭亚那 Bioudou, Wapa 圭亚那 Ituri Wallaba, Wallaba 苏里南 Walaba 委内瑞拉 Uapa, Palo Machete
普氏波克豆（木） （Wamara）	*Bocoa prouacensis* Aubl.	
特斯苏木 （Wamba）	*Tessmannia africana* Harms (Syn. *Tessmannia claessensii* De Wild.) *Tessmannia lescrauwaetii* (De Wild.) Harms	
崖豆木 （Wengé）	*Millettia laurentii* De Wild. *Millettia stuhlmannii* Taub.	喀麦隆 Awoung 刚果 Wenge 加蓬 Awong 刚果民主共和国 Wenge 莫桑比克 Jambire 坦桑尼亚 Mpande 德国 *Panga-Panga* 法国 *Panga-Panga* 英国 *Panga-Panga*

续表59

引导名称	学 名	地方名
楝木 （Xoan）	*Melia azedarach* L.	孟加拉国 Bakarjan, Ghora Nim, Mahanim, Mahnim 柬埔寨 Dak hien 中国 Mindi Kechil 印度 Bakain, Bakarja, Betain, Deikna, Dek, Drek, Mallan Nim 印度尼西亚 Gringging, Marambung, Mindi 尼泊尔 Bakaina, Bakaino, Bakena 菲律宾 Balalunga, Balagango, Paraiso 泰国 Khian, Lian, Lian-Baiyai 越南 *Xaon*
石梓 （Yemane）	*Gmelina arborea* Roxb.	孟加拉国 Gamar, Gamari, Gomari, Gumbar, Gumhar 印度 Gambhar, Gomari, Gumhar, Kambhari, Sewan 缅甸 Mai Saw, Yemane, Yemani, Yemari 尼泊尔 Gamari, Gambari, Gumhari, Khamari 泰国 Gumari, Saw, So, So-maeo 法国 *Gmelina, Melina, Peuplier d Afrique* 德国 *Gumar-Teak* 西班牙 *Gmelina, Melina* 英国 *Beechwood, Gmelina, Goomar Teak, Kashmir Tree, Malay Beechwood, White Teak,* Yemane
高斯核果木 （Yungu）	*Drypetes gossweileri* S. Moore	
小鞋木豆 （Zingana）	*Microberlinia* spp. *Microberlinia bisulcata* A. Chev. *Microberlinia brazzavillensis* A. Chev.	喀麦隆 Allen Ele 加蓬 Zingana 德国 *Zebrano* 英国 *Zebrano, Zebrawood*

［注］地方名为出口方所用木材商业名称，当出口方所用木材商业名称与引导名称不一致时，以斜体字列出。

附录三 北美硬阔叶木清单

引导名称	其他名称	学名	英文名称
白蜡木		美洲白蜡木（*Fraxinus americana*） 阔叶白蜡木（*Fraxinus latifolia*） 黑白蜡木（*Fraxinus nigra*） 青白蜡木（*Fraxinus pennsylvanica*） 红白蜡木（*Fraxinus profunda*） 方棱白蜡木（*Fraxinus quadrangulate*）	ash
山杨		大齿杨（*Populus grandidentata*） 美洲山杨（*Populus tremuloides*）	aspen
椴木		美国椴（*Tilia americana*） 异叶椴木（*Tilia heterophylla*）	basswood, linden, lime, common lime
大叶水青冈	美洲山毛榉、山毛榉	*Fagus grandifolia*	American beech
桦木		黄桦（*Betula alleghaniensis*） 水白桦（*Betula nigra*） 北美白桦（*Betula papyrifera*） 灰桦（*Betula populifolia*） 甜桦（*Betula tenta*）	birch
灰核桃木	白核桃木	*Juglans cinerea*	butternut
樱桃木	野樱、涩（味）樱	*Prunus serotina*	wild cherry, sweetcherry
美洲栗木	甜栗（木）	*Castanea dentata*	American chestnut
杨木		美洲黑杨（*Populus deltoides*） 异叶杨（*Populus heterophylla*） 毛果杨（*Populus trichocarpa*）	cottonwood
榆木		翅榆（*Ulmus alata*） 美国榆（*Ulmus americana*） 厚叶榆（*Ulmus crassifolia*） 红榆（*Ulmus rubra*） 九月榆（*Ulmus serotina*） 岩榆（*Ulmus thomasii*）	elm
朴木		糖朴（*Celtis laevigata*） 西方朴（*Celtis occidentalis*）	hackberry

续表1

引导名称	其他名称	学名	英文名称
山核桃		水山核桃（*Carya aquatica*） 心果山核桃（*Carya cordiformis*） 光皮山核桃（*Carya glabra*） 北美山核桃（*Carya illinoensis*） 棱皮山核桃（*Carya laciniosa*） 肉豆蔻山核桃（*Carya myristicaeformis*） 鳞皮山核桃（*Carya ovata*） 毛山核桃（*Carya tomentosa*）	hickory
美国冬青	白冬青、常绿冬青	*Ilex opaca*	American holly
刺槐		*Robinia pseudoacacia*	black locust, robinia
木兰		渐尖木兰（*Magnolia acuminata*） 大花木兰（*Magnolia grandiflora*） 弗州木兰（*Magnolia virginiana*）	magnolia
槭木		大叶槭（*Acer macrophyllum*） 白蜡槭（*Acer negundo*） 黑槭（*Acer nigrum*） 红花槭（*Acer rubrum*） 银槭（*Acer saccharinum*） 糖槭（*Acer saccharum*）	maple
红栎		脂红栎（*Quercus coccinea*） 柳栎（*Quercus phellos*） 红栎（*Quercus rubra*） 舒氏红栎（*Quercus shumardii*） 黑栎（*Quercus velutina*）	red oak, erythrobalanus group
白栎		美洲白栎（*Quercus alba*） 二色栎（*Quercus bicolor*） 加州白栎（*Quercus lyrata*） 大果栎（*Quercus macrocarpa*） 湿地栗栎（*Quercus michauxii*） 岩生栎（*Quercus palustris*） 栗栎（*Quercus prinus*） 星毛栎（*Quercus stellata*） 弗吉尼亚栎（*Quercus virginiana*）	white oak, leucobalanus group
美国枫香		*Liquidambar styraciflua*	sweetgum
美国悬铃木	美国梧桐	*Platanus occidentalis*	American sycamore

续表2

引导名称	其他名称	学名	英文名称
蓝果木		湿生蓝果木（*Nyssa aquatica*） 酸蓝蓝果木（*Nyssa ogeche*） 野生蓝果木（*Nyssa sylvatica*） 二花蓝果木（*Nyssa sylvatica* var.*biflora*）	tupelo
黑核桃木	美国黑核桃木	*Juglans nigra*	black walnut, american black walnut
黑柳		*Salix nigra*	black wilow
北美鹅掌楸		*Liriodendron tulipifera*	yellowpoplar, poplar, tulip poplar
桤木	赤杨	美洲绿桤木（*Alnus crispa*） 俄勒冈桤木（*Alnus oregona*） 菱叶桤木（*Alnus rhombifolia*） 红桤木（*Alnus rubra*） 裂叶桤木（*Alnus sinuata*） 薄叶桤木（*Alnus tenuifolia*）	alder
北美檫木		*Sassafras albidum*	sassafras

附录四 2019 年版 CITES 附录（节选）

附录 I	附录 II	附录 III
漆树科 ANACARDIACEAE		
	德氏漆 *Operculicarya decaryi* 织冠漆 *Operculicarya hyphaenoides* 象腿漆 *Operculicarya pachypus*	
夹竹桃科 APOCYNACEAE		
安博棒锤树 *Pachypodium ambongense* 巴氏棒锤树 *Pachypodium baronii* 德氏棒锤树 *Pachypodium decaryi*	火地亚属所有种 *Hoodia* spp. #9 棒锤树属所有种 *Pachypodium* spp. #4 （除被列入附录 I 的物种） ★蛇根木（印度萝芙木） *Rauvolfia serpentina* #2	
多柱树科 CARYOCARACEAE		
	多柱树 *Caryocar costaricense* #4	

#9 所有部分和衍生物，但附有 "Produced from *Hoodia* spp. material obtained through controlled harvesting and-production under the terms of an agreement with the relevant CITES Management Authority of Botswana under agreement No. BW/××××××, Namibia under agreement No. NA/××××××, South Africa under agreement No. ZA/××××××"字样标签的除外。（标签译文为："采用受监管的采集和生产所获的火地亚属所有种 *Hoodia* spp. 原料制造，遵从与相关 CITES 管理机构的协议条款，博茨瓦纳 No. BW/××××××号协议，纳米比亚 No. NA/××××××号协议，南非 No. ZA/××××××号协议。"）

#4 所有部分和衍生物，但下列者除外：

a) 种子（包括兰科植物的种荚），孢子和花粉（包括花粉块）。这项豁免不适用于从墨西哥出口的仙人掌科所有种 Cactaceae spp. 的种子，以及从马达加斯加出口的马岛葵 *Beccariophoenix madagascariensis* 和三角槟榔（三角椰）*Dypsis decaryi* 的种子。

b) 离体培养的、置于固体或液体介质中、以无菌容器运输的幼苗或组织培养物。

c) 人工培植植物的切花。

d) 移植的或人工培植的香荚兰属 *Vanilla*（兰科 Orchidaceae）和仙人掌科 Cactaceae 植物的果实、部分及衍生物。

e) 移植的或人工培植的仙人掌属 *Opuntia*、仙人掌亚属 *Opuntia* 和大轮柱属 *Selenicereus*（仙人掌科 Cactaceae）植物的茎、花及部分和衍生物。

f) 好望角芦荟 Aloe ferox 和蜡大戟 *Euphorbia antisyphilitica* 包装好备零售的制成品。

下同。

#2 所有部分和衍生物，但下列者除外：

a) 种子和花粉；及

b) 包装好备零售的制成品。

下同。

续表1

附录Ⅰ	附录Ⅱ	附录Ⅲ
\multicolumn{3}{c}{柏科 CUPRESSACEAE}		
智利肖柏 *Fitzroya cupressoides* 皮尔格柏 *Pilgerodendron uviferum*	姆兰杰南非柏 *Widdringtonia whytei*	
\multicolumn{3}{c}{桫椤科 CYATHEACEAE}		
	★桫椤属所有种 *Cyathea* spp. #4	
\multicolumn{3}{c}{苏铁科 CYCADACEAE}		
印度苏铁 *Cycas beddomei*	★苏铁科所有种 CYCADACEAE spp. #4（除被列入附录Ⅰ的物种）	
\multicolumn{3}{c}{龙树科 DIDIEREACEAE}		
	龙树科所有种 DIDIEREACEAE spp. #4	
\multicolumn{3}{c}{柿树科 EBENACEAE}		
	柿属所有种 *Diospyros* spp. #5（马达加斯加种群）	
\multicolumn{3}{c}{大戟科 EUPHORBIACEAE}		
安波沃本大戟（安波麒麟）*Euphorbia ambovombensis* 开塞恩坦马里大戟 *Euphorbia capsaintemariensis* 克氏大戟 *Euphorbia cremersii*（包括型 *viridifolia* 和变种 *rakotozafyi*） 筒叶大戟（筒叶麒麟）*Euphorbia cylindrifolia*（包括亚种 *tuberifera*） 德氏大戟（皱叶麒麟）*Euphorbia decaryi*（包括变种 *ampanihyensis*、*robinsonii* 和 *spirosticha*） 费氏大戟（潘郎麒麟）*Euphorbia francoisii* 莫氏大戟 *Euphorbia moratii*（包括变种 *antsingiensis*、*bemarahensis* 和 *multiflora*） 小序大戟 *Euphorbia parvicyathophora* 扁枝大戟 *Euphorbia quartziticola* 图拉大戟 *Euphorbia tulearensis*	★大戟属所有种 *Euphorbia* spp. #4 [除崖大戟 *Euphorbia misera* 和被列入附录Ⅰ的物种，仅包括肉质种类。彩云阁 *Euphorbia trigona* 栽培品种的人工培植标本，嫁接在麒麟角 *Euphorbia neriifolia* 人工培植的根砧木上的冠状、扇形或颜色变异的龟纹箭 *Euphorbia lactea*，以及不少于100株且易于识别为人工培植标本的虎刺梅（花麒麟）*Euphorbia* "Milii" 栽培种的人工培植标本不受本公约条款管制。]	

#5 原木、锯材和饰面用单板。
下同。

续表2

附录Ⅰ	附录Ⅱ	附录Ⅲ
壳斗科 FAGACEAE		
		★蒙古栎 Quercus mongolica[#5]（俄罗斯）
福桂花科 FOUQUIERIACEAE		
簇生福桂花 Fouquieria fasciculata 普氏福桂花 Fouquieria purpusii	柱状福桂花（观峰玉）Fouquieria columnaris[#4]	
胡桃科 JUGLANDACEAE		
	枫桃 Oreomunnea pterocarpa[#4]	
樟科 LAURACEAE		
	玫瑰安妮樟 Aniba rosaeodora[#12]	
豆科 LEGUMINOSAE(FABACEAE)		
巴西黑黄檀 Dalbergia nigra	★黄檀属所有种 Dalbergia spp.（除被列入附录Ⅰ的物种）[#15] 德米古夷苏木 Guibourtia demeusei [#15] 佩莱古夷苏木 Guibourtia pellegriniana [#15] 特氏古夷苏木 Guibourtia tessmannii [#15] 巴西苏木 Paubrasilia echinata [#10] 大美木豆 Pericopsis elata [#17] 多穗阔变豆 Platymiscium parviflorum[#4] 刺猬紫檀 Pterocarpus erinaceus 檀香紫檀 Pterocarpus santalinus [#7] 染料紫檀 Pterocarpus tinctorius [#6] 南方决明 Senna meridionalis	巴拿马天蓬树 Dipteryx panamensis（哥斯达黎加、尼加拉瓜）

#12　原木、锯材、饰面用单板、胶合板和提取物。成分中含有其提取物的制成品（包括香剂）不受本注释约束。

#15　所有部分和衍生物，但下列者除外：

a) 叶、花、花粉、果实和种子；

b) 含所列物种木材每次装运量最多10千克的制成品；

c) 乐器成品、乐器零件成品和乐器附件成品；

d) 交趾黄檀 Dalbergia cochinchinensis 的部分和衍生物受注释#4 约束；

e) 源于并出口自墨西哥的黄檀属所有种 Dalbergia spp. 的部分和衍生物受注释#6 约束。

#10　原木、锯材和饰面用单板，包括未完工的用于制作弦乐器乐弓的木料。

#17　原木、锯材、饰面单板、胶合板和成型木。

#7　 原木、木片、粉末和提取物。

#6　 原木、锯材、饰面用单板和胶合板。

下同。

续表3

附录 I	附录 II	附录 III
木兰科 MAGNOLIACEAE		
		★盖裂木 *Magnolia liliifera* var. *obovata*[#1]（尼泊尔）
锦葵科 MALVACEAE		
	格氏猴面包树 *Adansonia grandidieri*[#16]	
楝科 MELIACEAE		
	矮桃花心木 *Swietenia humilis*[#4] 大叶桃花心木 *Swietenia macrophylla*[#6]（新热带种群） 桃花心木 *Swietenia mahagoni*[#5]	劈裂洋椿 *Cedrela fissilis*[#5]（玻利维亚、巴西）（2020年8月28日删除） 阿根廷洋椿 *Cedrela lilloi*[#5]（玻利维亚、巴西）（2020年8月28日删除） 香洋椿 *Cedrela odorata*[#5]（巴西和玻利维亚，以及哥伦比亚、危地马拉和秘鲁国家种群）（2020年8月28日删除）
木樨科 OLEACEAE		
		★水曲柳 *Fraxinus mandshurica*[#5]（俄罗斯）
棕榈科 PALMAE(ARECACEAE)		
拟散尾葵 *Dypsis decipiens*	马岛葵 *Beccariophoenix madagascariensis*[#4] 三角槟榔（三角椰）*Dypsis decaryi*[#4] 狐猴葵 *Lemurophoenix halleuxii* 达氏仙茅棕（玛瑙椰子）*Marojeya darianii* 繁序雷文葵 *Ravenea louvelii* 河岸雷文葵（国王椰子）*Ravenea rivularis* 林扇葵 *Satranala decussilvae* 长苞椰 *Voanioala gerardii*	巨籽棕 *Lodoicea maldivica*[#13]（塞舌尔）

#1 所有部分和衍生物，但下列者除外：
a) 种子、孢子和花粉（包括花粉块）；
b) 离体培养的、置于固体或液体介质中、以无菌容器运输的幼苗或组织培养物；
c) 人工培植植物的切花；及
d) 人工培植的香荚兰属 *Vanilla* 植物的果实、部分及其衍生物。
下同。
#16 种子、果实、油。
#13 果核（kernel，其他英文名称还有"endosperm""pulp""copra"）及其所有衍生物。

续表4

附录Ⅰ	附录Ⅱ	附录Ⅲ
胡麻科 PEDALIACEAE		
	黄花艳桐 *Uncarina grandidieri* 粉花艳桐 *Uncarina stellulifera*	
松科 PINACEAE		
危地马拉冷杉 *Abies guatemalensis*		★红松 *Pinus koraiensis*[#5]（俄罗斯）
罗汉松科 PODOCARPACEAE		
弯叶罗汉松 *Podocarpus parlatorei*		★百日青 *Podocarpus neriifolius*[#1]（尼泊尔）
蔷薇科 ROSACEAE		
	非洲李 *Prunus africana*[#4]	
茜草科 RUBIACEAE		
巴尔米木 *Balmea stormiae*		
檀香科 SANTALACEAE		
	非洲沙针 *Osyris lanceolata*[#2]（布隆迪、埃塞俄比亚、肯尼亚、卢旺达、乌干达和坦桑尼亚联合共和国种群）	
紫杉科 TAXACEAE		
	★红豆杉 *Taxus chinensis* 和本种的种下分类单元[#2] ★东北红豆杉 *Taxus cuspidata* 和本种的种下分类单元[12][#2] ★密叶红豆杉 *Taxus fuana* 和本种的种下分类单元[#2] 苏门答腊红豆杉 *Taxus sumatrana* 和本种的种下分类单元[#2] ★喜马拉雅红豆杉 *Taxus wallichiana*[#2]	

12 人工培植的东北红豆杉 *Taxus cuspidata* 杂交种或栽培种、活体，如果被放置于罐子或其他小型容器中，且每一货件都附有一份标签或文件，注明分类单元的名称及"artificially propagated"字样，则不受公约条款管制。

续表5

附录Ⅰ	附录Ⅱ	附录Ⅲ
瑞香科 THYMELAEACEAE(Aquilariaceae)		
	★沉香属所有种 *Aquilaria* spp.[#14] 棱柱木属所有种 *Gonystylus* spp.[#4] 拟沉香属所有种 *Gyrinops* spp.[#14]	
水青树科 TROCHODENDRACEAE (Tetracentraceae)		
		★水青树 *Tetracentron sinense*[#1]（尼泊尔）
败酱科 VALERIANACEAE		
	★甘松 *Nardostachys grandiflora*[#2]	
泽米科 ZAMIACEAE		
角状泽米属所有种 *Ceratozamia* spp. 非洲苏铁属所有种 *Encephalartos* spp. 小苏铁 *Microcycas calocoma* 哥伦比亚苏铁 *Zamia restrepoi*	泽米科所有种 ZAMIACEAE spp.[#4]（除被列入附录Ⅰ的物种）	
蒺藜科 ZYGOPHYLLACEAE		
	萨米维腊木 *Bulnesia sarmientoi*[#11] 愈疮木属所有种 *Guaiacum* spp.[#2]	

#14 所有部分和衍生物，但下列者除外：

a) 种子和花粉；

b) 离体培养的、置于固体或液体介质中、以无菌容器运输的幼苗或组织培养物；

c) 果实；

d) 叶；

e) 经提取后的沉香粉末，包括以这些粉末压制成的各种形状的产品；

f) 包装好备零售的制成品，但木片、珠、珠串和雕刻品仍受公约管制。

#11 原木、锯材、饰面用单板、胶合板、粉末和提取物。成分中含有其提取物的制成品（包括香剂）不受本注释约束。

附录五 CITES 允许进出口证明书

适用范围：

进出口 CITES 附录Ⅰ、附录Ⅱ和附录Ⅲ所列野生动植物标本；CITES 规定豁免的物种标本除外；与我国台湾地区的 CITES 附录所列物种标本贸易除外。

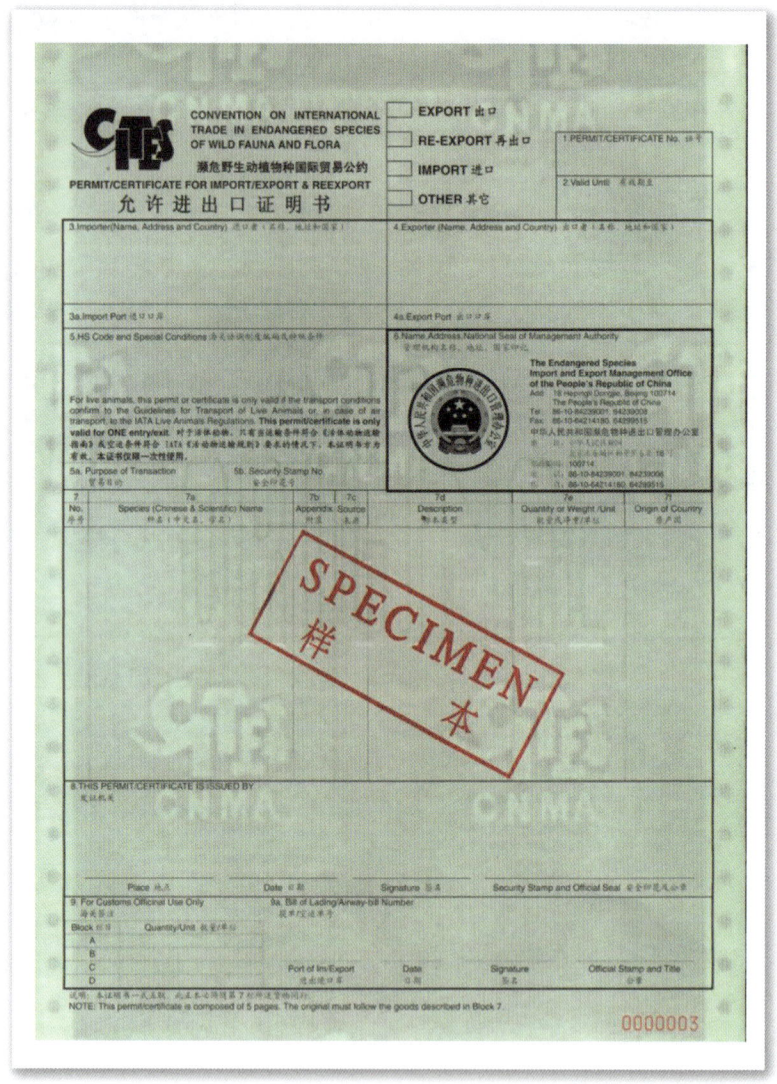

附录六 中华人民共和国野生动植物允许进出口证明书

适用范围：

出口非 CITES 附录所列的与国家重点保护的野生动植物种及其产品，与我国台湾地区的 CITES 附录所列物种标本贸易；

不适用于出口人工培植来源的与国家重点保护的同名的野生植物；

既是国家重点保护的野生动植物，又是 CITES 附录所列物种的，适用 CITES 允许进出口证明书。

附录七 非《进出口野生动植物种商品目录》物种证明

适用范围：

进出口列入《进出口野生动植物种商品目录》，但不属于允许进出口证明书管制的野生动植物及其产品。例如，出口人工培植来源的与国家重点保护的同名的野生植物；属于《进出口野生动植物种商品目录》规定豁免的野生动植物标本。